全国教育科学基金"十一五"规划课题
以就业为导向的职业教育教学理论与实践研究"研究成果

中等职业学校旅游服务与管理专业规划教材

丛书主编：邓泽民

# 旅游门市接待

## （第二版）

LÜYOU MENSHI JIEDAI

徐 萍 主 编

刘 婕 薛晶晶 刘 彤 副主编

中国铁道出版社

CHINA RAILWAY PUBLISHING HOUSE

# 内 容 简 介

本书在贯彻教育部提出的"以全面素质教育为基础、以能力为本位"教育教学指导思想的基础上，结合目前我国旅行社门市岗位及中等职业学校学生的实际需求编写而成。全书共分五个单元，主要内容包括咨询接待、推介产品、手续办理、售后服务及门市创业。其中，前四个单元是按照门市的整个工作流程设计的；最后一个单元门市创业，使知识体系有一个质的飞跃和提高，也为中等职业学校学生的未来提供了一些思路，为学生加深对旅行社门市的理解奠定了良好的基础。

本书广泛征求并听取了全国中等职业学校旅游服务与管理专业教师的意见，融入了教师们多年来的教学实践经验，同时也融合了本行业对门市工作人员的要求，具有系统性、科学性和实用性等特点。

本书适合作为中等职业学校旅游服务与管理专业的教材，也可作为技工学校相关专业及在职人员的培训和自学用书。

**图书在版编目（CIP）数据**

旅游门市接待 / 徐萍主编. — 2版. — 北京 : 中国
铁道出版社，2016.5

中等职业学校旅游服务与管理专业规划教材
SBN 978-7-113-21624-5

Ⅰ．①旅… Ⅱ．①徐… Ⅲ．①旅游服务－中等专业学
校－教材 Ⅳ．①F590.63

中国版本图书馆CIP数据核字（2016）第063259号

书　　名：旅游门市接待（第二版）
作　　者：徐　萍　主编

| | |
|---|---|
| 策　　划：陈　文 | 读者热线：（010）63550836 |

责任编辑：李中宝　彭立辉
封面设计：付　巍
封面制作：白　雪
责任校对：汤淑梅
责任印制：郭向伟

出版发行：中国铁道出版社（100054，北京市西城区右安门西街8号）
网　　址：http://www.51eds.com
印　　刷：中国铁道出版社印刷厂
版　　次：2016年5月第2版　　　2016年5月第1次印刷
开　　本：787 mm×1 092 mm　1/16　印张：16.25　字数：379 千
书　　号：ISBN 978-7-113-21624-5
定　　价：54.00 元

国家社会科学基金课题"以就业为导向的职业教育教学理论与实践研究"在取得理论研究成果的基础上，选取了中等职业教育五个专业大类的 20 个专业开展实践研究。中等职业教育旅游服务与管理专业是其中之一。

这套教材的开发团队由职业教育专家、旅游行业专家和经过中等职业技术学校专业骨干教师国家级培训并取得优秀成绩的教师组成。他们在认真学习《国务院关于大力发展职业教育的决定》所提出的"以服务为宗旨、以就业为导向"办学方针和教育部提出的"以全面素质为基础、以能力为本位"教育教学指导思想的基础上，运用《职业教育课程设计》《职业教育教学设计》《职业教育教材设计》《职业教育实训设计》所提出的理论方法，首先提出旅游服务与管理专业的整体教学解决方案，然后根据专业教学整体解决方案对教材的要求，编写了这套教材。

在教材体系的确立上，依据中等职业教育旅游服务与管理专业能力图表，通过课程设置分析，形成项目课程体系，从而确立教材体系。这在教材体系的确立上，实现了学科教育向职业教育的转变，落实了职业教育"以全面素质为基础、以能力为本位"的指导思想。

在教材内容的筛选上，应用职业分析方法，将典型的工作任务和成熟的最新成果纳入到教材的同时，又充分考虑了国家职业资格标准，在保证学历教育质量的同时，实现了学历证书和职业资格证书的"双证"融通，为职业学校学生顺利地取得国家职业资格证书提供了条件。

在教材结构的设计上，针对旅游服务与管理专业毕业生所从事的职业活动具有情景导向的特性，遵循职业活动的内在逻辑顺序，采用职业情景导向的任务驱动教学的结构设计，不但符合职业教育"做中学"的教学指导思想，还将通用能力培养渗透到专业能力教学当中。

在教材素材的选择上，力求选择的素材来自于旅游工作实际，并充分考虑其趣味性和可迁移性，以保证学生在完成任务时的认真态度，有效地促进学生职业兴趣发展和职业能力的拓展，以及就业后很快适应工作的需要。

本套教材无论从课程标准的开发、教材体系的确立、教材内容筛选、教材结构的设计还是到教材素材的选择，都得到了国内著名旅游企业神舟国旅集团的大力支持，倾注了各位职业教育专家、旅游服务与管理专家、老师和中国铁道出版社各位编辑的心血，是我国职业教育教材为适应学科教育到职业教育、知识教育到能力教育两个转变的有益尝试，也是我主持的国家社会科学基金课题"以就业为导向的职业教育教学理论与实践研究"的又一成果。

若本套教材有不足之处，请各位专家、老师和广大同学不吝指正。希望通过本套教材的出版，为我国职业教育和旅游事业的发展和人才培养做出贡献。

邓泽民

# 前言（第二版）

旅行社在旅游业中犹如一个桥梁和纽带，把旅游过程中的食、宿、行、游、购、娱等环节联结起来，并通过旅游客源的组织和旅游产品的生产，将旅游业各个部门之间紧密地联系在一起。旅游门市接待人员作为第一个与潜在旅游者接触的岗位，无论是综合素质还是业务水平都要求具备一定的规范和标准。

"旅游门市接待"课程，既要注重培养学生对旅行社门市工作的业务及实践能力，又要满足学生的职业发展需要。为了做到这两方面，在国家社会科学基金课题"以就业为导向的职业教育教学理论与实践研究"成果的指导下，本书在教材目标的定位、教材内容的筛选、教材结构的设计、教材素材的选择上，都进行了精心设计。

为了更好地使学生掌握旅行社门市的工作流程，让任务引领成为贯穿全部教材的主线，通过工作过程导向来进行任务描述、任务分析，从而引出相关知识与技能，并提供技能训练方法、训练要求，做到每个任务都有能力评价。在这些流程中，我在第一版的基础上，增加了一些新知识，更换了一些新图片，也删除了一些不相关内容。根据这个原则，本书设计了咨询接待、推介产品、手续办理、售后服务及门市创业五个单元，采用以服务过程为导向的教材结构设计，引领学习者轻松愉快地学习。每个任务由以下六个部分组成。

任务描述：精心选择了旅行社门市典型的服务案例，使学生主动、自然地进入情境之中，引发学生发现、研究和满足客人需求的兴趣，从而提供满意、超值的服务。

任务分析：通过分析任务，可使学生轻松学会完成任务的一般方法，使服务准确、高效，并产生做好服务的动机和兴趣。

相关知识与技能：通过"相关知识与技能"的学习，可使学生了解必需、够用的业务知识与技能，掌握相关礼仪规范，获取使服务做得更好的策略。

技能训练：进行技能分项训练，可使学生迅速掌握"服务能力提升得更快、服务做得更好"的方法与技巧，把服务礼仪规范转化为日常服务习惯。

完成任务：小组合作共同"完成任务"，崇尚人文精神，学会与人共处，学会合作服务，把"服务做得更好"的策略、方法与技巧实现于"完成任务"之中。通过系统评价检验学生的学习效果，促使学生职业能力有所发展并提高岗位服务的适应能力。

思考与练习：通过思考与练习，进一步提升服务能力，巩固学习成果。

为了提高学习效率，让学生领略大自然风光，本书采用了大量的图片，使学生在愉悦的心情下很快地掌握知识，大大缩短阅读时间。

建议本书总学时为 72 学时。单元一 18 学时，单元二 12 学时，单元三 16 学时，单元四 14 学时，单元五 12 学时。

本书由徐萍任主编，刘婕、薛晶晶、刘彤任副主编。编写分工如下：第一单元由薛晶晶编写；第二单元由刘彤编写；第三单元由刘婕编写；第四、五单元由徐萍编写。

本书是在邓泽民教授设计的教材结构框架下撰写的。他在教材目标的定位、教材内容的筛选、教材结构的设计、教材素材的选择等方面给予了悉心指导。

本书适合作为中等职业学校旅游服务与管理专业的教材，也可作为技工学校相关专业及在职人员的培训和自学用书。

由于编者水平有限，书中难免有疏漏与不妥之处，恳请读者不吝赐教、指正。

编 者
2015 年 12 月

# 目录

## CONTENTS

# 目　录

## CONTENTS

# 单元一 咨询接待

门市，指商业者经营零售业务的店面。旅游门市，是旅游者与旅行社第一次面对面接触的地方,是旅行社给旅游者留下"第一印象"的地方。旅行社留给旅游者的印象,会通过门市工作人员的一言一行、一举一动表现出来,可能是款款而来的"林中月下的美人",也可能是"效颦的东施"。所以,门市服务的好坏,直接影响到旅游者对旅行社的评价。

每当旅游者出游前,一般都会打电话或亲自前往旅行社门市,向工作人员咨询有关旅游事宜。这时接待人员要面对面地为旅游者服务,其态度热情与否、业务是否精通、办事效率的高低,都体现了整个旅行社的服务及管理水平。所以,要求门市接待人员在工作中应主动、热情、礼貌地待客,对旅游者的询问要给予迅速、准确的解答,并提出合理的建议,力争给顾客留下良好的印象。

**学习目标**
- 能够提供现场咨询服务
- 能够提供信函咨询服务
- 能够提供电话咨询服务
- 能够提供网络咨询服务

商场中的旅行社门市

临街旅行社门市

## 任务一　　现场咨询服务

现场咨询是指旅游者亲自前往旅行社所设立的门市柜台，向工作人员询问有关旅游方面的问题。旅行社工作人员应热情接待、仔细倾听、耐心解答，并向其提供各种可行的意见和建议，提供本旅行社旅游产品的宣传资料，力求促成旅游者购买本社的旅游产品。

**现场咨询**

旅行社门市接待员要熟悉自己旅行社一些常规旅游路线的行程安排及报价（这是主要的）。当客人不知道走什么路线时，门市人员需要向客人介绍，看客人比较关注哪条路线，并着重予以引导，给予专业的服务；其次，有的客人想要了解的内容很多，比如目的地的一些情况，门市人员也应做详细解释，如果不太清楚，可以巧妙地回复，但绝不能说不知道，不能给客人不专业的感觉。在做接待工作时要热情，面对客人的提问要耐心做出回答。旅行社门市接待员还要知道自己旅行社所在位置及如何乘坐公交车到旅行社等。

### 任务描述

一天上午，ZL 门市走进了一对年轻夫妇，门市服务人员看见后微笑着迎上来，请客人落座后，开始询问他们的旅游需求。原来他们想选择一条比较浪漫的旅游线路进行蜜月旅游。

### 任务分析

现在家庭旅游在整个旅游活动中占有很大的比重。通常他们的经济状况较好，旅游注重浪漫。由于这对夫妇刚刚结婚，经济不是问题，又是在冬季，所以为他们推荐的旅游路线有两条：一条是国内游海南三亚或者云南丽江，这两个地方都比较温暖；二是出国游泰国普吉岛，或去日本赏雪景、看富士山、泡温泉。可以迅速抵达一个特定的旅游地，并在那里参加各种各样的度假活动；在日程安排上尽可能宽松、自由。

对于前来门市咨询的旅游者，通常采取以下六个接待步骤：

**迎接客人→询问客人需求→出示旅游产品→旅游产品说明→提供宣传资料→告别客人**

### 一、迎接客人

旅游咨询者走进门市后，门市服务人员首先要仔细观察，判断旅游咨询者进门市的意图，是随便问问，还是有旅游意向，是否某条线路或者某种旅游产品已经引起了旅游咨询者的注意。其次，门市服务人员要专注，看到旅游咨询者已经进来了，就要转向旅游咨询者，用眼神来表达关注和欢迎，注目礼的距离以五步为宜；在距离三步的时候就要面带微笑，热情地问候"您好，欢迎光临"，并合理运用手势语言，如图 1-1-1、图 1-1-2 所示。

图 1-1-1 迎客

图 1-1-2 迎客手势

## 二、询问客人需求

旅游咨询者落座后，给客人提供送水服务，如图 1-1-3 所示，然后询问旅游咨询者旅游需求。询问时通常要问旅游咨询者是国际游还是国内游、去什么方向、去几天、几个人去、希望乘坐的交通工具，以及价格定位等问题。在了解旅游咨询者的基本需求后要耐心给予解答，如图 1-1-4 所示。

图 1-1-3 送水服务

图 1-1-4 询问并解答

## 三、出示旅游产品

当旅游咨询者正注意观察某种线路时，门市服务人员应简明扼要地介绍该旅游产品的亮点以引起旅游咨询者兴趣，介绍线路时需要直接、快速切入正题，不需要多余的礼貌，如图 1-1-5 所示。正确的方法应该是："请允许我来帮您介绍一下。"当旅游咨询者表明对某种旅游产品产生兴趣时，门市服务人员要立即取出该产品的宣传资料递给旅游咨询者，使其有事情可做，有东西可看，有引起兴趣、产生联想的对象。

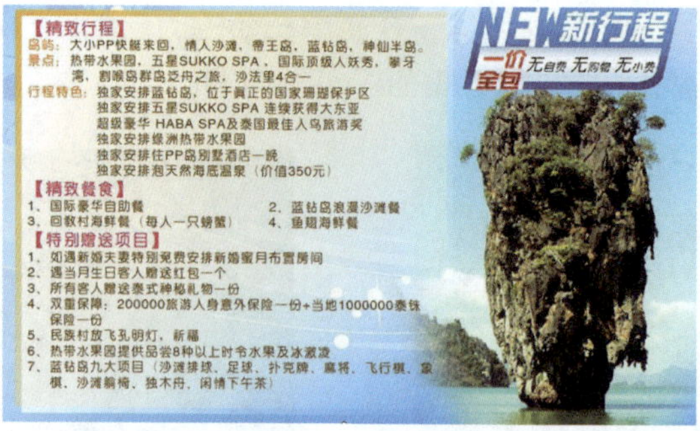

图 1-1-5　观察旅游线路

## 四、旅游产品说明

旅游产品说明是指在出示旅游产品的同时应向旅游咨询者提供旅游产品的有用信息。这时门市服务人员应实事求是地说明和介绍，并列举旅游产品的一些卖点或者亮点等特色。好的介绍能使门市服务人员掌握销售的主动权，并能刺激旅游咨询者的购买欲望，如图 1-1-6 所示。

图 1-1-6　旅游产品说明

## 五、提供宣传资料

主动、大方地向旅游咨询者提供相关旅游产品的宣传资料，让旅游咨询者带回去阅读，以便加深旅游咨询者对旅游产品、门市、旅行社品牌的印象，为旅行社和门市争取市场，赢得顾客。根据前面旅游咨询者要求，可以提供下面旅游宣传资料，如图 1-1-7 所示。

图 1-1-7　提供宣传资料

宣传资料的内容如下：

| 【独享珍岛】泰国普吉岛 .PP 岛 . 爱之岛 .VILLA 别墅 .7 日度假游 | | | | |
|---|---|---|---|---|
| 团号 | 出团日期 | 回团日期 | 组团形式 | 报价类型 |
| CJY-TP-20160104-CZ1 | 2016-01-04 | 2016-01-10 | 自组 | 成人优惠价　￥3980 |

### 第 1 天 >> 沈阳 / 普吉（武汉经停）

交通：飞机；住宿：普吉当地五星酒店；餐食：早餐——无，午餐——无，晚餐——无。

指定时间自行前往沈阳桃仙国际机场集合，搭乘国际航班飞往浪漫的度假圣地泰国普吉岛，专人接机入住酒店休息。

### 第 2 天 >> 攀牙湾 ～ 割喉岛泛舟 ～ 沙法里之旅 ～ 水果街 ～ 人妖秀

交通：巴士；住宿：普吉当地五星酒店；餐食：早餐——酒店自助早餐；午餐——回教村海鲜围桌餐；晚餐——王大福泰式料理。

前往普吉岛最北端的【攀牙湾】（游览不少于 20 分钟），畅游有小桂林美誉之称的攀牙湾岛，观赏海上峋嶙的崖石，途经最著名的拍摄电影 007 系列 - 金手指而闻名于世的 007 岛；然后，换乘小艇悠闲自得地开始【割喉岛泛舟之旅】（游览不少于 15 分钟），碧波荡漾的割喉岛是由奇异迷人的石岩、石群和耸立海中的断崖岛屿组成，一路乘船沿海欣赏由石灰岩组成的大小岛屿和岩洞，洞顶垂吊而下的钟乳石十分美丽，且每个洞穴各具特色，让您无不感叹造物主的天赐；下午带您来一趟大自然【沙法里之旅】（游览不少于 30 分钟），首先乘坐聪明绝顶的大象跋山涉水悠游在丛林之中，观看精彩的大象表演，让您深刻感受大自然的洗礼，接着前往猴子学校观赏猴子表演，骑牛车；返回普吉市区【水果街】，您可自费品尝著名的南洋水果：榴梿、山竹、红毛丹，还有一大堆叫不出名字，连看都没看过的热带水果。晚餐后带您观看【西蒙人妖秀】（约 60 分钟），这是泰国经典人妖表演，华丽的服装、幽默的表演，适合各年龄段的游客观赏，比女人更像女人的西蒙人妖秀，节目结束后返回酒店休息或自由活动。

### 第 3 天 >> 普吉岛—快艇小 PP 岛—情人沙滩

交通：快艇；住宿：普吉当地五星酒店；餐食：早餐——酒店自助早餐；午餐——PP 岛简餐；晚餐——韩式 BBQ。

酒店用早餐之后，带上防晒用品，前往码头，搭乘快艇（单程不少于 45 分钟）游览安达曼海域度假天堂【小 PP 岛环岛】（游览不少于 60 分钟），此时你到达了真正的世外桃源，一缕轻轻的海风，加上银白色的细沙，就在你的身旁，阳光海滩水里的鱼儿也在等待着您；【情人沙滩】（游览不少于 20 分钟），在此您可自由地在日光浴下尽情享受沙滩的美景。之后搭乘快艇返回普吉，晚餐后返回酒店休息。

### 第 4 天 >> 普吉 ～ 爱之岛

交通：快艇；住宿：普吉岛度假村别墅；餐食：早餐——酒店自助早餐；午餐——爱之岛自助餐；晚餐——渔人码头泰式围桌餐。

早餐后，带您前往【爱之岛】（游览不少于 40 分钟），途中若有幸可一睹海豚跃海的风采。抵达后享用岛上自助餐。2015 年再度正式亮相于全球的 Love Island "爱の岛"有着环绕全岛的珊瑚礁及清澈见底的海水景观，泰国皇族休闲度假的御用岛屿，是婚纱最美的拍摄基地，是私密婚庆 party 最佳岛屿。岛上有一座龙王庙，在龙王旁有着全普吉最灵验的爱情祈愿区，挂上两人的爱情锁，甜甜蜜蜜一生不分离。下午返回，跟随我社安排进行游览。晚餐后返回酒店休息。

## 第 5 天 >> 神仙半岛—海龙寺—泰式古典按摩

交通：巴士；住宿：普吉岛度假村别墅；餐食：早餐——酒店自助早餐；午餐——NAKA 鳄鱼餐厅围桌餐；晚餐——韩国自助餐。

早餐后，前往普吉岛香火最为旺盛的寺庙之一【海龙寺】参观，并可膜拜泰国著名的【四面佛】，佛像前后左右有四副面孔，分别代表慈、悲、喜、舍四种梵心。神像摆放在工艺精细的花岗岩神龛内，正襟危坐，全身金碧辉煌。四面佛的四面顺时针方向第一面求平安，第二面求事业，第三面求爱情婚姻，第四面求金钱。烧一套香烛，插一小束花在佛前，据说是很灵的。之后跟随我社团队安排进行游览，享受我们特意为您安排的泰式古典按摩（约 60 分钟），缓解旅途的疲劳，放松身心，缓解压力！

## 第 6 天 >> 普吉全天自由活动 ~ 机场

交通：自理；住宿：飞机上；餐食：早餐——酒店内早餐；午餐——自理；晚餐——自理。

全天自由活动（不含餐、交通、导游，仅含机场送机车费），也可以与导游协商参加其他集体活动；之后前往机场，结束浪漫的普吉岛之旅，夜宿飞机上。

## 第 7 天 >> 普吉 / 沈阳（武汉经停）

乘坐飞机返回沈阳桃仙机场，于机场解散，自行返回温暖的家，结束精彩的普吉岛之旅！

**温馨提示**

A. 银行卡使用说明：
带有银联或 VISA 或 MASTER 标志的银行卡均可。

B. 保险：
我社已为旅游者投保境外旅游意外伤害保险。提醒您根据需要自行购买航空保险及其他个人旅游保险。

C. 境外小费：
在国外付小费没有固定的标准，需要因事因时因人而宜。以下情况也应酌情给予一定的小费（20 ~ 30 铢）：替叫计程车的酒店服务生，计程车司机，餐馆、酒吧的服务员，客房服务员，酒店的行李员等。

D. 自由活动安排：自由活动期间，请注意安全并保管好您随身携带的物品以及贵重物品。

**签证资料**

普吉岛为泰国签证，我社视收客时限而定为客人提前办理泰国签证或者落地签证，以实际团队操作情况而定。（注：护照为因私护照原件，并且有效期在 6 个月以上，从回团日子算起，有三页以上空白页，1 张 2 寸彩色照片）

**服务标准**

1. 准备报名证件：护照原件（至回团后 6 个月以上有效期，3 页以上空白页），1 张 2 寸彩色近期相片（底色不限）。
2. 行程说明：
（1）本社有权根据景点节假日休息调整行程游览先后顺序，但游览内容不会减少，标准不会降低。

（2）行程景点实际游览最短时间，以行程中标注时间为准。

（3）根据航班搭乘要求，团队通常须提前 3 ～ 4 小时到达机场办理登机手续。

（4）游泳池未开放时请勿擅自入池游泳，并切记勿单独入池。

（5）搭乘船只请务必穿着救生衣，搭乘快艇请扶紧把手或坐稳，勿任意移动。

（6）海边戏水请勿超载安全警戒线。

（7）活动若具有刺激性，身体状况不佳者请勿参加。

（8）车辆行进时勿站立、行走或更换座位，头、手勿伸出窗外，上下车时注意来车方向，以免发生危险。

（9）夜间或自由活动时间若需自行外出，请告知领队或团友，并应特别注意安全。

3. 酒店标准：行程中所列酒店星级标准为当地酒店评定标准。

4. 保险说明：含人身意外伤害险。

5. 补费说明：

（1）如遇航空公司政策性调整机票价格，请按规定补交差价。机票价格为团队机票，不得改签换人退票。

（2）如果旅游目的地国家政策性调整门票或其他相关价格，请按规定补交差价。

**团费中含**

1. 往返机票，团队经济舱，含各类税。

2. 签证费。

3. 3 晚当地五星酒店 +2 晚普吉岛度假别墅。

4. 空调旅游巴士及司机。

5. 专业中文领队，导游。

6. 当地司机和导游服务小费。

7. 人身意外伤害险。

**团费不含**

1. 护照费（6 个月以上有效）。

2. 酒店内电话、传真、洗熨、收费电视、饮料等费用。

3. 服务项目未提到的其他一切费用。

4. 洗衣，理发，电话，饮料，烟酒，付费电视，行李搬运等私人费用。

5. 旅游费用不包括旅游者因违约、自身过错、自由活动期间内行为或自身疾病引起的人身和财产损失。

6. 因天气等人力不可抗拒原因导致飞机延误或取消所产生的一切额外增加费用；其他私人消费。

## 六、告别客人

"出迎三步，身送七步"，要以将再次见面的心情恭送旅游者走出门市。送客时要等旅游者起身后再站起来相送，送客时要说"预祝旅途愉快""欢迎下次光临"等礼貌用语。当旅游者带有较多或较重物品，送别时应主动帮提重物，送出门市。与旅游咨询者在门口、汽车旁告别时，要与旅游咨询者握手。目送旅游咨询者上车或离开，要以真诚的态度依依不舍地送客，应挥手致意，待旅游者移出视线后，才可结束送别仪式。

## 相关知识与技能

### 一、旅游产品的构成

从旅游目的的角度出发，旅游产品是指旅游经营者凭借着旅游吸引物、交通和旅游设施，向旅游者提供的用以满足旅游活动需求的全部服务。

整体旅游产品构成的主要内涵有旅游吸引物、旅游设施、旅游服务和可进入性。其中，旅游服务是旅游产品的核心。

#### （一）旅游吸引物

旅游吸引物是旅游者选择旅游目的的决定因素。它可能是物质实体，可能是个事件，也可能是某种现象。旅游吸引物蕴藏在自然环境和人类社会中，代表着旅游胜地的特色，代表不同民族的文化传统。图 1-1-8 所示为自然旅游吸引物，图 1-1-9 所示为人文旅游吸引物。

图 1-1-8　自然旅游吸引物

图 1-1-9　人文旅游吸引物

#### （二）旅游设施

旅游设施是直接或间接向游客提供服务的物质条件。旅游设施在旅游产品构成中不是确定游客流向的主要因素，但旅游设施不配套会影响或阻碍游客对旅游吸引物的追寻。旅游设施包括旅游服务设施和旅游基础设施。

1．旅游服务设施

旅游服务设施是指旅游经营者直接服务的凭借物，一般包括住宿、餐饮、交通及其他服务设施。

（1）住宿服务设施有旅馆、汽车旅馆、野营帐篷、游船旅馆等多种住宿条件以满足不同游客的住宿需要。住宿要占旅游者旅游时间的 1/3，同时旅游者在住宿地还可以进行娱乐文体等方面的活动。因此，旅游者对住宿的满意程度，也是关系旅行社产品声誉的重要方面。旅行社销售产品时，必须注明下榻饭店的名称、地点、档次，以及提供的服务项目等，一经确定，不能随意更改，更不能降低档次、改变服务项目。图 1-1-10、图 1-1-11 所示为客房实物图。

图 1-1-10　客房（一）

图 1-1-11　客房（二）

（2）旅游餐饮是旅行社产品不可缺少的要素，也是旅游者重要的需求内容。尤其是驰名的风味餐饮，往往是吸引旅游者的因素之一，甚至有的旅游团就是为了风味餐饮而组团的。即使是短途的"一日游"产品中，也包含用餐项目。

旅游者对餐饮安排的满意程度直接影响到旅行社的信誉和形象。旅行社安排餐饮的基本原则是：卫生、新鲜、味美、量（份）足、价廉、营养、荤素搭配适宜等。图 1-1-12 ～图 1-1-14 所示为风味餐饮和餐厅。

图 1-1-12　风味餐饮（一）

图 1-1-13　豪华餐厅

图 1-1-14　风味餐饮

### 2．旅游基础设施

旅游基础设施是指目的地城镇建设的基本设施，如水、电、热、气的供应系统，废物、废气、废水的排污处理系统、邮电通信系统、交通运输系统、物资供应系统、安全保卫系统、环境卫生系统，以及城镇街区美化、绿化、路标、路灯、停车场等。

## （三）可进入性

可进入性是旅游产品构成的第三内涵，指游客进入目的地的难易程度。具体表现为进入旅游目的地的交通设施完善，进出便捷，或具有一级公路或高等级航道、航线直达，或具有旅游专线交通工具。具体如下：

### 1．游览观光

游览观光是旅游者最主要的旅游动机，是旅行社产品产生吸引力的根本所在，也反映了旅游目的地的品牌与形象。由于游览观光是旅行社产品的核心内容，所以必须充分重视游览观光的质量。图 1-1-15 所示为北京什刹海夜景。

图 1-1-15　北京什刹海夜景

旅行社安排游览观光的原则：资源品位高、环境氛围好、游览设施齐全、可进入性好、安全保障强等。图 1-1-16、图 1-1-17 所示为国家大剧院和国家体育场。

图 1-1-16　国家大剧院

图 1-1-17　国家体育场

2．娱乐项目

娱乐项目包括歌舞、戏曲、杂技、民间艺术及其他趣味性、消遣性强的民俗活动。许多娱乐项目都是参与性很强的活动，能极大地促进旅游者游兴的保持与提高，加深旅游者对旅游目的地的认识。图 1-1-18、图 1-1-19 所示为中华世纪坛文艺演出和中国大戏院文艺演出。

图 1-1-18　中华世纪坛文艺演出

图 1-1-19　中国大戏院文艺演出

3．购物项目

旅游者在旅游过程中适当购买一些当地特产、工艺美术品，以自用或作纪念或馈赠亲友，是旅游活动中的一项重要内容。

旅行社安排购物的原则：购物次数要适当，购物时间要合理（不能太多、太长）；要选择服务态度好、物美价廉的购物场所，忌选择那些服务态度差（如强迫交易）、伪劣商品充斥的购物场所。图 1-1-20、图 1-1-21 所示的好的购物场所。

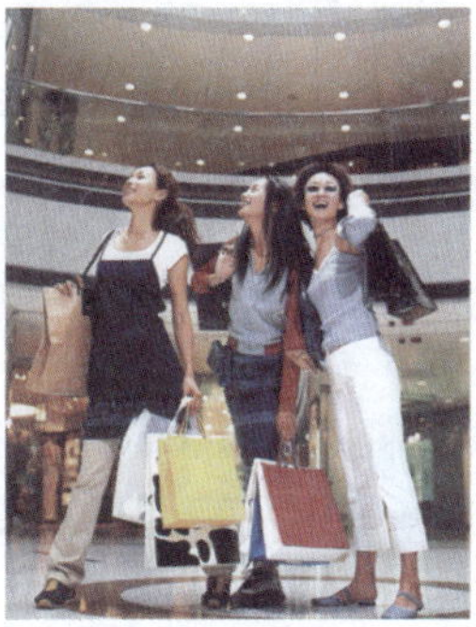

图 1-1-20　东方新天地

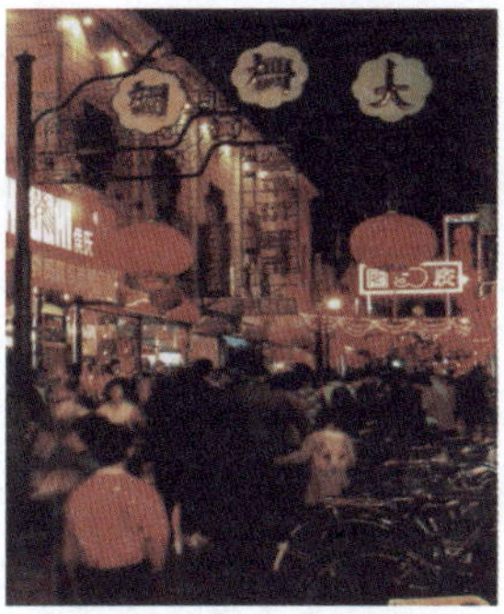

图 1-1-21　大栅栏

4．导游服务

旅行社为旅游者提供导游服务是旅行社产品的本质要求，大部分旅行社产品都含有导游服务。导游服务包括地方陪同服务、全程陪同服务、领队服务和景区讲解员服务，主要是提供翻译、向导、讲解和旅途生活服务。导游服务必须符合国家和行业的有关标准及相关法规，并严格按组团合同的约定提供服务，如图 1-1-22、1-1-23 所示。

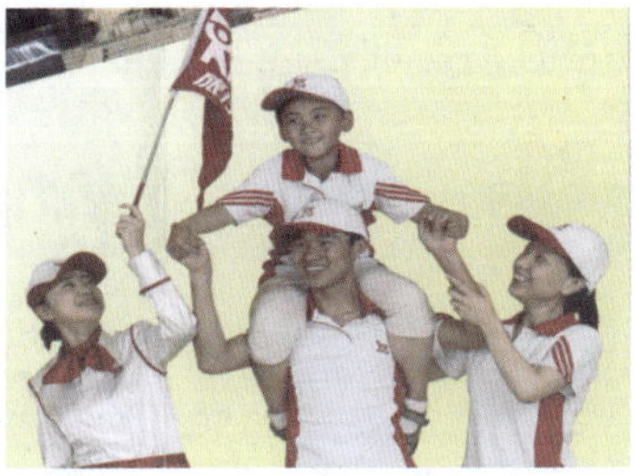

图 1-1-22　导游服务（一）

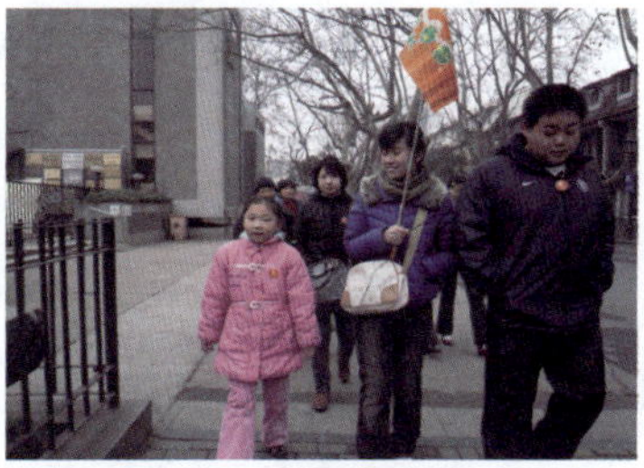

图 1-1-23　导游服务（二）

5．旅游保险

旅行社提供旅游产品时，必须向保险公司投保旅行社责任保险，保险的赔偿范围是指由于旅行社的责任致使旅游者在旅游过程中发生人身或财产意外事故而引起的赔偿。图 1-1-24 所示为旅游保险单。

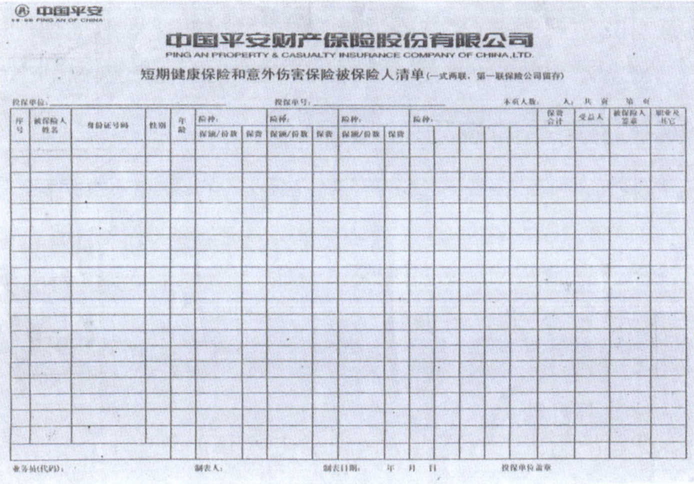

中国平安
PING AN OF CHINA

中国平安财产保险股份有限公司
PING AN PROPERTY & CASUALTY INSURANCE COMPANY OF CHINA,LTD.

短期健康保险和意外伤害保险被保险人清单（一式两联，第一联保险公司留存）

投保单位：　　投保单号：　　本页人数：　人；共　页　第　页

| 序号 | 被保险人姓名 | 身份证号码 | 性别 | 年龄 | 险种： | | 险种： | | 险种： | | 险种： | | | | 保费合计 | 受益人 | 被保险人签章 | 职业及工种 |
|---|---|---|---|---|---|---|---|---|---|---|---|---|---|---|---|---|---|---|
| | | | | | 保额/份数 | 保费 | 保额/份数 | 保费 | 保额/份数 | 保费 | | | | | | | | |

业务员(代码)：　　制表人：　　制表日期：　年　月　日　　投保单位盖章

图 1-1-24　旅游保险单

## 二、旅游产品介绍的相关内容

### （一）主要旅游目的地的有关情况

（1）主要旅游景点的名称、坐落地点、门票价格、开放时间；饭店、旅馆、餐馆、市内交通等旅游服务设施的类型、价格。

（2）抵离目的地的交通工具类型、价格及有关订票、乘坐、行李等方面的规定。

（3）旅游目的地国家或地方政府的有关法律、法规、政策；旅游目的地的民俗风情、当地居民的生活习惯、宗教信仰及其对外来旅游者的态度。

（4）旅游目的地主要接待旅行社情况，如拥有哪些语种的导游员、接待旅游者的成本价格、能够提供的旅游活动项目。

### （二）本旅行社的主要旅游产品情况

（1）旅游产品的种类、价格。

（2）办理单项旅游服务的手续、费用。

（3）选择性旅游活动的内容、价格、出发日期及时间。

（4）本地区旅游服务设施的基本概况，如饭店客房价格、地方风味餐馆的菜肴特点及其价格、市内交通的主要运输工具种类及票价等。

（5）本地区主要旅游景点情况，如坐落地点、开放时间、主要特色、门票价格等。

（6）本地区主要娱乐场所、购物商店情况。

## 三、主动接近（攀谈）的机会

（1）旅游咨询者较长时间凝视某条宣传线路时。

（2）旅游咨询者把头从青睐的线路上抬起来时。

（3）旅游咨询者临近资料架停步看某条线路的图片时。

（4）旅游咨询者拿起某条线路的资料时。

（5）旅游咨询者在资料架旁边寻找某条线路时。

（6）旅游咨询者把脸转向门市服务人员时。

这六大机会意味着旅游咨询者已注意到某项旅游产品，或者希望得到门市的注意从无意注意转向有意注意，或者从对旅游业产品的注意发展到对该产品的兴趣。

## 四、门市介绍旅游产品的技巧

（1）理解需求。旅游咨询者不是来购买产品或者服务的客户，他们是向那些他们认为能够理解他们需求、满足他们需求的门市服务人员购买需求和解决问题的方法。

（2）介绍旅游线路或者旅游产品简短扼要。注意：独自一人滔滔不绝并非销售，要用最简要、清晰、易懂的语言与旅游咨询者沟通。

（3）运用图片等视觉手段。

（4）运用第三者的例子。

（5）针对旅游咨询者的需求，对亮点、特色、注意事项等进行比较详尽的介绍。

## 五、旅游产品的出示

出示旅游产品就是在旅游咨询者表明对某种旅游产品产生兴趣时，门市服务人员要立即取出该产品的宣传资料递给旅游咨询者，以促使其产生联想，刺激他的购买欲望。门市服务人员与旅游咨询者搭话以后，应尽快出示旅游产品，使旅游咨询者有事情可做，有东西可看，有引起兴趣、产生联想的对象。在出示旅游产品时，需要注意采用以下方法。

### 1．示范法

示范法就是旅游产品的展示。例如，可以让旅游咨询者欣赏他中意的旅游产品的精美图片。这是进一步激发旅游兴趣，打消旅游咨询者疑虑的好方法。

### 2．感知法

感知法就是尽可能地让旅游咨询者想象、感受、体验旅游产品，比如，通过网络信息、旅游者论坛中的评论，让旅游咨询者实际感知旅游产品，以消除旅游咨询者的疑虑：根据从众心理，绝大部分游客说好的、值得去的，一般来说，旅游咨询者也会认为是好的、美的、值得去的。

### 3．多种类出示法

多种类出示法适用于旅游咨询者对具体购买哪种旅游产品还不确定时，门市服务人员可出示几种行程相似或价格相近的旅游产品供其选择，但是并不是说出示的旅游产品越多越好。

## 六、语言艺术的特征

### 1．用语礼貌

"您好""请""谢谢""对不起""再见"等应是须臾不离口的惯语。例如，询问客人"姓什么"，可用"贵姓"代替；为客人上茶可说"请用茶"等。这既是对客人的尊重，也是对自己的尊重。在工作中尽量避免说"喂！进来看！""有什么事吗？""您说什么？""我正忙，你自己先看看！"等语言。谈吐是自身心灵的外观，一个人心灵的美与语言谈吐的美是完全一致的。

### 2．语气委婉

与客人说话要注意说话速度，一般为每分钟 120～160 字。与客人说话尽量使用最后是问句的语言，即在句尾加上"好吗""可以吗""行吗"，让人感觉到是征求意见。对客人提出的问题则要明确、简洁地予以肯定回答，绝不允许用反诘、训诫和命令的语气。

### 3．应答及时

语言是交流的工具，如果客人的呼问得不到及时的应答，感情得不到及时的交流，这意味着客人受到冷遇。应答及时是门市工作人员热情、周到服务的具体体现。无论客人的呼问有多少次、要求有多么难，门市工作人员都要及时应答，然后一一满足其要求，解决其困难，使主客的交流畅通无阻。

### 4．语音音量适度

交流时语音音量的大小，有语言的修养问题，也有门市工作人员的态度问题、感情问题。语音音量过大显得粗俗无礼，音量过小又显得小气懈怠，两者都容易引起客人的误解、不悦。有较高语言修养的门市工作人员任何情况下都会自然流畅地发出不高不低、不快不慢、不急不缓的适中音量，给人以亲切、高雅的美感。

### 七、仪容仪表

仪容，通常是指人的外观、外貌。在人际交往中，每个人的仪容都会引起交往对象的特别关注，并将影响到对方对自己的整体评价。在个人的仪表问题之中，仪容是重点之中的重点。仪表包括人的形体、容貌、健康状况、姿态、举止、服饰、风度等方面，是人举止风度的外在体现。风度是指举止行为、接人待物时，一个人的德才学识等各方面内在修养的外在表现。风度是构成仪表的核心要素。门市服务人员是整个旅行社精神面貌的体现。良好的仪表仪容能使门市服务人员在工作中保持充沛的精力，又能给顾客留下美好的印象。因此，门市服务人员仪表仪容不仅仅是个人行为，而且关系到门市服务质量、门市销售业绩、门市形象、旅行社品牌，是不容忽视的。

#### （一）服饰

门市服务人员处在旅行社对客人关系的最前沿，是旅行社的"窗口"性人物，因此，工作过程中必须注意服饰美。门市服务人员着装总的要求是：款式美观大方，色彩协调，与个人体形、工作特点、工作环境、民族习俗相吻合。细节上应该注意以下几点：

（1）上岗时必须统一着装，否则会给旅游咨询者一种凌乱的感觉。

（2）工作服是上、下身配套的，必须配套穿着。

（3）如果只有上衣是工作服，要求裤子或裙子的色彩、款式要与上衣搭配协调。

（4）鞋袜的款式和颜色也要与工作特点和服装统一。

（5）任何情况下，都不可以穿得过分花哨，袒胸露背，更不能穿背心短裤上岗。

（6）按照规定佩戴好工作牌或标志，以便顾客辨认和监督。

门市服务人员讲究服饰美是对本职工作严肃认真、充满热情的反映，也是尊重顾客的体现。每位门市服务人员都应当讲究服饰美，注意服饰素雅，服饰得体、服饰整洁（见图1-1-25），不断地提高自己的审美情趣和对工作的责任感，让旅游咨询者觉得信任和愉悦。

图1-1-25 门市服饰

#### （二）修饰

修饰主要指美容化妆、佩戴饰物、塑造发型等。

1. 美容化妆

美容化妆是生活中的一门艺术，不同行业对化妆有不同的要求。门市服务人员为了使自己更美丽更精神，更好地服务顾客，给顾客一个好印象，上岗前一定要化妆，但不宜浓妆艳抹，应该以优雅大方的淡妆为宜。美丽源于自然，任何修饰，如果留下雕琢的痕迹，矫揉造作，就谈不上美。美容专家说："化妆的最高境界就是别人只感受到你的美丽，却感觉不到你化妆过。"

化妆前的第一步是清洁面部。清洁面部可以去除新陈代谢产生的老化物质、空气污染、卸妆等残留物，同时也可以清洁肌肤。洗脸要使用洗面奶，先将洗面奶放在手上揉搓起泡，泡沫越细越不会刺激肌肤，然后让无数泡沫在肌肤上移动以吸取污垢，最后用温水洗净。

脸部化妆一方面要突出面部五官最美的部分，使其更加美丽；另一方面要掩盖或矫正缺陷或不足的部分。经过化妆品修饰的美有两种：一种是趋于自然美；一种是艳丽的美。前者是通过恰当的淡妆来实现的，它给人以大方、悦目、新的感觉，最适合在家或平时上班时使用；后者是通过浓妆来实现的，它给人庄重高贵的印象，可出现在晚宴、演出等特殊的社交场合。门市服务人员的化妆多趋于自然美，如图 1-1-26 所示。

图 1-1-26　美容化妆

**2. 佩戴饰物**

门市服务人员在工作岗位上佩戴饰品时一般不宜超过两种，佩戴某一具体品种饰品，不应超过两件。当然，也可以不佩戴首饰，尤其对于男性门市服务人员来讲，更应如此。

门市服务人员在自己的工作岗位上佩戴饰品时，特别应遵守下列三点要求：

（1）穿工作服时的要求。穿工作服时，不宜佩戴饰品。穿工作服不仅表示正在工作，而且代表着敬业、爱岗、效率、统一。从根本上讲，工作服不需要刻意装饰，如果戴饰品也只能戴一枚婚戒和手表。一名身穿工作服的门市服务人员，要是佩戴了不少饰品，看上去披金戴银的，工作服的风采便会被冲淡，甚至被根本抹杀了。因此，穿工作服以不佩戴任何饰品为好。

（2）穿职业套装时的要求。穿职业套装时，不宜佩戴工艺饰品。一般而言，工艺饰品多适合人们在社交应酬之中佩戴，借以突出佩戴者本人的鲜明个性。然而，正装的基本风格是追求共性，不强调个性。所以，门市服务人员在身着职业套装时通常不宜佩戴工艺饰品，特别是不宜佩戴那些被人们视为另类的工艺饰品，诸如其造型为骷髅、刀剑、异形、女人体的饰品等。

（3）协调的要求。门市服务人员假如被许可在工作之中佩戴饰品，也要力求少而精。只宜选戴金银饰品或索性不戴饰品，而绝对不宜佩戴珠宝饰品或仿真的珠宝饰品。一般而言，珠宝饰品价格昂贵，更适合在社交场合佩戴。如果佩戴两种饰品或两件饰品时，一定要彼此和谐，相互统一。

**3. 塑造发型**

门市服务人员的发型要根据工作的特点来选择，以端庄自然为宜，不可过分夸张。尤其是时尚流行的今天，一定要注意流行并不代表美丽，也并不一定代表正确。例如，将头发染成红色、金黄色甚至绿色，就和旅游行业的要求不相符合。面对流行，要学会自己判断选择，适合自己的，才是最好的。发型的选择通常要注意以下几点：① 头发的长短考虑的是身材比例，其次是高度。矮小的人，头发不宜太长，及肩是最长的限度。如果颈项不够长，也不能留长发，会使颈项显得更加短。② 身材高挑的女生可以勇敢地留长发，但门市服务人员要注意让长发保持整洁。③ 过胖的女性不适合直发。④若留长发，工作时应把头发梳起，刘海以不遮住眼睛为宜。门市标准发型如图 1-1-27 所示。

图 1-1-27　门市标准发型

### （三）佩戴胸卡

《旅行社国内旅游服务质量要求》中明确要求门市服务人员"佩戴胸卡"，《旅行社出境旅游服务质量》中也要求营业销售人员"佩戴服务标志"，可见胸卡或者服务标志的重要性。

门市服务人员佩戴胸卡时，要注意以下事项：

（1）规格统一。门市服务人员胸卡的大小尺寸、颜色、款式、图案等要完全一样。

（2）内容统一。一般应包括部门、职务、姓名三项。必要时，还可贴上本人照片，以供顾客监督。

（3）佩戴统一。将胸卡别在左侧胸前，或用挂绳将胸卡挂在胸前，如图 1-1-28 所示。

（4）完好无缺。佩戴破损、污染、折断、掉角、掉字或涂改的工卡，只会有害无益，应及时更换。

图 1-1-28　佩戴胸卡

### （四）佩戴手表

手表，又叫腕表。门市服务人员工作时佩戴手表，通常意味着时间观念强、作风严谨，特别是对男性门市服务人员而言更是这样。因此，门市服务人员先要了解手表，并且善于选择手表。选择手表，往往应注重其种类、形状、色彩、图案、功能五方面的问题。

#### 1. 种类

根据标准的不同，手表可以分为许多不同的种类。在社交场合，人们一般都是依据价格来区分其种类的。按照这个标准，手表可被分为豪华表、高档表、中档表、低档表四类。以时价而论，豪华表价格在 10 000 元以上，高档表在 2 000 ～ 10 000 元，中档表在 500 ～ 2 000 元，低档表在 500 元以下。选择手表的具体种类时，首先要量力而行，不要做力不从心的事。另外，还要同时顾及个人的职业、露面的场合、交往的对象和同时所选用的其他服饰等一系列相关因素。图 1-1-29 所示为一款高档表。

#### 2. 形状

手表的造型往往与其价格、档次有关。在正式场合佩戴的手表，在造型方面应当庄重、保守，避免怪异、新潮。男士，尤其是位尊者、年长者更要注意。造型新奇、花哨的手表，仅适用于少女及儿童。一般而言，正圆形、椭圆形、正方形、长方形以及菱形手表，因其造型庄重、保守，适用范围极广，特别适合在正式场合佩戴。图 1-1-30 所示一款长方形表。

#### 3. 色彩

选择在正式场合佩戴的手表，其色彩应避免繁杂凌乱，一般宜选择单色手表、双色手表，不应选择三色或三种颜色以上的手表。不论是单色手表还是双色手表，其色彩都要清晰、高贵、典雅。金色表、银色表、黑色表，即表盘、表壳、表带均有金色、银色、黑色的手表，是最理想的选择。金色表壳、表带、乳白色表盘的手表，也能经得住时间的考验，在任何年代佩戴都不会落伍。图 1-1-31 所示为一款双色手表。

#### 4. 图案

除数字、商标、厂名、品牌外，手表上没有必要出现其他没有任何作用的图案，如图 1-1-32

所示。选择使用于正式场合的手表，尤其需要牢记此点。倘若手表上图案稀奇古怪、多种多样，不仅不利于使用，反而有可能招人笑话。

5．功能

计时，是手表最主要的功能。因此，正式场合所用的手表，不管是指针式、跳字式还是报时式，都应具有这一功能，并且应当精确到时、分，能精确到秒则更好。只精确到时的手表，显然不符合要求。有些附加的功能，如温度、湿度、风速、方向、血压、步速等，均可有可无，而且以无为好。总之，手表的功能要少而精，并要有实用价值。图 1-1-33 所示为一款功能表。

图 1-1-29　高档表

图 1-1-30　长方形表

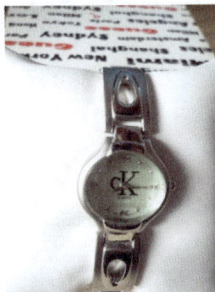

图 1-1-31　双色手表

图 1-1-32　品牌表

图 1-1-33　功能表

总之，在仪容仪表方面，男性门市服务人员要做到：勤理发、勤洗手、勤剪指甲，不留长发和怪发型，不留胡须，上班前不抽烟、不喝酒、不吃带刺激性气味的食物。女性门市服务人员要做到：发型端庄自然、勤洗手、勤剪指甲，不宜涂抹色彩过于艳丽的指甲油；上班前注意口腔卫生，不吃带刺激性气味的食物。具体要求如表 1-1-1、表 1-1-2 所示。

表 1-1-1　男性门市业务人员仪容仪表注意事项

| 仪 容 仪 表 | 注 意 事 项 |
|---|---|
| 面　部 | 常剪鼻毛，胡须要刮净，鬓角不能过长 |
| 口　腔 | 牙齿要清洁，口腔没有异味 |
| 头　发 | 每天洗发，没有异味，无头屑，常理发，前不遮眼，后不过领 |
| 西　装 | 无线头、污渍，无褶皱 |
| 衬　衫 | 干净、整洁，领口无污渍 |
| 纽　扣 | 没有掉扣，且已扣上 |

续表

| 仪容仪表 | 注意事项 |
|---|---|
| 领 带 | 清洁、系法正确，无污渍，与西装、衬衫搭配得当 |
| 工作牌 | 无破损，且戴在正确位置 |
| 双 手 | 干净，常用护手霜滋润双手 |
| 指 甲 | 常修剪，指甲内不能有污垢 |
| 鞋 | 打油擦亮，颜色与样式得当 |
| 袜 | 与鞋搭配，深色为主，无异味 |
| 总体要求 | 整洁、和蔼、谦恭而不失阳刚之美 |

表1-1-2 女性门市业务人员仪容仪表注意事项

| 仪容仪表 | 注意事项 |
|---|---|
| 面 部 | 洁净，化淡妆 |
| 口 腔 | 牙齿要清洁，口腔没有异味 |
| 头 发 | 每天洗发，没有异味，无头屑 |
| 服 装 | 干净，无线头、污渍，无褶皱，搭配协调 |
| 发 夹 | 式样和颜色不过于鲜艳 |
| 纽 扣 | 没有掉扣，且已扣上 |
| 工作牌 | 无破损，且戴在正确位置 |
| 双 手 | 干净，常用护手霜滋润双手 |
| 指 甲 | 常修剪，指甲内不能有污垢，不涂有色指甲油 |
| 鞋 | 打油擦亮，颜色与样式得当 |
| 袜 | 丝袜无破损，裙边要遮住袜边 |
| 香 水 | 不可过浓，气味不可怪异 |
| 总体要求 | 整洁，有亲和力，文雅，具有温柔之美 |

## 八、基本礼仪

### （一）微笑

有魅力的微笑是天生的，但依靠自身的努力也完全可以拥有。因此通过微笑练习，能练出迷人的笑容。

我们可以通过发"一""钱"或英文"g""cheese"等发音来呈现微笑的嘴形。微笑时要嘴角上翘，同时露出6～8颗牙，如图1-1-34所示。为了能保持长久的微笑，还可以用门牙轻轻地咬住木筷子（见图1-1-35），把嘴角对准木筷子，两边都要翘起，同时对着镜子观察连接嘴唇两端的线是否与木筷子在同一水平线上，10秒后轻轻拔出木筷子并继续保持这个状态。

图 1-1-34 微笑

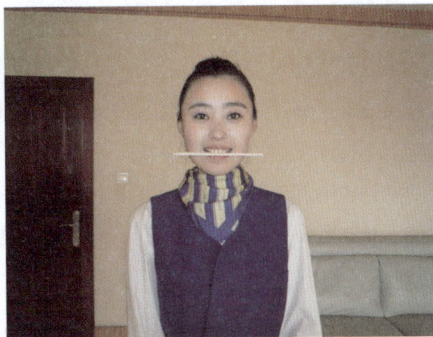

图 1-1-35 微笑练习

做到上面这些，还只是达到微笑的"初级"阶段，"高级"微笑应该是发自内心的，不只是嘴咧开，而是用纸挡住鼻子以下的面部时，还可以看到眼睛中含着笑，如图 1-1-36 所示。甚至当和客人通话时，客人能感受到你在微笑着为其服务，这才是微笑的成功。

图 1-1-36 眼中含笑

## （二）点头礼

点头礼，一般用于顾客进门时表示欢迎，或者对顾客的观点表示认可时行点头礼。点头礼的基本姿势为：双眼平视对方，面带微笑，头快速地上扬后下点一两下，以向对方表示友好、致意或者赞同。男士点头时速度稍快些，力度稍大些，体现男性的阳刚洒脱；而女士的上扬和下点速度稍慢些，力度稍小些，体现女性的阴柔娴雅，如图 1-1-37 所示。

图 1-1-37 点头礼

### （三）站姿

1．标准的站姿

双腿立直、并拢，脚跟相靠，两脚尖张开30°～60°，身体重心落于两脚正中。保持基本姿态后，挺胸收腹，提臀夹背，压肩长颈，目视前方，下颌微收，面带微笑。

2．服务时的站姿

女性门市服务人员站立时，可表现出轻盈、妩媚、娴静、典雅的韵味，要努力给人以一种"静"的优美感。站立时，一只脚略前，一只脚略后，前脚的脚后跟稍稍向后脚的脚背靠拢，后腿的膝盖向前腿靠拢。要避免僵直硬化，肌肉不能太紧张，可以适宜地变换姿态，追求动感美。右手握住左手的手指部位，自然放于腹前。

男性门市服务人员站立时，可表现出刚健、潇洒、英武、强壮的风采，要力求给人以一种"强劲"的壮美感。站立时，可以将双手相握，叠放于腹前或相握于身后。双脚可以叉开，大致与肩同宽。

在站立时，不要躬腰驼背或挺肚后仰。也不要东倒西歪地将身体倚在其他物体上，两手不要插在裤袋里或叉在腰间，也不要抱臂于胸前。

图1-1-38、图1-1-39分别为女士站姿和男士站姿。

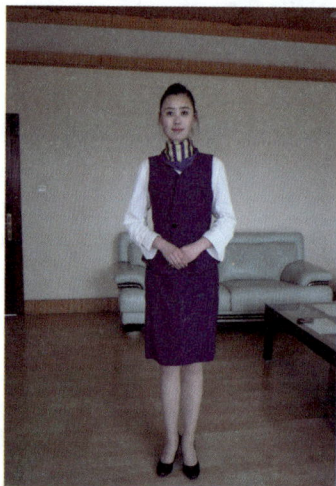

图1-1-38　女士站姿　　　　　　　图1-1-39　男士站姿

### （四）坐姿

俗话说"坐如钟"，就是指要有正确的坐姿，稳稳当当坐好，坐相要端庄。

1．正确的坐姿

入座时要轻、稳、缓。走到座位前，转身后轻稳地坐下。女子入座时，若是裙装，应用手将裙子稍稍拢一下。正式场合一般从椅子的左边入座，离座时也要从椅子左边离开，这是一种礼貌。女士入座尤其要娴雅、文静、柔美。如果椅子位置不合适，需要挪动椅子的位置，应当先把椅子移至欲就座处，然后入座。

坐在椅子上，要立腰，挺胸，上体自然挺直。神态从容自如，嘴唇微闭，下颚微收，面容平和自然；双肩平正放松，两臂自然弯曲放在腿上，亦可放在椅子或是沙发扶手上，以自然得体为宜，掌心向下；双膝自然并拢，双腿正放或侧放，双脚并拢或交叠或成小"V"字形。

男士两膝间可分开一拳左右的距离，脚态可取小八字步或稍分开以显自然洒脱之美，但不可尽情打开腿脚，那样会显得粗俗和傲慢。

坐在椅子上，应至少坐满椅子的 2/3，宽座沙发则至少坐 1/2，落座后至少 10 分钟左右时间不要靠椅背。时间久了，可轻靠椅背。离座时，要自然稳当，右脚向后收半步，而后站起。

女士和男士规范坐姿分别如图 1-1-40 和图 1-1-41 所示。

2．女士八种规范坐姿

（1）标准式：双腿并拢，上体挺直，坐正，两脚略向前伸，两手叠放在双膝上，如图 1-1-40 所示。

图 1-1-40　女士规范坐姿　　　　图 1-1-41　男士规范坐姿

（2）前伸式：在标准坐姿的基础上，两小腿向前伸出两脚并拢，脚尖不要翘。

（3）前交叉式：在前伸式坐姿的基础上，右脚后缩，与左脚交叉，两踝关节重叠，两脚尖着地。

（4）屈直式：右脚前伸，左小腿屈回，大腿靠紧，两脚的前脚掌着地，并在一条直线上。

（5）后点式：两小腿后屈，脚尖着地，双膝并拢。

（6）侧点式：两小腿向左斜出，两膝并拢，右脚跟靠拢左脚内侧，右脚掌着地，左脚尖着地，头和身躯向左斜。注意大腿小腿要成 90°，小腿要充分伸直，尽量展现小腿长度。

（7）侧挂式：在侧点式的基础上，左小腿后屈，脚绷直，脚掌内侧着地，右脚提起，用脚面贴住左踝，膝和小腿并拢，上身右转。

（8）重叠式：在标准坐姿的基础上，两腿向前，一条腿提起，腿窝落在另一条腿的膝关节上。要注意上边的腿向里收，贴住另一条腿，脚尖向下。

（五）走姿

行走时双肩要平稳，目光平视，下颌微收，面带微笑。手臂伸直放松，手指自然弯曲，摆动时，以肩关节为轴，上臂带动前臂，双臂前后自然摆动，摆幅以 30°～35°为宜。行走速度，一般男士每分钟 108～110 步；女士每分钟 118～120 步。

1．穿西装的走姿

着西装的走姿，在仪态举止方面要体现出挺拔、优雅的风度。男士在行走时不要晃肩，要注意保持后背平直，如图 1-1-42 所示。女士穿高跟皮鞋，应注意保持身体平衡，由于脚跟的提高，身体的重心前移，应避免膝关节前屈、臀部向后撅的不雅姿态。女士行走时步幅不宜过大，两脚跟前后踩在一条虚拟直线上，脚尖略向外开，如图 1-1-43 所示。

图 1-1-42　男士走姿

图 1-1-43　女士走姿

2．穿裙装的走姿

穿长裙行走时要平稳，步幅可稍大些。转动时，要注意头和身体协调配合，注意调整头、胸、髋三轴的角度，强调整体造型美。穿着短裙（指裙长至膝盖以上），要表现出轻盈、敏捷、活泼、洒脱的风度。步幅不宜过大，脚步的频率可稍快些，保持活泼灵巧的风格，如图 1-1-44、图 1-1-45 所示。

3．穿高跟鞋的走姿

穿高跟鞋走路，要注意保持身体平衡。直膝立腰，收腹收臀，挺胸抬头，行走时步幅不宜过大。将踝关节、膝关节、髋关节挺直，保持挺拔向上的形体，如图 1-1-46 所示。

图 1-1-44　裙装走姿（一）

图 1-1-45　裙装走姿（二）

图 1-1-46　穿高跟鞋的走姿（三）

4．走姿训练注意事项

（1）自然地摆动双臂，幅度不可太大，只能小摆。前后摆动的幅度约 45°，切忌做左右的摆动。

（2）保持身体挺直，切忌左右摇摆或摇头晃肩。

（3）膝盖和脚跟都应轻松自如，以免浑身僵硬，同时切忌走"外八字"或"内八字"。

（4）多人一起行走时，不要排成横队，不勾肩搭背。

（5）遇急事可加快步伐，但不可慌张奔跑。

#### （六）蹲姿

在公众场合，人们从低处取物或俯身拾物时，弯腰曲背，低头撅臀，或双腿敞开、平衡下蹲，尤其是穿裙子的女士下蹲两腿敞开，在国外被视为"卫生间姿势"，既不雅观，更不礼貌。

蹲姿类似于坐，但它并非臀部触及座椅，蹲姿又有些类似于跪，但它又不是双膝同时着地。在有必要采用蹲姿时，一定要做到姿势优美。以下两种蹲姿可供借鉴：

##### 1. 高低式

其主要要求是下蹲时，应左脚在前，右脚靠后。左脚完全着地，右脚脚跟提起，右膝低于左膝，右腿左侧可靠于左小腿内侧，形成左膝高右膝低的姿势。臀部向下，上身微前倾，基本上用左腿支撑身体。采用此式时，女性应并紧双腿，男性则可适度分开。若捡身体左侧的东西，则姿势相反。这种双膝以上靠紧的蹲姿在造型上也是优美的，如图 1-1-47 所示。

##### 2. 交叉式

交叉式蹲姿主要适用于女性，尤其是适合身穿短裙的女性在公共场合采用。它虽然造型优美，但操作难度较大。这种蹲姿要求在下蹲时，左脚在前，右脚居后；左小腿垂直于地面，全脚着地；左腿在上、右腿在下交叉重叠；右膝从后下方伸向左侧，右脚跟抬起脚尖着地，两腿前后靠紧，合力支撑身体；上身微向前倾，臀部向下，如图 1-1-48 所示。

图 1-1-47　高低式　　　　　　　　　图 1-1-48　交叉式

#### （七）称呼礼

称呼是指在接待中对顾客所采用的称谓语。称呼是否恰当，不但直接反映了服务者的教养与心态，而且还反映出对客人的尊重程度。

##### 1. 区分对象

门市服务人员平日所接触的客人往往包括各界人士。由于对方身份、地位、民族、宗教、年纪、性别等存在着一定的差异，因此在具体称呼对方时，必须有所分别，因人而异。

（1）正式场合的称呼。一是泛尊称，例如，"同志""先生""小姐""夫人""女士"等。二是职业加以泛尊称，例如，"警察同志""司机先生""秘书小姐"等。三是姓氏加以职务或职称，例如，"X 经理""X 科长""X 教授"等。服务中最好采用此类称呼。

（2）非正式场合的称呼。一是直接以姓名相称；二是直接称呼名字；三是称呼爱称或小名；四是称呼辈分；五是姓氏加上辈分；六是在姓氏之前加上"老"字或"小"字。

2．照顾习惯

称呼他人时必须对交往对象的语言习惯、文化层次、地方风俗等各种因素加以考虑，切不可不加任何区分。例如，"先生""小姐""夫人"一类的称呼，在国际交往之中最为适用，在称呼海外华人或内地的白领时，可酌情采用。但若以此去称呼农民，则会使对方感到别扭。称呼熟人时，还可灵活采用一些非正式的称呼，诸如"大哥""李姐""周大伯""田奶奶"等，会使对方倍感亲切。

3．有主有次

（1）由尊而卑。即在进行称呼时，先长后幼，先女后男，先上后下，先疏后亲。

（2）由近而远。即先对接近自己者进行称呼，然后依次称呼。

4．严防犯忌

（1）不使用任何称呼。有些服务人员有时懒于使用称呼，直接代之以"喂""嘿""八号桌""那边的""506 房的"，甚至连这类本已非礼的称谓语也索性不用。

（2）使用不雅的称呼。不雅的称呼，往往含有人身侮辱或歧视之意，例如，"眼镜""矮子""大头""胖子""瘦猴"，等等。

## （八）手势礼

当为客人指示方向或填写位置时，应掌心向上，四指并拢，大拇指张开，以肘关节为轴，前臂自然上抬伸直。指示方向，上体稍有前倾，面带微笑，自己的眼睛看着目标方向，并兼顾客人是否意会到目标，如图 1-1-49 所示。这种手势有诚恳、恭敬之意。切忌用手指来指点，因为它含有教训人的味道，是不礼貌的。

图 1-1-49　手势礼

## （九）介绍礼

（1）为他人作介绍时，要先了解双方是否有结识的愿望，要慎重自然，不要贸然行事，如图 1-1-50 所示。

（2）自我介绍时，要讲清自己的姓名、身份、国家、单位，也可交换名片。为他人作介绍时，还可以说明与自己的关系，便于新结识的人相互了解与信任。

介绍他人时，要有礼貌地以手示意，不要用手指指点。

（3）在介绍两人相互认识的时候，要注意介绍人和被介绍人的身份。在介绍时应该：把男子介绍给女子；把年轻的介绍给长辈；把地位低的介绍给地位高的；把未婚女子介绍给已婚妇女；把儿童介绍给成人。

（4）当被介绍人都是同性而又无法辨别身份地位时，可随意介绍。

（5）集体介绍时，特别在正式宴会上，如果你是主人，可以按照当时他们的座位顺序进行介绍，也可以从贵宾开始。

（6）对家庭的介绍，要注意在直截了当介绍家庭的其他亲属时，应说清楚被介绍者和自己的关系。按照西方习惯，短暂的相遇，可不必介绍；但逗留时间较长，则应介绍。当妇女被介绍给男子时，她可以坐着不动，只需点头或微笑示意。

### （十）握手礼

一般在介绍后可相互握手并寒暄致意。握手时行至距握手对象约 1 m 处，双腿立正，上身略向前倾，双目注视对方并微笑，伸出右手，四指并拢，拇指张开与对方相握，如图 1-1-51 所示握手时应用力适度，上下稍许晃动三四次，随后松开手来，恢复原状。年轻者对年长者或身份低者对身份高者，握手时，则应双手握住对方的手，以示尊敬；男子与女子握手时，一般等女方先伸手，且只握一下女方的手指部分即可；多人同时握手时注意不要交叉，待别人握完后再伸手。不要在握手时将另外一只手插在衣袋里；在握手前，应先脱下手套摘下墨镜；不要在与人握手后，立即揩拭自己的手掌。

图 1-1-50 介绍礼

图 1-1-51 握手礼

### （十一）名片礼

递名片给他人时，应郑重其事。最好使用双手或者右手，将名片正面面对对方，如图 1-1-52 所示。切勿以左手递交名片，也不要将名片背面面对对方或者颠倒着面对对方。若对方是少数民族或外宾，最好将名片上印有对方认得的文字的那一面面对对方。将名片递给他人时，口头应有所表示。可以说"请多多关照"，或是先进行自我介绍。与多人交换名片，应讲究先后次序，或由近而远，或由尊而卑，一定要依次进行。切勿挑三拣四，采用"跳跃式"。当然。当他人表示要递名片给自己或交换名片时，应立即停止手上所做的一切事情，起身站立，面含微笑，目视对方。接受名片时宜双手捧接，或以右手接过，切勿单用左手接过，如图 1-1-53 所示。"接过名片，首先要看"，这一点至为重要。具体而言，就是换过名片后，当即要用半分钟左右的时间，从头至尾将其认真默读一遍。若接过他人名片后看也不看，或手头把玩，或装入衣袋，或交予他人，都算失礼。接受他人名片时，应口头道谢，或重复地向对方使用谦词敬语，如"请您多关照"，不可一言不发。

图 1-1-52　名片礼（一）

图 1-1-53　名片礼（二）

## 技能训练

### 一、展示并介绍旅游产品的练习

训练方法：情境模拟法，角色扮演法。

（1）小组讨论，设计一个情境。

（2）每组派代表表演。可由一名同学扮演接待人员，两名同学扮演客人。

（3）学生轮流表演，并互换角色。

训练要求：

（1）介绍旅游产品准确。

（2）使用礼貌用语规范。

（3）形体语言得体规范。

### 二、仪容仪表培养

方法：平时就要按照门市工作人员的仪容仪表检查自己，使之形成习惯。

### 三、礼仪训练

（1）形体训练：包括微笑、站姿、走姿、坐姿、蹲姿的训练。

（2）礼仪训练：递送名片、介绍、引领等。

训练方法：情境模拟法，角色扮演法。

（1）小组讨论，设计一个情境，要包括称呼礼、手势礼、介绍礼、握手礼和名片礼的合理运用。

（2）每组派代表表演。可由一名同学扮演接待人员，两名同学扮演客人。

（3）学生轮流表演，并互换角色。

## 完成任务

（一）小组练习

将班上学生分成小组，各小组选一位组长带领组员，设计情境，完成现场咨询的接待工作。

（二）小组评价

（1）现场咨询服务分哪几个步骤。

（2）旅游产品包含的基本要素。

（3）旅游产品介绍的相关内容。

（三）综合评价

综合评价包括小组之间的互评和老师对各小组工作的系统评价。主要评价项目如表1-1-3所示。

表1-1-3　能力评价表

| 内　　容 | | 评　　价 | |
| --- | --- | --- | --- |
| 学 习 目 标 | 评 价 项 目 | 小组评价 | 教师评价 |
| 知识　　　应知应会 | （1）现场咨询的步骤 | Yes/No | Yes/No |
| | （2）旅游产品的构成 | Yes/No | Yes/No |
| 专业能力　（1）服务现场咨询的能力（2）语言表达能力（3）仪容仪表和基本礼仪 | （1）现场咨询服务 | Yes/No | Yes/No |
| | （2）语言艺术 | Yes/No | Yes/No |
| | （3）仪容仪表、礼仪 | Yes/No | Yes/No |
| 通用能力　沟通能力 | | Yes/No | Yes/No |
| 团队协作能力 | | Yes/No | Yes/No |
| 组织能力 | | Yes/No | Yes/No |
| 解决问题能力 | | Yes/No | Yes/No |
| 自我管理能力 | | Yes/No | Yes/No |
| 创新能力 | | Yes/No | Yes/No |
| 态度　　　敬业爱岗 | | Yes/No | Yes/No |
| 态度认真 | | | |
| 个人努力方向与建议 | | | |

## 思考与练习

（1）旅游产品构成的要素有哪些？

（2）旅游产品介绍的相关内容及技巧。

（3）出示旅游产品的方法有哪些？

（4）模拟练习旅游门市现场咨询的接待服务。

（5）利用空余时间规范自己的仪容仪表，训练自己的基本礼仪。

## 任务二　电话咨询服务

电话咨询是指旅游咨询者通过电话向门市询问有关旅游产品及其他旅游服务方面的问题，这是旅游咨询者最常用、最简便的咨询方式。门市工作人员在接到咨询电话时，应礼貌、耐心地回答旅游者的询问，积极主动地向旅游咨询者介绍推荐本企业的旅游产品。

电话咨询

### 任务描述

2015 年 7 月的一天早晨 8:30，ZL 门市的工作人员都已到岗，准备开始新一天的工作。李芳接到了一个听上去年纪有 30 多岁的女士的电话，她想利用假期带上小学的孩子参加一个亲子团。李芳耐心地回答了咨询，并提供了合理化建议。

### 任务分析

家长带孩子旅游不外乎有两种：一是让孩子放松，以玩为目的；二是让孩子开阔眼界。同时作为家长也想好好地放松，在带孩子玩的同时也想满足自己的一些愿望。所以，在推荐旅游时要考虑周全。

以下为相关宣传资料：

| 长隆野生动物园＋长隆欢乐世界大型游乐场 | | | | |
|---|---|---|---|---|
| 团号 | 出团日期 | 回团日期 | 组团形式 | 报价类型 |
| GNC-GZ-20150605-GZ-02 | 2015-12-02 | 2015-12-05 | 散拼 | 成人优惠价<br>￥3280<br>1.0 米以下儿童<br>￥2680 |
| **参 考 行 程** | | | | |
| **第 1 天 >> 沈阳 / 广州** | | | | |

交通：飞机。

住宿：广州 / 长隆舒适型酒店（空调、热水、独立卫生间）。

餐食：早餐——无；午餐——无；晚餐——无。

按《旅游行程安排单》指定时间自行前往沈阳桃仙机场集合，乘机飞往广州（航程约 4.5 小时 ），抵达后专人接团，入住酒店。【温馨提示】：①由于此团为散客拼团，抵达广州的航班较多，由专业接机组负责接机，抵达后乘坐机场大巴或地铁前往酒店，根据实际情况进行调度，根据航班抵达时段，将客人汇集后统一送往酒店，但需要您自行办理入住手续并交付押金，请周知！②入住酒店时需检查房内设施是否完好，如有问题请与酒店前台联系！③若小童，不含床位，且酒店不提供免费早餐，请周知！

## 第 2 天 >> 广州

交通：巴士。

住宿：广州 / 长隆舒适型酒店（空调、热水、独立卫生间）。

餐食：早餐——无；午餐——无；晚餐——无。

早导游接团，乘坐地铁前往【长隆野生动物园】（游览时间不少于 4 小时），这是亚洲最大的野生动物主题公园，2007 年被评为全国首批、广州唯一国家级 5A 旅游景区，园内拥有 10 只中国大熊猫、13 只澳洲树熊（考拉）等世界各国国宝在内的 460 余种 20 000 余只珍稀动物，拥有全世界表演阵容最强大的白虎表演、大象表演、鹦鹉表演、树熊表演、猴子表演等五大动物表演秀。晚 17：30 左右集合，自费观看【长隆国际大马戏】（另行付费：指定日期 350 元 / 人，平日 280 元 / 人），位于全国首批 5A 景区广州长隆旅游度假区，拥有全球首创实景式马戏舞台，数千万巨资打造极致奢华的尖端舞美科技和数亿巨资建造的全世界最大的马戏表演场，全球顶尖的舞台设施和主题节目，拥有来自 20 多个国家，横跨亚洲、欧洲、美洲、非洲共 300 余名的马戏精英同台演绎。返回酒店，休息入住。【温馨提示】：元旦、春节、清明节、端午节、五一、中秋节、国庆节及暑期（7 月 1 日—8 月 31 日）为指定日期。平日日期为除去指定日期以外的日期。

## 第 3 天 >> 广州

交通：巴士。

住宿：广州 / 长隆舒适型酒店（空调、热水、独立卫生间）。

餐食：早餐——无；午餐——无；晚餐——无。

早乘车前往【长隆欢乐世界】（游览时间不少于 6 小时）。广州长隆欢乐世界（首期）投入游乐设备近 70 多套，是国内游乐设备最丰富的游乐园。大部分游乐设备均从欧洲原装进口，其设计与技术保持国际领先水准。长隆欢乐世界创造了游乐设备的四项亚洲第一：其中十环过山车是亚洲首台、全世界第二台（仅在英国有一台）、亚洲首次引进，单项设备投资超过人民币一亿元，该设备打破游乐设备环数最多的世界纪录，并创造了世界吉尼斯纪录。投资达五千万的摩托过山车是东半球首台，其时速 0 ~ 80 km，弹射式加速仅需 2.8 s，可与 F1 赛车速度相媲美，园区内全天还有魔幻、杂技、歌舞，以及大型巡游等多种表演节目供游客观看。返回酒店休息入住。

## 第 4 天 >> 广州 / 沈阳

餐食：早餐——无；午餐——无；晚餐——无。

根据航班时刻乘坐机场大巴或地铁前往广州白云机场乘机返回沈阳桃仙机场，结束愉快旅程！

**行程备注**

**团费中含**

（1）交通费（含机场税）。

（2）住宿费；餐费（不含酒水费）。

（3）旅行社统一安排的景区景点的第一道门票费。

（4）行程中安排的其他项目费用。

（5）导游、司机服务费和旅行社（含旅游目的地接旅行社）的其他服务费用。

**团费不含**

（1）旅游者投保的个人旅游保险费用。

（2）合同未约定由旅行社支付的费用，包括但不限于行程以外非合同约定活动项目所需的费用、自行安排活动期间发生的费用。

（3）行程中发生的旅游者个人费用，包括但不限于交通工具上的非免费餐饮费、行李超重费；住宿期间的洗衣、电话、饮料及酒类费、个人娱乐费用、个人伤病医疗费、寻找个人遗失物品的费用及报酬、个人原因造成的赔偿费用等费用。

（4）因旅游者个人原因产生的离团费用。

**特别提示**

（1）如遇人力不可抗拒因素或政策性调整导致客人无法游览的景点，我社有权取消或更换该景点，赠送的景点，费用不退。

（2）我社将在出发前至少 1 天向您发送《出团通知书》，具体航班以出团通知书为准，如未收到请及时联系工作人员。

（3）我社在不减少景点数量的情况下，导游可根据航班起飞时间并征得客人同意后临时调整景点及住宿顺序。

（4）乘机注意事项：带入客舱的行李体积不得超过 20 cm × 40 cm × 55 cm，每件的重量不能超过 5 kg。超过上述质量、件数或体积限制的行李，应作为托运行李托运。如有托运行李，请在执机柜台办理托运手续，向柜台工作人员出示您的全部登机牌并强调您此行的目的地（特别提醒：现金和贵重物品一定要贴身携带，不要放在托运行李中，以免在托运的过程中丢失）。托运行李前一定要将行李上面的旧托运条撕去，并且将托运行李上锁，妥善保管新的行李票，切勿丢失。每人可免费托运行李 1 件，不超过 20 kg（春秋航班为 15 kg）。所携带的液体、胶状单品的容器体积不可超过 100 mL，否则需办理托运，其包装应符合民航运输的有关规定。其他禁止携带的危险品、刀具等请严格按照国家法律法规的相关规定执行。

（5）出发地机场：沈阳桃仙国际机场进出港航班现已正式启用 T3 航站楼，南航国内 A 岛，深航 B 岛 1 ~ 10 窗口，春秋 B 岛 11 ~ 15 窗口，其他航班 C 岛，飞机将在起飞前 45 min 停止办理登机手续，请所有乘机的旅客按规定的集合时间到达机场，以免误机。

**温馨提示**

（1）食：全程不含早餐及正餐，您可自行享用当地美食。

（2）住：团队用房均为双人标准间，不提供单人间。每次退房前，请检查您所携带的行李物品，特别注意您的证件和贵重财物。

（3）行：在旅游过程中应尊重当地各民族的风土人情、民族习俗和宗教信仰，维护环境卫生、公共秩序，保护生态环境和文物古迹，尊重他人，以礼待人，文明出行。

（4）游：在旅游过程中，请您随时注意自身安全，如无特殊原因，团体旅行时不可擅自脱队，抵达景区游览前，谨记导游交代的集合地点、时间、所乘游览巴士车号。自由安排活动期间，个人贵重物品（如现金、证件、相机等）请务必随身携带。

（5）购：在游览景区、景点时会有无照商贩经常向过往行人和旅游团队兜售水果、饮料和小纪念品等，请不用与其搭讪、砍价等，以免引起不必要的麻烦。

（6）长隆野生动物园野生动物较多，切忌争先恐后，听从导游统一安排，以免发生危险。水上乐园水上项目具有一定的危险性，请注意人身财产安全。

**预订须知**

（1）本产品设有最低成团人数2人，如未达最低成团人数，我社将在出发前7天通知您不成团；如未通知的均视为已成团。如通知不成团的，我社会推荐您其他出发班期或更换其他同类型产品（相关损失及差价由我社承担）；如您不接受上述方案，我社将全额退还您支付的费用。

（2）本产品不接受3人（含）及以上入住1间房，如您订单中产生单人，将视实际情况安排您与其他同性别客人拼房入住，如最终无法拼房，请在当地补齐单房差。如您要求享受单房，请直接在后续预订页面中选择单房差可选项。

**退改规定**

（1）团队机票、火车票、船票一经开出不能取消及变更，由此产生的费用由提出方承担。

（2）此线路为整体包价产品，参加旅游团队的团员均不可享受景区提供的减免门票政策（包括老年证、学生证、导游证及军官证等）。

（3）所含门票为两天套票，如客人当天因自身原因取消游览景点，须在出发广州当天说明，并在导游接团当天购买套票之前和导游提出，如导游已购买两天门票套票或者客人使用了门票套票并参加了一个景点游览，此门票套票只能客人本人使用，则视为已发生门票，不给予退回。

门市工作人员提供电话咨询服务时，通常按以下五个步骤：

**通话准备 → 问候客人 → 询问需求 → 登记信息 → 结束通话**

## 一、通话准备

在接听电话时，门市服务人员所代表的是门市而不是个人，它能够真实地体现出门市服务人员的个人素质、待人接物的态度，以及通话者所在旅行社的整体水平。所以，不仅要言语文明、音调适中，更要让对方能感受到热情、真诚。首先，要做好通话的准备，应该在电话机旁准备好一些物品：电话号码簿、电话记录本、记录用笔、计算器、客户资料等，如图1-2-1所示。

图1-2-1　通话准备

## 二、问候客人

在电话铃响三声内用左手拿起电话（便于右手做记录），如图1-2-2所示，并报出单位名称或部门。例如："您好，这里是×××旅行社门市部，请问您需要什么帮助？"

### 三、询问需求

当得知客人要参加旅游时，要询问客人旅游的方向、姓名、时间、人数、是否有小孩随行、价格定位、随团还是自由行等旅游信息，以便合理地向客人推介旅游产品，如图 1-2-3 所示。

图 1-2-2　问候客人

图 1-2-3　询问需求

### 四、登记信息

详细地将旅游咨询者的问题和要求记录下来，包括来电的时间、来电的公司及联系人、通话内容等，及时获取旅游信息，以方便为客人推介产品，如图 1-2-4 所示。电话咨询记录表如表 1-2-1 所示。

图 1-2-4　登记信息

表 1-2-1　电话咨询记录表

| 顾客姓名 | | 性别 | | 联系电话 | |
|---|---|---|---|---|---|
| 工作单位 | | 电子邮件 | | | |
| 旅游方向 | | 时间 | | 人数 | |
| 价格 | | 散、团 | | 备注 | |

### 五、结束通话

通话结束时，要对对方的来电表示感谢，同时等对方挂断才可放下电话，而且动作要轻。

💡 **相关知识与技能**

### 一、电话介绍旅游产品或者线路的原则

通过语言介绍旅游产品或者线路时，注意运用以下 6 种方法或者原则：

（1）AIDA 原则：A- attention 引起注意；I - interest 激发兴趣；D - desire 刺激购买愿望；A - action 促成购买行动。

（2）形象描绘产品或者线路的特色和价值。

（3）比喻、联想。

（4）用数字说话。

（5）引用例证。

（6）富兰克林说服法：即把顾客购买产品后所能得到的好处和不购买产品的遗憾一一列出，用举例事实的方法增强说服力。

### 二、旅游产品的类型

旅游产品从旅游目的地和旅游者的角度分别给旅游产品做一个诠释：从旅游目的地角度来看，旅游产品是指旅游经营者凭借着旅游吸引物、交通和旅游设施，向旅游者提供的用以满足其旅游活动需求的全部服务。从旅游者角度来看，旅游产品就是指游客花费了一定的时间、费用和精力所换取的一次旅游经历。

旅行社产品的类型有多种划分标准。按照旅游者的组织形式可以分为团体旅游产品和散客旅游产品；按照产品的档次可以分为豪华型、标准型、经济型旅游产品；按照旅游者的目的和行为可以分为观光旅游产品、度假旅游产品、专项旅游产品、生态旅游产品和文化旅游产品。

#### （一）团体旅游产品和散客旅游产品

按旅游者组织形态划分，可分为团体旅游产品和散客旅游产品，如表 1-2-2 所示。

表 1-2-2　按旅游者组织形态分类

| 旅 游 产 品 | 细 分 产 品 |
|---|---|
| 团体旅游产品 | 全包价旅游产品<br>半包价旅游产品 |
| 散客旅游产品 | 零包价旅游产品<br>小包价旅游产品<br>单项服务旅游产品<br>组合旅游产品<br>半自助式旅游产品 |

1．团体旅游产品

团体旅游一直是我国旅行社的拳头产品。这种形式包含两层意思：其一是团体，即参加旅游者的人数在 10 人以上（含 10 人）；其二是包价，可细分为全包价和半包价两种形式。前者是指旅游者将旅游行程中的一切相关的服务项目费用统包起来预付给旅行社，由旅行社全面落实旅程中的一切相关的服务项目。后者是指在全包价旅游的基础上扣除中、晚餐费用（即不含中、晚餐项目）的一种包价形式。半包价旅游的优点是降低了产品的直观价格，提高了产品的竞争力，也更好地满足了旅游者在用餐方面的不同要求。

团体旅游的服务项目通常包括：

（1）依照规定等级提供饭店客房。

（2）一日三餐和饮料。

（3）导游服务。

（4）交通集散地的接送服务。

（5）每人 20 kg 的行李服务。

（6）游乐场所门票和文娱活动入场券。

团体旅游的优点表现为价格低廉，安排紧凑，节约时间，导游的讲解可增加游客的旅游收获，许多事情无须游客亲力亲为，因而减少了麻烦；同时，游客的利益和权利有购买合同的保障。国家对此也出台了一系列的政策和制度，用以规范团队旅游的市场行为，增强游客的旅游信心，这使得团队旅游成为目前大多数人外出旅游的主要形式。

2．散客旅游产品

国际旅游业的一个发展趋势是全球范围内散客旅游迅速增长，特别是互联网的发展为散客提供了有效的工具。散客旅游从人数上看一般在 10 人以下，以家庭和朋友结伴为多。它可以分为散客包价旅游和散客零星委托业务。散客包价旅游除了人数上区别于团队旅游外，旅行社提供的包价服务项目与团体旅游相同。散客零星委托与单项服务相同，旅行社收取委托服务的差价或佣金。

（1）小包价旅游：也称可选择性旅游或自助游。它由非选择部分和可选择部分构成，前者包含城市间交通（长途交通）、市内交通（短途交通）及住房（含早餐）；后者包括景点项目、娱乐项目、餐饮、购物及导游服务。小包价旅游具有经济实惠、手续简便和机动灵活等特点，深受旅游者的欢迎，是旅行社今后值得推广的产品。

（2）零包价旅游：参加这种旅游的旅游者必须随团前往和离开旅游目的地，抵旅游目的地后旅游活动自行安排。参加零包价的旅游者可以获得团体机票优惠价格。

（3）组合旅游：旅游者从不同的地方来到旅游目的地，然后由当地旅行社组织团体旅游活动。其特点是：组合旅游团内无领队；组团时间短，客人办妥手续后，最多一周内即可成行；易于成行，改变过去不足 10 人不成行的做法；旅游者选择性强，既可参加团队活动，亦有相当多的自由时间。

（4）单项服务：旅行社根据游客的零星要求，提供单项服务以收取差价或佣金。单项服务的项目有：导游服务；交通集散地接送服务；代办交通和文娱票据；代订饭店客房；代客联系参观游览项目；代办签证；代办旅游保险；旅游咨询服务。

（5）半自助旅游：指结合团队游与自助游的一种新的旅游方式，是旅行社面向个人或小团体，接受游客专门订单委托，并向游客提供旅游指导和单项或几项服务的个性化旅游业务，游客可以在旅行社的支持下自由地组合旅行社提供的旅游线路，安排旅游行程，完成旅游活动。

半自助旅游的业务内容主要有：单项委托；线路指导；旅游支持，提供旅游保险、导游图、技术装备等。

### （二）豪华型、标准型、经济型旅游产品

选择不同档次的旅游产品是由旅游者的消费水平决定的。豪华型旅游产品的旅游费用较高，游客一般住宿和用餐于四星、五星级酒店或豪华游轮里（或高水平的客房、舱位，见图1-2-5），享用中高级导游服务、高档豪华型进口车，欣赏高水准的娱乐项目等。标准型旅游产品的旅游费用适中，游客一般住宿和用餐于二星、三星级酒店或中等水准的宾馆、游轮里，享用豪华空调车。经济型旅游产品费用低廉，游客住宿和用餐于低水准的招待所或旅社，使用普通汽车。此外，在使用长途交通工具上，豪华型旅游产品往返使用飞机航线（干线和支线）；标准型旅游产品大部分使用飞机航线（只限干线）双飞；经济型旅游产品一般使用汽车、火车或普通轮船。例如：北京一行30名游客到四川九寨沟旅游，根据游客选择的不同档次的旅游产品、服务标准，如表1-2-3所示。

图1-2-5 豪华游轮

表1-2-3 旅游产品服务标准

| 服务标准 | 餐 饮 | 住 宿 | 交 通 | 导游服务 |
|---|---|---|---|---|
| 豪华型 | 早餐：自助餐；中餐：60RMB/人 | 四星级酒店双人标准间 | 飞机：四飞（北京一成都往返）（成都一九寨沟往返）汽车：豪华进口旅游大巴 | 全程中级导游服务 |
| 标准型 | 早餐：桌餐；中餐：30RMB/人 | 三星级酒店双人标准间 | 飞机：双飞（北京一成都往返）汽车：豪华空调旅游大巴 | 全程优秀导游服务 |
| 经济型 | 早餐：桌餐；中餐：15RMB/人 | 二星级酒店2～3人间（无空调） | 火车：双卧（北京一成都往返）汽车：空调大巴 | 全程优秀导游服务 |

（三）观光旅游产品、度假旅游产品、专项旅游产品、生态旅游产品和文化旅游产品

1. 观光旅游产品

观光旅游产品是指旅行社利用旅游目的地的自然旅游资源和人文旅游资源，组织旅游者参观、游览及考察，如图1-2-6、图1-2-7所示。观光旅游产品包括文化观光、自然观光、民俗观光、生态观光、艺术观光、都市观光、农业观光、工业观光、科技观光、修学观光、军事观光等内容。观光旅游产品一般具有资源品位高、可进入性大、服务设施多、环境氛围好、安全保障强等条件，长期以来一直是国际旅游市场和国内旅游市场的主流产品，深受广大旅游者的喜爱。观光旅游产品开发难度小，操作简易，是旅行社开发度假旅游产品和专项旅游产品的基础。观光旅游产品的优点是旅游者能在较短的时间内领略到旅游目的地的特色；缺点是旅游者参与的项目少，旅游者对旅游目的地感受不深。

图1-2-6　九寨沟风情（一）

图1-2-7　九寨沟风情（二）

2. 度假旅游产品

度假旅游产品是指旅行社组织旅游者前往度假地（区）短期居住，进行娱乐、休闲、健身、疗养等消遣性活动。度假旅游产品包括海滨度假、山地度假、湖滨度假、温泉度假、滑雪度假、海岛度假、森林度假、乡村度假等。度假旅游产品要求度假地（区）具备四个条件：环境质量好、区位条件优越、住宿设施和健身娱乐设施良好、服务水平高。度假旅游产品包含的项目参与性很强，如水上运动、滑雪（见图1-2-8）、高尔夫球运动、垂钓、温泉浴（见图1-2-9）、泥疗、狩猎、潜水、农家乐等。购买度假旅游产品的旅游者在旅游目的地停留的时间较长，消费水平较高，且大多以散客的形式出行。

图1-2-8　长白山滑雪

图1-2-9　黄山温泉浴

3. 专项旅游产品

专项旅游产品又称特种旅游产品，是一种具有广阔发展前景的旅游产品，具有主题繁多、特色鲜明的特点。专项旅游产品包括：商务旅游、会议旅游、体育旅游、探险旅游、烹饪旅游、保健旅游、考古旅游、漂流旅游（见图1-2-10）、登山旅游、自驾车旅游、品茶旅游、书画旅游、

等。专项旅游产品适应了旅游者个性化、多样化的需求特点，深受旅游者的青睐，是今后旅行社产品开发的趋势。专项旅游产品的缺点是开发难度大，操作程序多，有时需要多个部门的协作或参与，费用一般较高，这在一定程度上抑制了旅行社的开发积极性。

值得一提的是，举办大型的国内外会展活动实际上是一种较高层次的、较大规模的专业旅游项目，能够给举办国家或地区带来可观的直接效益和间接效益，能带动一条集交通、住宿、餐饮、娱乐、观光、购物为一体的"消费链"。

图 1-2-10　漂流旅游

**4．生态旅游产品**

生态旅游产品是指以注重生态环境保护为基础的旅游活动，其主体是那些关心环境保护、追求回归自然，并希望了解旅游目的地生态状况和民族风情的旅游者。

旅游者对自然景物、自然环境和旅游地文化影响较小，有助于创造就业机会，对生态文化有特别感受的带有责任感的旅游。

**5．文化旅游产品**

文化旅游产品是指以文化旅游资源为支撑，旅游者以获取文化印象、增智为目的的旅游产品。旅游者在旅游期间进行历史、文化或自然科学的考察与交流、学习等活动。

## 三、旅游产品的生命周期

产品生命周期就是产品从进入市场到退出市场所经历的市场生命循环过程，进入和退出市场标志着周期的开始和结束。很明显，旅游产品也是产品，那么旅游产品当然也就符合一般的产品生命周期。

### （一）引入期

该阶段由于旅游产品尚未被旅客了解和接受，因此旅游者的购买很多是试探性的，很少重复购买，导致销售量缓慢增长。并且，为了使旅游者认识旅游产品，旅游企业还需要做大量广告和促销工作，使旅游产品的投入和销售费用较大，导致旅游企业往往利润极小，甚至亏损。

### （二）成长期

由于前期旅游宣传促销的效果出现，旅游者对旅游产品逐渐熟悉，越来越多的游客购买或者消费旅游产品，重复购买者也逐渐增多，使旅游产品在市场上开始有一定的知名度，旅游产品销售量迅速增加，销售额迅速增长，增长率在 10% 以上。

### （三）成熟期

在这个阶段，由于很多的其他旅游产品进入市场，扩大了旅游者对旅游产品的选择范围，使旅游市场竞争十分激烈，加上一些新旅游产品对原有产品的替代性，使旅游产品差异化成为市场竞争的核心。但是，销售额的增长幅度越来越小，一般在 1% ～ 10% 之间。

## （四）衰退期

衰退期是指旅游产品进入了更新换代的阶段，由于新旅游产品已进入市场并逐步地替代老产品，除少数名牌旅游产品外大多数旅游产品销售量逐渐减少。这时，旅游企业若不迅速采取有效措施使旅游产品进入再成长期，以延长旅游产品的生命周期，则旅游产品将随着市场的激烈竞争，以及销售额和利润额的持续下降而被迫退出旅游市场。

在了解旅游产品的内容、分类及其生命周期后，如果是旅游目的地，必定想了解旅游产品开发的相关内容，比如旅游产品开发内容、旅游产品开发原则、旅游产品开发策略等。

## 四、门市工作人员两种语言的对比

门市工作人员两种语言的对比如表 1-2-4 所示。

表 1-2-4　门市工作人员两种语言的对比

| 对游客不应该说的话 | 对游客应该说的话 |
| --- | --- |
| 还要什么？ | 我还能为您做点儿什么吗？ |
| 这我可受不了。 | 这事儿我管不了，请您最好…… |
| 不行。 | 也许行，不过还得等一阵儿。 |
| 绝对不行。 | 这样的事儿，我们过去从来没做过，不过为什么不能试试呢？ |
| 那是您的事儿，不是我的事儿。 | 我们共同研究解决吧。 |
| 人家可不是雇我来干这个的。 | 这不属于我的职责范围，不过我可以为您代劳。 |
| 我不知道。 | 我去问问。 |
| 您以为我专干这事儿？ | 请稍等，我来帮您办。 |
| 您自己瞧着办吧。 | 真不巧，不过要是您能稍等一下…… |
| 您以为这是哪儿？ | 我们对这可不在行了。 |
| 我不能为您效劳。 | 愿为您效劳。 |
| 您找错地方啦。 | 请您找我的同事，在那儿。 |
| 您要我重复多少遍？ | 您需要我再向您解释一下吗？ |
| 我们不能只伺候您一个。 | 问题既然已经提出，那我们就尽力而为吧。 |
| 别以为您了不起。 | 这很正常，我们是干这行的。 |
| 有是有，就是贵。 | 我们这儿是按质论价的…… |
| 对您来说肯定太贵。 | 这就看您准备花多少钱了。 |
| 过一阵儿再来吧。 | 这也许不太着急吧。 |
| 写信给老板去告呀。 | 我们的董事长是有信必复的。 |
| 您写吧，会有人答复您的。 | 我们对每封来信都很重视。 |
| 也得让人休息啊。 | 那时我将去度假，可我的顶班会帮助您的。 |
| 行啦，没别的办法啦。 | 既然这样能使您高兴…… |
| 我不用您来摆布。 | 我听您的吩咐。 |

续表

| 对游客不应该说的话 | 对游客应该说的话 |
| --- | --- |
| 这可不合我们这里的规矩。 | 我们没这方面的经验，咱们一块研究解决吧。 |
| 请排队。 | 要是您没时间排队，请您最好改日再来。 |
| 下班了，我跟您说了！ | 很抱歉，我们已经关门了，明儿见。 |
| 没有零钱可找。 | 您恐怕不会一点儿零钱也没有吧？ |
| 您听了可别不高兴，这都是一种价。 | 很难使每位顾客都满意，不过我们愿意尽心去做。 |
| 您到别处去瞧瞧吧。 | 您或许可以在……商店买到。 |
| 您想把我怎么样？ | 我理解您，可是…… |
| 我们不能只顾让您满意就改变我们。 | 我很乐意让您满意，可是…… |
| 我就是这个模样。 | 我可实在没别的办法了。 |
| 这不是我的过错。 | 可惜这事儿实在跟我无关。 |
| 算您走运，这是最后一件…… | 恰好还有一件……这是为您留着的。 |
| 您瞧您要错过机会了。 | 您找哪一位？我马上给您接过去。 |
| 左边第一个门。 | 我领您去。 |
| 您没看布告吗？ | 已经贴出布告了，不过我可以把内容告诉您。 |
| 您知道这卖多少钱？ | 您一定考虑到了，这是一笔可观的投资。 |
| 我就挣那么点儿钱…… | 好吧，就看在您的份儿上。 |
| 这儿不是问讯处。 | 我回答不了您的问题，请您找……（人）问问。 |
| 别碰！ | 我尽量帮助您，可这事我得和……打个招呼 |
| 这是为了什么？ | 我们没这个规矩。对不起！ |
| 您想干什么？ | 我们都很忙，不过我们会关照的。 |
| 我可顾不上…… | 您能稍过一会儿来吗？ |
| 以后再打来。（指电话） | 您知道，我不能一个人说了算。 |
| 过后又该赖我啦。 | 请留言，会有人给您回电话的。 |
| 我忙不过来。 | 这事儿我真的管不了。对不起！ |
| 不是时候。 | 我能帮助您吗？ |
| 这下子可倒霉透顶了。 | 有人招呼您了吗？ |
| 我可决定不了。 | 我在这儿就是为您效劳的，您要我帮忙吗？ |
| 这不关我的事儿。 | 请您找……（人），她比我了解得更清楚。 |
| 再见。 | 再见，谢谢您使用本公司的电话。 |
| 完了吗？（指电话） | 要是您有别的问题，请尽管再来电话。 |
| 对我都一样，无所谓。 | 谢谢您给我们提出宝贵的意见。 |
| 有人会管的。 | 我一定亲自处理。 |
| 您能书面确认吗？ | 我已经作了详细记录，我来办必要的手续。 |

## 五、电话脚本的设计

（1）设计独特且有吸引力的开场白是门市电话销售不被拒绝、让客户继续听下去的主要组成部分。

（2）工作人员要在短时间内引起客户的兴趣，紧抓 30 s。

（3）电话营销是一种你来我往的过程，要维持良好的双向沟通模式。

（4）塑造旅游产品的价值，让客户产生强烈需要的理由。塑造旅游产品的价值是门市电话营销过程中，客户为什么要听门市服务人员讲解的关键。

## 六、给客户打电话时应注意的事项

（1）打电话的时间必须留意。往对方家里打电话，应避开早晨 8 点钟以前和晚上 10 点钟以后。往单位打电话谈公事，最好避开临下班前 10 min。尤其是需要查询后，方可回复的电话，处理各种业务问题的电话，最好在早晨上班的时候打，此时人们头脑最清楚，办事效率最高。

（2）通话后自报家门。打电话时要先通报自己的单位或姓名。开口就打听自己需要了解的事情，咄咄逼人的态度是令人反感的。礼貌地询问对方是否方便之后，再开始交谈。比如，"您好！我是 ×× 公司，我想占用您 5 分钟时间，提两个问题，可以吗？"

（3）假如要找的人不在，对方又问是否有什么话需转告时，你千万不要一声"没有"就挂断，一般做法是留下姓名和电话号码，如果真没事可转告，也应客气地道谢。

（4）电话内容应言简意赅，切忌长时间占用电话聊天。办公室的电话用于办公，最好不在上班时间内打私人电话。

（5）由于某种原因，电话中断了，要由打电话的人重新拨打。

（6）打完电话挂掉时要轻，赌气地把话筒一扔，是没有礼貌的做法。一般应由年长者或接电话的一方先挂电话。

## 六、接客户电话时应注意的事项

接听电话不可太随便，要讲究必要的礼仪和一定的技巧，以免横生误会。无论是打电话还是接电话，都应做到语调热情、大方自然、声量适中、表达清楚、简明扼要、文明礼貌。

（1）及时接电话：一般来说，在办公室里，电话铃响三遍之前就应接听，三遍后就应道歉："对不起，让你久等了。"如果受话人正在做一件要紧的事情不能及时接听，代接的人应妥为解释。如果既不及时接电话，又不道歉，甚至极不耐烦，就是极不礼貌的行为。尽快接听电话会给对方留下好印象，让对方觉得自己被看重。

（2）确认对方：对方打来电话，一般会自己主动介绍。如果没有介绍或者你没有听清楚，就应该主动问："请问你是哪位？我能为您做什么？您找哪位？"但是，人们习惯的做法是，拿起电话听筒盘问一句："喂！哪位？"这在对方听来，陌生而疏远，缺少人情味。接到对方打来的电话，您拿起听筒应首先自我介绍："你好！我是某某某。"如果对方找的人在旁边，您应说："请稍等。"然后用手掩住话筒，轻声招呼你的同事接电话。如果对方找的人不在，您应该告诉对方，并且问："需要留言吗？我一定转告！"。

（3）讲究艺术：接听电话时，应注意使嘴和话筒保持 4 cm 左右的距离；要把耳朵贴近话筒，仔细倾听对方的讲话。在电话中少说"我"，多说"您、请、谢谢、对不起"等；注意讲话的态度，让客人觉得自己可以帮他处理问题，让客人满意。

（4）调整心态：当拿起电话听筒的时候，一定要面带笑容。不要以为笑容只能表现在脸上，它也会藏在声音里。亲切、温情的声音会使对方马上对我们产生良好的印象。如果绷着脸，声音会变得冷冰冰。打、接电话的时候不能叼着香烟、嚼着口香糖；说话时，声音不宜过大或过小，吐字清晰，保证对方能听明白。

（5）用左手接听电话，右手边准备纸笔，便于随时记录有用信息。

（6）若接到投诉电话，先对客人说对不起，在听客人讲述事情经过的同时记录，再另行解释或安抚客户，告知客人会及时与内部沟通进行处理，并告知在规定的时间内给予处理意见。

（7）若客人的需求和内部的状况起冲突时，营业员必须保持冷静，不随任何一方产生情绪起伏。

（8）客人交待事项，结束电话交谈时须再行复述一次，主要目的是确认客人需求及避免错误。

（9）结束电话时由拨电话者先行，结束交谈时别忘了谢谢对方来电。最后，应让对方结束电话，然后轻轻把话筒放好。不可"啪——"的一下扔回原处，这极不礼貌。最好是在对方之后挂电话。

## 技能训练

### 一、电话声音的训练

要想使客人喜欢自己的声音，就要想办法把自己的声音调整到最动听、最悦耳、最动人的程度。通常声音的运用要注意以下四个问题：

（1）音调：一定要做到抑扬顿挫，音调要有高、中、低之分，富于变化。

（2）音量：正常情况下，应视客户音量而定。

（3）语气：客服人员内心的晴雨表，要求平和中有激情，耐心中有爱心，杜绝不耐烦的语气。

（4）语速：适中，每分钟应保持在 120 个字左右。也可根据客户的语速来调整自己的语速，这样效果会更好。

（5）清晰度：发音标准，吐字清晰，这是客服人员的基本要求。

### 二、接打电话的练习

训练方法：情境模拟法，角色扮演法。

（1）小组讨论，创设一个情境。

（2）每组派代表表演。可由一名同学扮演接待人员，一名同学扮演客人。

（3）学生轮流表演，并互换角色。

训练要求：

（1）语言表达准确。

（2）使用电话用语规范。

（3）符合电话礼仪。

## 完成任务

（一）小组练习

将班上学生分成小组，各小组选一位组长带领组员，设计情境，完成电话咨询的任务。

（二）小组评价

（1）电话咨询服务分哪几个步骤。

（2）旅游产品的类型是如何划分的。

（3）打电话的礼仪。

（三）综合评价

综合评价包括小组之间的互评和老师对各小组工作的系统评价。主要评价项目如表 1-2-5 所示。

表 1-2-5  能力评价表

| 内　容 | | | 评　价 | |
|---|---|---|---|---|
| 学 习 目 标 | | 评 价 项 目 | 小组评价 | 教师评价 |
| 知识 | 应知应会 | （1）电话咨询的步骤 | Yes/No | Yes/No |
| | | （2）旅游产品的类型 | Yes/No | Yes/No |
| 专业能力 | （1）应对电话咨询的能力<br>（2）语言表达能力<br>（3）接打电话的规范方法 | （1）电话咨询服务 | Yes/No | Yes/No |
| | | （2）电话用语的表达 | Yes/No | Yes/No |
| | | （3）接打电话的礼仪 | Yes/No | Yes/No |
| 通用能力 | 沟通能力 | | Yes/No | Yes/No |
| | 团队协作能力 | | Yes/No | Yes/No |
| | 组织能力 | | Yes/No | Yes/No |
| | 解决问题能力 | | Yes/No | Yes/No |
| | 自我管理能力 | | Yes/No | Yes/No |
| | 创新能力 | | Yes/No | Yes/No |
| 态度 | 敬业爱岗 | | Yes/No | Yes/No |
| | 态度认真 | | | |
| 个人努力方向与建议 | | | | |

🕮 思考与练习

（1）试述旅游产品的类型。

（2）设计电话脚本时应考虑哪些问题？

（3）试述接电话电话的礼仪。

（4）模拟练习电话咨询服务。

（5）在实践工作中，你所熟悉的门市工作人员在接听电话方面的举止得体吗？应如何改进？

## 任务三　信函咨询

信函咨询服务，是指门市工作人员以书信形式答复旅游者提出的关于旅游方面和旅行社产品方面的各种问题，并提供各种旅游建议的服务方式。目前，门市的信函咨询服务主要利用传真设备进行。信函咨询的书面答复应做到语言明确、简练规范、字迹清楚。

信函咨询

### 任务描述

某公司想在 10 月份奖励一批员工旅游，人均费用在 3 000 元人民币左右，目前想了解一些相关旅游信息，希望门市以传真的形式先发过来。门市接待人员小王接到任务后，立刻开始着手准备。

### 任务分析

奖励旅游现在在各大私企单位非常普遍。这种团体旅游由于较多相似和相同因素的作用，旅游活动中很容易保持一致的行为。这种团体可以使旅游者获得心理上的安全感，他们不用顾虑交通与食宿等问题，专心于旅游活动，以轻松的心情进行游览观光，增加旅游的愉快感。他们消费能力强，对服务要求较高。门市在提供服务时，首先设计多种旅游方案供单位参考，主动与其商量具体活动安排，内容要丰富，适当加快节奏。尽量提供舒适的交通和住宿，选择优秀的导游员，适当减少团体购物的时间与次数，延长游玩的时间。往往团队旅游要多次商榷，所以在接待时要有耐心。另外，由于对方提出传真资料，所以要求门市工作人员要能熟练使用办公设备。

通过传真的方式进行信息咨询，通常经过以下三个步骤：

拟定传真内容→发送→接收

### 一、拟定传真内容

传真内容应包括：联系信息、日期和页数；发送文件、资料时一般必要的问候语与致谢语不可缺少；注意传真内容要简明扼要，以节省费用。根据客人的要求报旅游计划，传真资料如下：

×××公司：您好！感谢您对×××旅行社的信任！现将适合目前旅游的信息发给您，请商榷，确定后联系我们。最后祝合作愉快！

×××旅行社

2015年9月1日

象鼻山、叠彩山、伏波山、芦笛岩、七星公园、船游大漓江、【桂林2飞5日】2870元

| 团　号 | 出团日期 | 回团日期 | 组团形式 | 报价类型 |
|---|---|---|---|---|
| GNC-GX-20151229-GX24 | 2015-12-29 | 2016-01-02 | 散拼 | 成人优惠价<br>￥2780 |

## 参 考 行 程

### 第1天 >> 沈阳/桂林 ZH9455 时刻（09:10/14:15）经停合肥

交通：飞机经济舱。

住宿：桂林舒适型酒店（空调、热水、独立卫生间）。

餐食：早餐——无；午餐——无；晚餐——无。

按《旅游行程安排单》指定时间自行前往沈阳桃仙机场集合，乘机飞往"山水甲天下"——桂林（航程约4～6小时），抵达后专人接团，入住酒店。【温馨提示】①由于此团为散客拼团，抵达桂林的航班较多，由专业接机组负责接机，车辆的班次和车型根据实际情况进行调度，根据航班抵达时段，将客人汇集后统一送往酒店，但需要您自行办理入住手续并交付押金，请周知！②入住酒店时需检查房内设施是否完好，如有问题请与酒店前台联系！③若小童不含床位，则酒店不提供免费早餐，请周知！

### 第2天 >> 桂林

交通：巴士。

住宿：桂林舒适型酒店（空调、热水、独立卫生间）。

餐食：早餐——酒店含早餐；午餐——15元；晚餐——自理。

早游览被誉为"中国国宾洞"的4A级景区【芦笛岩】（游览时间约60分钟），"桂林山水甲天下，芦笛美景堪最佳。"游览最具桂林市山水代表、城市象征的4A级景区【象鼻山】（游览时间约40分钟），观象山全貌，览无敌江景，品象山水月的诗情画意，对望"訾州烟雨"的古景重现。游览桂林最大的综合性4A级公园【七星景区】（游览时间约90分钟），因七星山的七个山峰，犹如天上的北斗七星坠地而得名。七星景区是桂林市最大、游客最盛、历史性最长的一个综合性公园。游览【栖霞寺】，座落于桂林七星景区内普陀山西麓的栖霞禅寺，寺内精美的唐式佛像、名贵的东阳木雕、国内最高的立式汉白玉观音，再现"栖霞真境"胜景。晚观赏一场穿越奇幻空间的桂林山水秀【山水间】（观赏时间为60分钟），让你领略桂林民俗文化和当今流行时尚元素完美融合。

### 第3天 >> 桂林—阳朔

交通：巴士。

住宿：阳朔舒适型酒店（空调、热水、独立卫生间）。

餐食：早餐——酒店含早；午餐——船上用餐；晚餐——15元。

早乘车前往磨盘山码头（车程约40分钟），乘船游览百里画廊【大漓江】（磨盘

山—阳朔，行船约 4.5 小时，船餐为盒饭），沿途欣赏望夫石、九马画山、黄布倒影等名景，春夏烟岚的漓江荡漾着美丽和纯洁，江中的鹅卵石粒粒可数，两岸万千青峰倒映其中，美不胜收。前往阳朔明清时期的百年古寨【侗家古寨】（游览时间约 60 分钟），感受沧桑的建筑，斑驳青石板路和原生态的壮族原住民风情，都能给大家带来一份值得珍藏的好照片。晚您可自行前往【阳朔西街】（期间无司机导游陪同），晚上的西街最热闹繁华，您可自费品尝西街风味小吃及特色美食。自由闲逛于驰名中外的中华第一洋人街，领略独特的欧陆风情！【温馨提示】：①抵达码头上岸后，前往停车场（约 3.5 千米，可步行，也可选择自费乘坐电瓶车，15 元／人）；②自由活动期间，务必注意人身财产安全，看管好您的贵重物品，购买商品请索要发票，避免发生纠纷。

## 第 4 天 >> 阳朔 - 桂林

交通：巴士。
住宿：桂林舒适型酒店（空调、热水、独立卫生间）。
餐食：早餐——酒店含早；午餐——15 元；晚餐——自理。
　　早乘车返回桂林游览桂林江山会景处的【叠彩山】（游览时间约 40 分钟），山峰层层横断，如彩绸锦缎相叠，洞口更有陈毅"愿作桂林人，不愿作神仙"的题刻。是鸟瞰天下桂林全景的最佳之地。游览有"半枕漓江"之称的【伏波山】（游览时间约 30 分钟），因孤峰雄峙，半枕陆地，半插江潭，遏阻洄澜，有"伏波胜景"之美称。

## 第 5 天 >> 桂林／沈阳 ZH9456 时刻（15:05/20:00）经停合肥

　　根据航班时刻由接机组人员将您送往桂林两江机场乘机返回沈阳桃仙机场，结束旅程！

**行程备注**

**团费中含**
（1）交通费（含机场税）。
（2）住宿费；餐费（不含酒水费）。
（3）旅行社统一安排的景区景点的第一道门票费。
（4）行程中安排的其他项目费用。
（5）导游、司机服务费和旅行社（含旅游目的地地接旅行社）的其他服务费用。

**团费不含**
（1）旅游者投保的个人旅游保险费用。
（2）合同未约定由旅行社支付的费用，包括但不限于行程以外非合同约定活动项目所需的费用、自行安排活动期间发生的费用。
（3）行程中发生的旅游者个人费用，包括但不限于交通工具上的非免费餐饮费、行李超重费；住宿期间的洗衣、电话、饮料及酒类费、个人娱乐费用、个人伤病医疗费、寻找个人遗失物品的费用及报酬、个人原因造成的赔偿费用等费用。
（4）因旅游者个人原因产生的离团费用。

**特别提示**
（1）如遇人力不可抗拒因素或政策性调整导致客人无法游览的景点，我社有权取消或更换该景点，赠送的景点，费用不退。
（2）我司将在出发前至少 1 天向您发送《出团通知书》，具体航班以出团通知书为准，若未收到，请及时联系工作人员。

（3）我社在不减少景点数量的情况下，导游可根据航班起飞时间并征得客人同意后临时调整景点及住宿顺序。

（4）乘机注意事项：带入客舱的行李体积不得超过 20cm×40cm×55cm，每件的重量不能超过 5kg。超过上述重量、件数或体积限制的行李，应作为托运行李托运。若有托运行李，请在执机柜台办理托运手续，向柜台工作人员出示您的全部登机牌并强调您此行的目的地（特别提醒：现金和贵重物品一定要贴身携带，不要放在托运行李中，以免在托运的过程中丢失）。托运行李前一定要将行李上面的旧托运条撕去，并且将托运行李上锁，妥善保管新的行李票，切勿丢失。每人可免费托运行李 1 件，不超过 20 kg（春秋航班为 15 kg）。所携带的液体、胶状单品的容器体积不可超过 100 mL，否则需办理托运，其包装应符合民航运输的有关规定。其他禁止携带的危险品、刀具等请严格按照国家法律法规的相关规定执行。

（5）出发地机场：沈阳桃仙国际机场进出港航班现已正式启用 T3 航站楼，南航国内 A 岛，深航 B 岛 1～10 窗口，春秋 B 岛 11～15 窗口，其他航班 C 岛，飞机将在起飞前 45 分钟停止办理登机手续，请所有乘机的旅客按规定的集合时间到达机场，以免误机。

**温馨提示**

（1）食：团队用餐通常是十人一桌，八菜一汤，餐厅可根据实际用餐人数酌情增加或减少菜品数量，广西饮食习惯偏酸偏辣，团队餐的菜点不一定合乎您的口味，建议您自带一些可口的小食物，以做调节。请不要随意于大排档用餐或小摊贩处购买小吃，注意饮食安全。

（2）住：团队用房均为双人标准间，不提供单人间。每次退房前，请检查您所携带的行李物品，特别注意您的证件和贵重财物。广西地区气候多雨湿润，北方游客对南方潮湿的气候往往不适应，酒店内的空调也达不到理想的效果，酒店衣橱内一般都备有被褥，必要时请拿出来加盖。桂林及阳朔属于国家三线城市，住宿标准相对偏低，敬请谅解。

（3）行：广西是少数民族聚居集中地，是很多苗族人的聚居地，在旅游过程中应尊重当地各民族的风土人情、民族习俗和宗教信仰，维护环境卫生、公共秩序，保护生态环境和文物古迹，尊重他人，以礼待人，文明出行。

（4）游：在旅游过程中，请您随时注意自身安全，如无特殊原因，团体旅行时不可擅自脱队，抵达景区游览前，谨记导游交代的集合地点、时间、所乘游览巴士车号。自由安排活动期间，个人贵重物品（如现金、证件、相机等）请务必随身携带。

（5）购：在游览景区、景点时会有无照商贩经常向过往行人和旅游团队兜售水果、饮料和小纪念品等。请不用与其搭讪、砍价等，以免引起不必要的麻烦。

（6）天气：桂林属亚热带季风气候区，早晚比较凉，特别在漓江上风大，需在正常衣着上添加一件外套，旅游时要选用运动鞋，勿穿高跟鞋，以免造成不便，随身携带雨具，以备不时之需，并准备些常用必备药品（如乘晕宁、抗生素等药物）。

（7）广西地区，以水洞、湖泊、河流较多，乘坐游船及竹筏时切忌争先恐后，要听从导游统一安排，以免发生危险。

**常用酒店**

【桂林】：唯美四季铁西店、利好商务酒店、翠竹酒店、安琪大酒店、金雅商务大酒店、宏旭酒店、桂源酒店、金岛大酒店、桂响酒店、七星大酒店等。

【阳朔】：万景酒店、红苹果宾馆、尚品商务酒店、鑫源酒店、金豪酒店、沃德酒店、万豪宾馆、山水宾馆等。

**预订须知**

（1）本产品设有最低成团人数2人，如未达最低成团人数，我社将在出发前7天通知您不成团；如未通知的均视为已成团。如通知不成团的，我社会推荐您其他出发班期或更换其他同类型产品（相关损失及差价由我社承担）；如您不接受上述方案，我社将全额退还您支付的费用。

（2）本产品不接受3人（含）及以上入住1间房，如您订单中产生单人，将视实际情况安排您与其他同性别客人拼房入住，如最终无法拼房，请在当地补齐单房差。如您要求享受单房，请直接在后续预订页面中选择单房差可选项。

（3）我社将在出发前至少1天向您发送《出团通知书》，具体航班以出团通知书为准，如未收到请及时联系我社工作人员。

（4）如遇人力不可抗拒因素或政策性调整导致客人无法游览的景点，我社有权取消或更换该景点，赠送的景点费用不退。

（5）我社在不减少景点数量的情况下，导游可根据航班起飞时间并征得客人同意后临时调整景点及住宿顺序。

（6）本产品不接受外籍人士报名。

（7）行程中赠送项目若遇不可抗拒因素等原因导致不能赠送的，我社不退任何费用。1.1 m以下儿童费用只含餐费半价、车位费，其他费用不含。如超高产生费用家长自理！包括赠送景区，超高费用自理！

（8）本团如总人数不足8人，则安排司机兼导游为您提供服务，敬请谅解。

**退改规定**

（1）团队机票、火车票、船票一经开出不能取消及变更，由此产生的费用由提出方承担。

（2）此线路为整体包价产品，参加旅游团队的团员均不可享受景区提供的减免门票政策（包括老年证、学生证、导游证及军官证等）。

## 二、发送

发送前，可先与接收单位取得联系。然后将欲发送原稿放入传真机内，并根据原稿情况选择发送参数（扫描线密度、对比度），再拨通对方电话，听到回答信号后，表明对方已经开机准备接收，这时便可按下启动键（START）开始发送，放下话筒。待发送结束后，传真机自动恢复到待机状态，如图1-3-1所示。

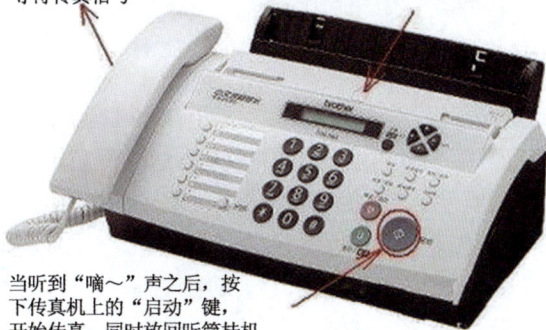

提起听筒，拨通电话，等待传真信号

按传真机说明方向，放入传真稿件，传真机会将稿件吸入几毫米

当听到"嘀～"声之后，按下传真机上的"启动"键，开始传真，同时放回听筒挂机

图1-3-1 发送传真

### 三、接收

接收方接到发送方的电话，通话后便可放下话筒按下启动键(START)，开始接收，直到接收完毕，如图 1-3-2 所示。

图 1-3-2　接收传真

## 相关知识与技能

### 一、旅游活动的分类

#### （一）按地理范围分类

按旅游者到达目的地的地理范围划分，旅游活动可分为国际旅游和国内旅游。

（1）国际旅游：分为入境旅游、出境旅游。

（2）国内旅游。

#### （二）按旅游性质和目的分类

（1）休闲、娱乐、度假类。

（2）探亲、访友类。

（3）商务、专业访问类。

（4）健康医疗类。

（5）宗教朝圣类。

（6）其他类：如探险旅游类。

#### （三）按旅游人数分类

（1）团队旅游是由旅行社或旅游中介机构将购买同一旅游路线或旅游项目的 10 名以上（含10 名）游客组成旅游团队进行集体活动的旅游形式，团队旅游一般以包价形式出现，具有方便、舒适、相对安全、价格便宜等特点，但游客的自由度小。

（2）散客旅游是由旅行社为游客提供一项或多项旅游服务，特点是预订期短，规模小，要求多，变化大，自由度高，但费用较高。

（3）自助旅游。

（4）互助旅游。

## 二、门市常用的办公设备

在门市工作时，经常用到的办公设备有传真机、复印机、打印机、计算机和电话等，如图1-3-3、图1-3-4、图1-3-5所示，这些办公设备为门市的工作提供了方便。

图1-3-3　传真机　　　　　图1-3-4　复印机　　　　　图1-3-5　打印机

## 三、传真机的正确使用

传真，又称真迹传真或"用户电报"（TELEX），是双方用户之间利用光电效应，通过安装在普通电话网络上的传真机（见图1-3-6），对外发送或接收书信、文件、资料、图纸，以及照片真迹的一种迅速、高效的现代通信联络方式。

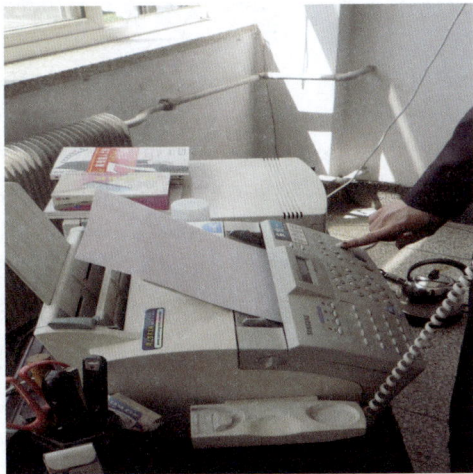

图1-3-6　传真机

电传以其传递迅速逼真、使用方便、费用低廉等优点，已成为目前国内外普遍采用的一种通信联络方式。目前，传真机早已成为政界、商界、学术界、教育界广泛采用的重要办公设备之一，而且已开始进入普通人的家庭。

利用传真进行联络时，同样要遵循使用传真的礼规。

### （一）依法使用

按照我国有关法规，单位和个人在使用自备的传真设备以前，要经过电信部门的许可，并且按照其规定办理安装使用的批文和入网许可证，并按期向电信部门交纳使用费。在具体操作上，要掌握正确的使用方法，按照操作规程规范操作，以发挥其正常功效。

### （二）依礼使用

**1. 选择时间**

向别人发传真，应选择适宜的时间，不要在对方在家休息时发送，以免打扰对方。更应主动避开半夜三更、午休时间、节假日或工作最繁忙的时间。无人在场，而又有必要时，应该使本单位或本人使用的传真机处于自动接收状态。

**2. 礼待对方**

传真的内容固然是冷冰冰的，但发传真的人应有人文关怀，礼待对方。发传真时，一般应有必要的问候语和致谢语。撰写传真内容应准确、简明、扼要，字迹清晰工整，以便降低费用，提高效率。传真信件时，必须遵循书信礼节，如称呼、敬语、签字等，均不可缺少。即使发送法律文件、建议书或其他资料，也要写上几句热情有礼的话语，因为寥寥数语能让人感到温暖和亲切，觉得你富有人情味。

**3. 事前通报**

发送传真前，应先打电话给接收传真的单位或个人，询问对方是否可以进行传真，并说明传过去的是什么资料。正式的传真必须有首页，其上注明传送者与接收者双方的单位、姓名、日期、总页数等，让接收者一目了然。若其中某一页不清楚或未收到，可请对方再次传过来。

**4. 公私分明**

若传真机是办公室的公共财产，私人事情最好不要使用，没有任何公司会喜欢员工使用传真机办私人事情的。如果实在需要借用公家或私人的传真设备，应主动支付必要的费用。

**5. 注意纸色**

传真纸最好是白色或浅色。有些人喜欢用深色或者有黑色与深色宽条纹的信纸，这样传真时不但会耗去很多的扫描时间，浪费更多的金钱，也势必增加双方传真机的使用时间。

**6. 及时回复、转交**

收到他人发送的传真后，应即刻通知对方，以免挂牵。需要转交、转达别人发来的传真时，应当从速办理，以免延搁误事。在现实生活中，一份传真往往要经过许多人的眼和手才能送达当事人。传真信息是公开的，所以不要用传真机发送较为私密或敏感的内容，否则就会成为"公开的秘密"。

## 四、复印机的正确使用

（1）开机预热：接通电源开关后，定影器开始预热升温，此时面板上显示出预热等待信号，待信号消失后即可复印。

（2）放置原稿：将原稿放在稿台玻璃板相应的标志线（如 B5、A4 等）之内，复印纸的大小（如 B5、A4 等）和输纸方向（竖向或横向）应与原稿的大小和放置方向一致，然后用盖板压紧原稿。

（3）复印纸的选择与安装：选定复印纸尺寸后，将复印纸抖松，以便清除静电，防止粘连，并将断裂、破损、有毛边的复印纸挑出，以免影响机器的正常运行，然后将纸磕齐装入纸盒内，并将纸盒插到机器上。

（4）复印倍率的选择：对有缩放功能的复印机，复印前需预置缩放倍率，以便据此来确定复印纸的尺寸。

（5）确定复印份数：复印前，利用复印份数键或旋钮，将所设定的复印份数表示出来，若预置有误，还可通过清除键清除后重新设定。

（6）调节曝光量：根据原稿的深浅和反差，利用浓度调节杆（或旋钮）改变光缝的宽度或改变曝光灯亮度来调节曝光量。

（7）开始复印：待预热指示灯熄灭，复印指示灯亮时，即可按下复印按钮，开机复印。

（8）复印完毕：一次复印结束后，从接纸盘上取出复印品，进行整理、装订，并将原稿从稿台上取下整理好，放回原处。对于使用次数频繁的复印机，在每次复印完毕后可不必切断电源，使其保持待印状态，这样可缩短以后的预热等待时间。如图1-3-7所示。

图1-3-7 复印机操作

## 五、打印机的正确使用

### （一）安装打印机

（1）单击"开始"按钮，选择"设置"菜单中的"打印机和传真"，打开"打印机和传真"窗口，如图1-3-8所示。

图1-3-8 "打印机和传真"窗口

（2）单击"添加打印机"按钮，屏幕显示"添加打印机向导"对话框，如图1-3-9所示。

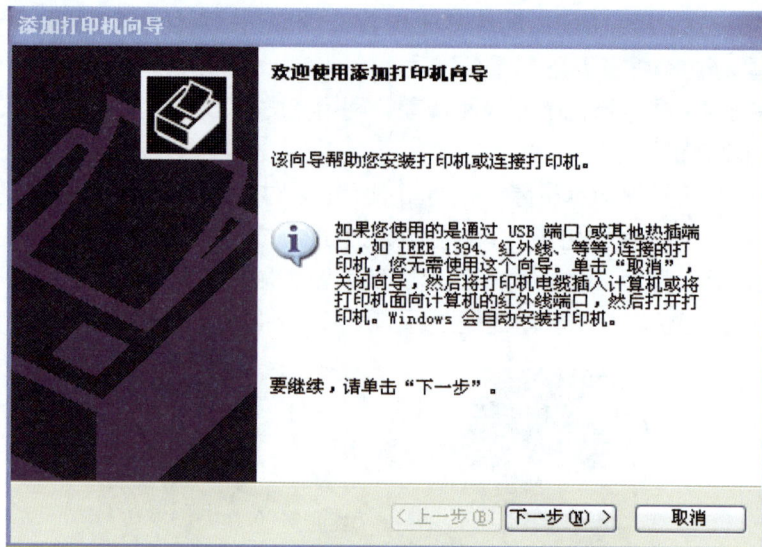

图 1-3-9 "添加打印机向导"对话框

（3）单击"下一步"按钮，进入向导的第三个画面，设置打印机所用的连接端口，默认是 LPT1，如图 1-3-10 所示。

图 1-3-10 "选择打印机端口"对话框

（4）单击"下一步"按钮，确定厂商和型号，如图 1-3-11 所示。从"厂商"列表框选择打印机厂商，从"打印机"列表框选择型号。如果所用打印机不在列表中，可从列表框中选择出与之兼容的打印机。若有驱动程序安装盘，单击"从磁盘安装"按钮，按照提示安装厂商提供的驱动程。

（5）单击"下一步"按钮，可改变打印机的名称；可将打印机设置成默认打印机，如图 1-3-12 所示。

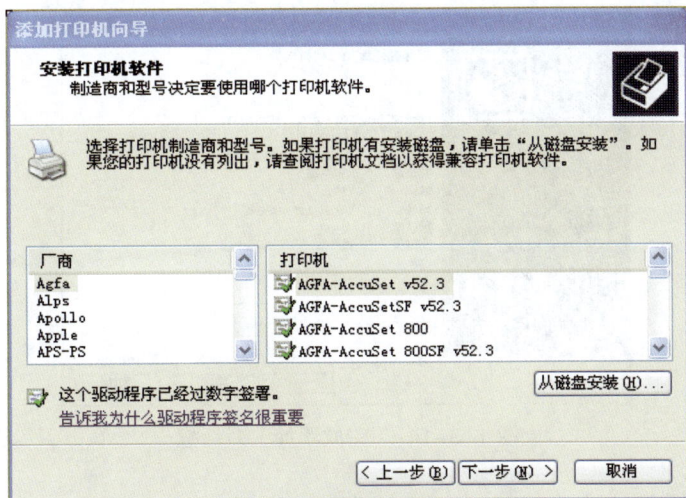

图 1-3-11 "确定厂商和型号"对话框

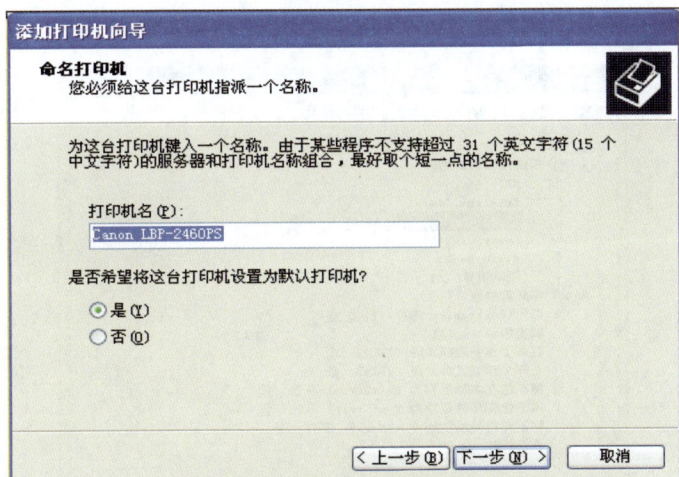

图 1-3-12 "命名打印机"对话框

（6）单击"下一步"按钮，可让用户确定是否打印测试页，如图 1-3-13 所示。

图 1-3-13 "打印测试页"对话框

（7）单击"完成"按钮，Windows XP 将寻找相应的打印机驱动程序。打印机安装后，"打印机"窗口会显示打印机的图标，如图 1-3-14 所示。

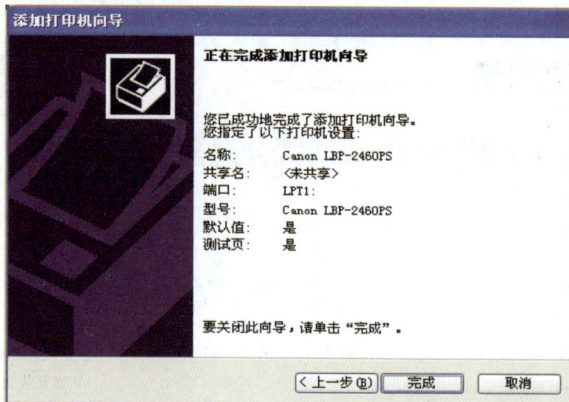

图 1-3-14 "完成添加"对话框

## （二）打印管理

（1）如果要设置打印机的属性，可以在打印机窗口中右击打印机图标，从弹出的快捷菜单中选择"属性"命令，进行诸如分辨率、纸张大小和打印方向的设置，如图 1-3-15 所示。

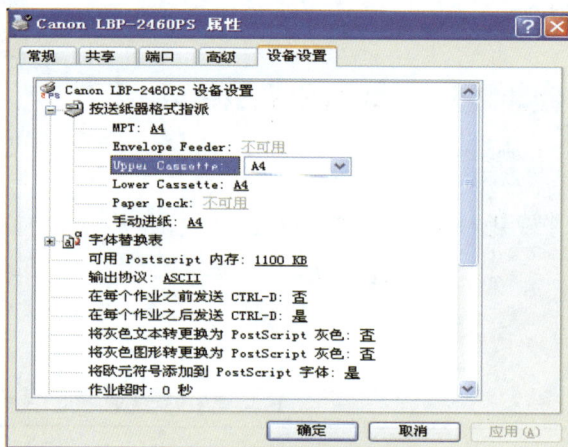

图 1-3-15 "属性"对话框

（2）打开需打印的文档。

（3）选择"文件"菜单中的"打印"命令，如图 1-3-16 所示。

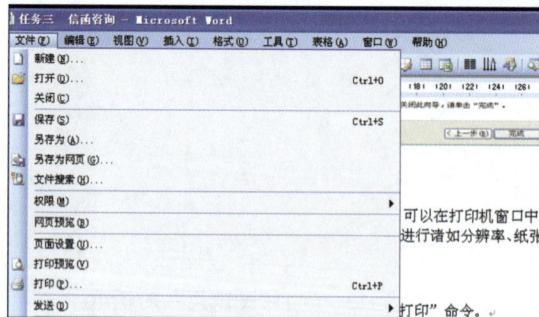

图 1-3-16 "文件"菜单

（4）在"打印"对话框设置各种选项，如页码范围和份数等，如图 1-3-17 所示。

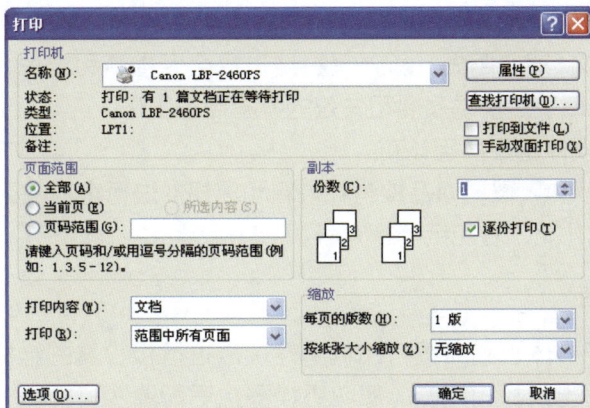

图 1-3-17 "打印"对话框

（5）单击"确定"按钮开始打印。

Windows XP 通过"打印管理器"来控制发送到打印机的打印作业。当从 Windows 应用程序中打印文档时，应用程序将打印机、字体和文档信息传给打印机管理器，之后在继续执行其他 Windows 应用程序时，打印管理器控制文档的打印。

要打印的每一个文档首先放置到打印队列中，打印管理器会按照它们发送到打印管理器的顺序排队，然后按照顺序逐个打印。在打印时，在打印机窗口双击要使用的打印机图标，或打开任务栏的打印机图标来打开打印管理器，如图 1-3-18 所示。在打印管理器中可以查看文档的打印状态；暂停或继续打印；删除打印文件及调整打印顺序。

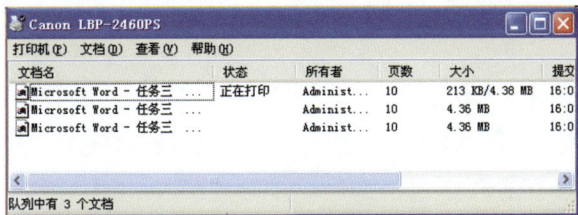

图 1-3-18 打印管理器

## 六、更换传真记录纸

以理光 Canon LBP-2460PS 为例，说明换纸步骤。

（1）打开传真机的上盖。

（2）把记录纸侧板调到适合记录纸幅宽的位置，取出侧板。

（3）放入记录纸，此时要特别注意卷纸方向。将纸拉出至超出绿色带约 5 cm。装上侧板，盖好上盖。

## 七、复印机的保养和维护

1. 经常性保养

在复印机的复印份数达到一定数量时，应对复印机中易污染的部件进行清洁保养。主要包括清除感光版、电极丝、屏蔽罩、镜头、反射镜、搓纸轮、输纸辊、稿台玻璃等易污染部位的污垢和灰尘，对其进行吹拂或擦拭。

2．定期检查和维护

在静电复印机经过长期使用后，应对其机件进行全面检查和维护，主要是做好机件的全面清洁、润滑、调整，以及更换易损件和失效的零部件等工作。

3．消耗材料和易损件的更换与补充

在复印机的日常使用中，需要对各种消耗材料和易损件进行定期的更换和补充。主要包括：感光鼓的更换、墨粉的补充、复印纸的补充等。

## 八、打印机清洁

一般情况下，对于一体机的喷墨打印机组件仅需进行极少量的维护。但定期清洗可美化其外观，并能防止以后出现打印问题。每次更换墨盒后即清洗打印机外壳。请使用湿布进行擦拭，并注意不要让水气进入打印机内部。如有必要，请使用软刷或计算机真空吸尘器清除纸张通道内的绒屑及灰尘。

堆积于多数喷墨打印机之内的墨渍属于正常现象，无须清除（酒精或滚轴清洁器可能会损坏打印机）。另外，对于打印墨盒在其上面移动的金属棒，请不要使用润滑剂。支架来回移动发出的噪声也属正常现象。

### 技能训练

（1）练习传真机、复印机、打印机的正确操作。

（2）办公设备的保养与维护练习。

### 完成任务

（一）小组练习

将班上学生分成小组，各小组选一位组长带领组员，设计情境，完成信函咨询任务。

（二）小组评价

（1）信函咨询服务分哪几个步骤。

（2）旅游团队的分类。

（3）办公设备的使用。

（三）综合评价

综合评价包括小组之间的互评和老师对各小组工作的系统评价。主要评价项目如表1-3-1所示。

表1-3-1　能力评价表

| 内　　　　容 | | 评　　价 | |
|---|---|---|---|
| 学 习 目 标 | 评 价 项 目 | 小组评价 | 教师评价 |
| 知识　应知应会 | （1）信函咨询的步骤 | Yes/No | Yes/No |
| | （2）旅游团队的分类 | Yes/No | Yes/No |
| 专业能力　（1）应对信函咨询的能力　（2）拟定传真内容的能力　（3）办公设备的规范操作 | （1）信函咨询服务 | Yes/No | Yes/No |
| | （2）传真内容的拟定 | Yes/No | Yes/No |
| | （3）办公设备的使用 | Yes/No | Yes/No |

续表

| 内　　容 | | 评　价 | |
|---|---|---|---|
| 通用能力 | 沟通能力 | Yes/No | Yes/No |
| | 团队协作能力 | Yes/No | Yes/No |
| | 组织能力 | Yes/No | Yes/No |
| | 解决问题能力 | Yes/No | Yes/No |
| | 自我管理能力 | Yes/No | Yes/No |
| | 创新能力 | Yes/No | Yes/No |
| 态度 | 敬业爱岗 | Yes/No | Yes/No |
| | 态度认真 | | |
| 个人努力方向与建议 | | | |

### 思考与练习

（1）试述旅游者的分类。

（2）传真机的操作礼仪有哪些？

（3）能正确使用复印机。

（4）能熟练安装和使用打印机。

（5）模拟练习信函咨询服务。

## 任务四　网络咨询

　　网络咨询是指旅游者从计算机网络上获取有关旅游方面和旅行社产品方面的信息，然后加以选择。网络作为新的旅游信息平台，为旅游业的发展提供了新的契机。

网络咨询

## 任务描述

小王是某旅行社门市的工作人员，由于对工作的喜爱，无论是工作还是休息，都十分关注网络信息的变化，关心自己的邮箱、QQ、微信等是否有游客咨询的信息。

## 任务分析

在电子商务日益频繁的今天，通过 E-mail、MSN、QQ、微信等网络工具进行旅游信息的咨询和预定已司空见惯。他们多以中、青年年龄为主，给自己或给家人、朋友咨询。这些人反应灵敏，适应新事物的能力强，对旅游的一些专业术语也很精通，所以沟通起来比较容易。

对于网络咨询来说，由于它不直接面对客人，所以在语言表达上讲究艺术、技巧，多使用礼貌用语。文字描述要合情合理，基本符合语法，不能长篇大论，要有总结概括能力。面对客人的各种问题都能对答如流，这就要求门市工作人员的业务要精通，知识要丰富，使用计算机要娴熟。

下面以 E-mail 为例，讲述一下操作步骤：

**电子邮件的撰写→电子邮件的发送→电子邮件的查看**

### 一、电子邮件的撰写

向他人发出的电子邮件，一定要填密构思，精心撰写，认真遵守"用笔沟通"的规则。

**（一）主题一目了然**

让收信人知道信的主旨，并能引起读信人的兴趣。如传送文件、研讨 XX 问题、祝贺生日等。一般用几个字概括即可。

**（二）内容简明扼要**

如果不包括对方所要的资料，信的内容一般不超过两个页面。

**（三）文字规范流畅**

写电子邮件也应像写传统书信一样，按规定的格式书写，且要字斟句酌，规范流畅。图 1-4-1 为电子邮箱窗口及电子邮件的撰写例样。

### 二、电子邮件的发送

在写好邮件后，在"收件人"栏正确写入收信人的 E-mail 地址。若要同时寄给别人，添加其他人的 E-mail 地址，单击"发送"按钮即可将信件发出。

### 三、电子邮件的收看

登录邮箱点击左侧的"收信"或者"收件箱"，就会看见别人发过来的邮件。选择想看得邮件后单击，就会看见邮件的内容。如果有附件，可以单击附件之后就进入下载页面。

图 1-4-1　电子邮件

## 相关知识与技能

### 一、电子邮件的合理运用

电子邮件，又叫电子信函或电子函件。它是通过计算机网络向交往对象发出的一种无纸化电子信件，英文名为 E-mail。其收发过程与普通邮件的收发过程很相似，普通邮件是通过邮局发信和收信，电子邮件是通过"电子邮件服务器"发信和收信。凡是运用 E-mail 这种形式，来处理公私事务、进行公关交际、传递信息资料甚至文学创作的文本，都属于电子邮件的范畴，它已逐渐成为人们一种远程通信的重要方式。电子邮件可以作为信件，又可以用附件的方式传递重要文件和信息。其长度几乎不受传统书信邮寄的时空限制。而且电子邮件的收发过程不论距离多远，一般只需几分钟，且价格便宜，所以它的使用愈来愈广泛。

#### （一）称谓得体

虽然是电子邮件，但写信的内容、格式与传统书信一样，称呼、敬语不可少。正文的第一句应写上收件人的尊姓大名，并使用得体的称呼，如"先生""小姐""夫人"或"教授""博士""医生"等。

#### （二）知礼行礼

与他人进行电子邮件往来要讲究"网德"，非礼勿行，不要发出轻狂、污秽、放肆之言，不充当"黑客"侵入别人的网站。

### （三）注意扫毒

发信前要对系统进行病毒扫描，以免不小心把病毒带给亲友。特别当使用者从其他系统接收或下载档案时，要防止病毒的扩散。

### （四）小心过滤

转寄不确定的信给他人时要小心过滤。对来历不明的信件要谨慎处理，若不确定最好删除，绝不可在 Internet 上发送不合法的信息。

### （五）尊重通信权利

转送他人信件，必须征得写信者的允许。未征得原作者的同意即将私人信件递传，是极端无教养的行为。同样，也不得擅自打开他人的电子邮件。我国《刑法》第二百五十二条规定："隐匿、毁弃或者非法开拆他人信件，侵犯公民通信自由权利，情节严重的，处一年以下有期徒刑或者拘役。"（这就是刑法中的侵犯通信自由罪。它在客观方面侵犯了他人通信自由，主观方面表现为故意。）如今，无论是传统的信件还是电子邮件，对个人而言，其传输信息的性质和意义都是相同的。未经许可，任何人无权隐匿、毁弃或开拆他人的电子邮件，这是通信自由的基本规范。

### （六）注重保密

多址同步传递时，应以秘密副件方式传递，这样接信人只会看见信的内容，而不知道其他收件人是谁。不要把私人事情存在硬盘存储空间中，不要把不愿公诸于世的事情写上电子邮件，也不要把不适合公开的任何事情发送出去或保留下来。工作时只发与工作有关的电子邮件，私人电子邮件应回家发送。

### （七）及时回复

收到要求回音的电子邮件，要及时给予答复，有来无回、石沉大海是很不礼貌的。若实在来不及作详细回复，也应先回信告诉对方已收到来信；若回复某人来信，可摘录部分来信原文，并答复对方提出的要求。每天均须查看电子邮件，发现有用的信件可以下载或移出至档案中再存入磁盘；对不需要的邮件应立刻清除；需要迅速答复的邮件及时答复，使信箱中保有的信件保持在最低限度。

### （八）注意编码系统

向国外的华人华侨发电子邮件时，必须同时用英文注明自己所使用的中文编码系统。

## 二、旅游电子商务的网络基础

现在旅游电子商务主要以三种网络为基础：一是 Internet（因特网），它为旅游企业和用户提供一条相互沟通的渠道，通过它可以实现查询、预订、产品介绍、广告、电子支付等一系列的网上交易活动；二是 Intranet（企业内部网），可以让各个管理部门之间共享重要信息与程序，增加之间的互助与合作，简化工作流程，让企业内部的运作更有效率；三是 Extranet（企业外部网），可以让企业和相关的协作商通过网络沟通，促进企业合作。

## 三、旅游电子商务的特征

### （一）聚合性

旅游产品是一个纷繁复杂，多个部分组成的结构实体。通过旅游电子商务管理平台，可将各类旅游产品迅速整合而形成完整的组合式服务。新兴的旅游网络公司已成为旅游行业的多面手，旅游网站把众多的旅游供应商、旅游中介、旅游者、旅游产品整合在一起，使景区、旅行社、旅游饭店及旅游相关行业通过网站运行，使原来市场分散的利润点集中起来，提高资源的利用效率，扩大旅游市场的规模。

### （二）虚拟体验性

大部分旅游产品具有无形性，旅游者在购买这一产品之前，无法亲自直接了解，只能通过介绍来体会。旅游网站给旅游者提供了大量的旅游信息、虚拟旅游产品及"身临其境"的体验，从而培养了潜在的客户群。因此，旅游网站使无形的旅游产品在虚拟世界中"有形化"，为潜在的客户群向现实的客户群转化提供了可能性。

### （三）服务性

旅游业是典型的服务性行业，旅游电子商务也以服务为本。据 CNNIC 报告，用户选择网络服务商（ISP）最主要的因素：第一位是连线速度（占 43%）；第二位就是服务质量（占24%）。用户认为一个成功网站须具备的最主要的因素：第一位就是信息量大，更新及时，有吸引人的服务（占 63.35%）。因此，旅游网站希望具有较高的访问量，能够产生大量的交易，必须能提供在线交易的平台，提供不同特色、多角度、多侧面、多种类、高质量的服务来吸引各种不同类型的消费者。

## 四、旅游网站的概念

旅游网站指的就是基于 Intranet 与 Extranet 并且拥有自己的域名，由若干个相关的网页组成的网页组，在服务器上存储一系列旅游信息的 Web 站点。旅游网是旅游组织向公众展示旅游信息的平台，有官方旅游网站，也有私人旅游网站。官方网站侧重政务，私人网站侧重旅游市场及宣传，向广大旅游朋友提供旅游相关信息、产品信息等。

## 五、旅游网站的类别

中国的旅游网在 1996 年开始出现。旅游是大众趋势，互联网已经成为最大的传媒之一，因此旅游网发展速度非常快，每年都有成千上万家旅游网站出现。按照不同的侧重点可以分为以下四种类型：

### （一）电子商务类

电子商务类指携程网、艺龙网、芒果网等网站，主要特点是酒店＋机票预订；去哪儿网、酷讯网等，主要特点是旅游搜索＋预定。驴妈妈网，以门票起家，现在也做线路；还有途牛网，网上旅行社。传统旅行社线路业务正逐渐网络化。图 1-4-2 所示为携程网的主页。

图 1-4-2　携程网

## （二）旅游社区类

旅游社区类指旅人网、穷游网、蚂蜂窝网等网站，主要是攻略、游记分享，驴友聚集地。旅人网以前叫绿人网，据其 CEO 梁宁说，这名字一直有误导，很多人觉得奇怪都写为"旅人"，最后索性改为旅人网。穷游网，顾名思义，主要是低价机票和酒店的信息分享，有达人经常晒 0 元机票 0 元酒店。图 1-4-3 所示为蚂蜂窝网主页。

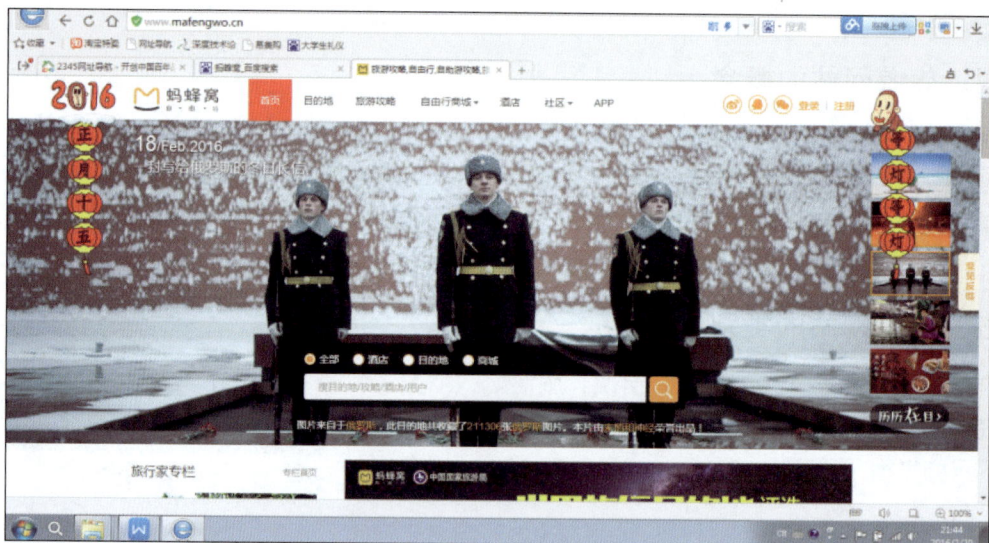

图 1-4-3　蚂蜂窝网

## （三）旅游资讯类

旅游资讯类指乐趣网、新浪旅游网、搜狐旅游网、网易旅游网，以及其他一些门户网站的旅游频道，是旅游相关资讯的汇总，可以看到旅游业类的一些动态。图 1-4-4 所示为新浪旅游网。

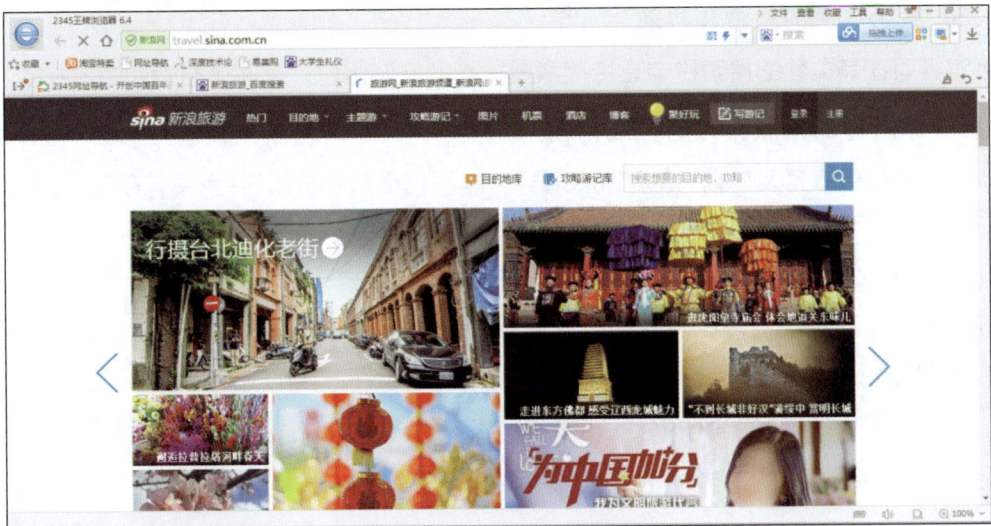

图 1-4-4　新浪旅游网

### （四）旅游机构网站类

旅游机构网站类指国家旅游局网、亚航网等一些旅游相关机构的网站。也有一些旅游方面的专业、及时的信息。比如，亚航网，经常有东南亚一带的机票大促销。图 1-4-5 所示国家旅游局网主页。

图 1-4-5　国家旅游局网

## 六、旅游网站的服务功能

### （一）旅游信息的汇集、传播

这些信息内容一般都涉及景点、饭店、交通旅游线路等方面的介绍，还包括旅游常识、旅游注意事项、旅游新闻、货币兑换、旅游目的地天气、环境、人文等信息，以及旅游观后感等。

## （二）旅游信息的检索和导航

旅游者可在其页面的搜索栏中直接搜索要找到的旅游信息，或在信息索引中查找。

## （三）旅游产品（服务）的在线销售

旅游网站提供旅游及其相关的产品（服务）的各种优惠与折扣，并且具有航空、饭店、游船、汽车租赁服务的检索和预订等服务功能。

## （四）个性化定制服务

从网上订车票、预订酒店、查阅电子地图到完全依靠网站的指导在陌生的环境中观光、购物。这种以自订行程、自助价格为主要特征的网络旅游在不久的将来会成为国人旅游的主导方式。那么能否提供个性化定制服务已成为旅游网站，特别是在线预订服务网站必备的功能。

## 七、旅游商务网站的预订流程

目前，旅游企业开展电子商务网站所使用的有企业自建的网站、专业旅游网站和综合性网站等。这些旅游网站大部分能实现网络的预订功能，大多数的旅游预订网站基本上都按照以下流程进行操作：

选择产品→在线预订→支付订金→生成电子合同→支付余款→发布出团通知书→出行

## 八、网上促销的方式

旅游咨询者通过上网可以接收旅行社发出的信息，而且可以通过聊天室、电子广告牌等提出自己的问题，以征得旅行社的解答；也可和其他旅游者交流旅游体会和经验，这样对旅游者所产生的促销效果会更好。旅行社的网上促销要建立一个有效率的交互系统，它应该是动态的，不断充实的，以满足不断变化的市场需求，介绍不断丰富的旅游产品，随时给用户提供最新的、实用的信息。另外，旅行社印发的宣传资料和小册子也要提醒旅游者登录该旅行社在网上的网址。两种促销方式应相辅相成，以便吸引更多的旅游客源，真正起到促销的作用。

## 九、解决旅游咨询者对线路或者产品等价格提出异议的方法

提出异议并不表明旅游咨询者不会购买。要知道挑剔的顾客都是好顾客，因为他想购买您的产品。因此，门市服务人员就要正确处理旅游咨询者的异议，消除他们的疑虑，最终促使旅游咨询者下定决心购买。

### （一）事前认真、充分准备

旅游咨询者有异议是正常的，要注意记录、归类、讨论、总结这些异议，最好门市能有统一的口径，按照标准、规范的答案回答、解释。

### （二）对"但是"处理法

顾客永远是对的，这是必须遵守的规则。

## （三）同意和补偿处理法

如果旅游咨询者的意见是正确的，门市服务人员首先要赞美这个智慧的意见，肯定产品或者线路的问题，然后利用产品或者线路的优点来补偿和抵消这些问题或者不足。

## （四）利用处理法

将旅游咨询者的异议变成他们购买的理由。比如，成都—九寨沟—黄龙双飞 5 日游比较辛苦；可以回答："是的，您是对的，您和我们一样，都很专业。从成都到九寨沟要 460 多公里，有些路程；正因为这样，您才可能有机会欣赏沿途美丽的自然风光、好山好水啊！旅途也是旅游重要的组成部分啊！有很多趣味的经历和体验，非常精彩。同时，成都—九寨沟—黄龙双飞比四飞经济很多，成都到九寨沟的飞机机票是全价，半点折扣都不打；而且受天气影响不一定能确保航班。"

## （五）询问处理法

对旅游咨询者的异议进行反问或者质问的方法答复旅游咨询者异议。

在处理旅游咨询者异议时，一定要再次提醒门市服务人员记住："顾客永远是对的。"我们是要把旅游产品或者旅游线路卖给顾客，而不是为了与顾客进行辩论，分出胜负输赢。与旅游咨询者争论之时，就是推销失败的开始。

### 技能训练

（1）请学生通过自己拟定一个旅游信息的回复，练习电子邮件的撰写。

（2）撰写完电子邮件后，练习电子邮件的发送和接收。

（3）练习网上预订的流程。

训练方法：情境模拟法，角色扮演法。

（1）小组讨论，设计一个情境。

（2）每组派代表表演。可由一名同学扮演接待人员，一名同学扮演客人。

（3）学生轮流表演，并互换角色。

训练要求：

（1）熟练计算机操作。

（2）预订流程完整、准确。

### 完成任务

（一）小组练习

将班上学生分成小组，各小组选一位组长带领组员，设计情境，完成网络咨询的任务。

（二）小组评价

（1）网络咨询服务分哪几个步骤。

（2）旅游商务网站的预订流程。

（3）电子邮件的合理运用。

（三）综合评价

综合评价包括小组之间的互评和老师对各小组工作的系统评价。主要评价项目如表1-4-1

所示。

表 1-4-1　能力评价表

| 内　容 | | 评价项目 | 评　价 | |
|---|---|---|---|---|
| 学习目标 | | 评价项目 | 小组评价 | 教师评价 |
| 知识 | 应知应会 | （1）网络咨询的步骤 | Yes/No | Yes/No |
| | | （2）电子邮件的合理运用 | Yes/No | Yes/No |
| 专业能力 | （1）应对网络咨询的能力<br>（2）旅游网预定能力<br>（3）电子邮件的撰写与操作能力 | （1）网络咨询服务 | Yes/No | Yes/No |
| | | （2）旅游网站的预订流程 | Yes/No | Yes/No |
| | | （3）电子邮件的撰写 | Yes/No | Yes/No |
| 通用能力 | 沟通能力 | | Yes/No | Yes/No |
| | 团队协作能力 | | Yes/No | Yes/No |
| | 组织能力 | | Yes/No | Yes/No |
| | 解决问题能力 | | Yes/No | Yes/No |
| | 自我管理能力 | | Yes/No | Yes/No |
| | 创新能力 | | Yes/No | Yes/No |
| 态度 | 敬业爱岗 | | Yes/No | Yes/No |
| | 态度认真 | | | |
| 个人努力方向与建议 | | | | |

### 思考与练习

（1）模拟练习网络咨询的方法。

（2）旅游网站的类型及服务功能有哪些？

（3）简述旅游商务网站的预订流程。

（4）试述解决旅游咨询者对线路或者产品等价格异议的方法。

（5）利用课余时间练习电子邮件的撰写。

# 单元二 推介产品

　　一般来说，旅游者有了出游动机才会光顾旅行社门市，但又拿不定主意参加哪家旅行社组织的旅游活动。这就要求门市接待人员应该掌握相应的推介技巧，能够不失时机地向旅游者介绍本社旅游产品，能够根据旅游者的需求，为其设计、组合旅游产品。当旅游者流露出想购买某种旅游产品的想法时，要积极引导其做出购买的决定，并竭力促成旅游者的购买行为。如果旅游者不能马上确定购买，也应表示欢迎再次光临，并做好事后整理归档工作。

学习目标
- 能够推介团队旅游产品
- 能够推介散客旅游产品
- 掌握旅游产品的促销方法

## 任务一　推介团体旅游产品

　　团体旅游产品是指由 10 名以上的旅游者组成的包价旅游产品。参加旅游团的旅游者采取一次性预付旅费的方式，将各种相关旅游服务全部委托一家旅行社办理。由于团队旅游人数较多，人员成分复杂，个体需求多样化，所以在推介时要多征求客人的意见，以满足更多人的需求。

### 任务描述

　　三八妇女节就要到了，某公司要分批组织女职员到外地观光旅游，要求门市工作人员帮助推荐一个适合的旅游线路。这个任务落到了门市接待员小张的身上，于是她积极与该公司联系，经过咨询，明确了旅游动机，并根据该公司的具体情况，合理地安排了旅游线路。

### 任务分析

　　观光旅游团主要是以观赏景致风光及文物古迹为土，他们的活动有计划、有安排、有组织。这类旅游者要求玩好、住好、吃好，对自然风光、名胜古迹最感兴趣，对服务质量要求严格。而且由于她们都是女士，一般手头宽裕，喜欢谈论商品，热衷购物，要求购买旅游纪念品。她们依赖性强，行动比较拖沓。

　　首先通过询问要知道单位安排的这次旅游是出境游还是国内游、旅游天数、费用标准等基本情况，然后明确旅游动机，推荐合适的旅游线路，最后根据该公司的具体情况，重新编制旅行日程表并计算每人涉及的费用。由于该公司安排的是女士旅游，所以在安排宾馆、饮食、交通等方面要舒适、安全，多提供尽可能的帮助。活动安排要多征求她们的意见和建议，内容要丰富、紧凑，购物时间要充分。

　　对于团队旅游，在推介方面通常要按以下五个步骤进行：

谈话询问，倾听需求→预测游客动机→提出方案，展示线路→修订产品，编制旅行日程表→核定产品价格，确认购买

### 一、谈话询问，倾听需求

　　小张通过与该公司负责人询问，明确了该公司想安排女员工观光度假的想法，主要选择的是国内游，时间在一周左右，每个人的费用在 1 500 元以下。

　　在谈话询问过程中，小张耐心倾听，并不时地给予点头及语言反馈，如图 2-1-1 所示。

　　小技巧：

　　倾听的语言反馈技巧，一般有四种：①要求补充，以求详细；②反问证实，加强肯定；

③表示同感，缩短距离；④复述对方内容，以示重视。

## 二、预测游客动机

通过询问，明确了该公司的旅游动机是旅游观光及修养身心。依据这个动机，可推荐她们去风景优美的大森林、自然公园、大瀑布、名山大川、海滩及名胜古迹等旅游景点，使她们释放压力，放松心情，增进健康，如图 2-1-2 所示。

图 2-1-1　谈话询问

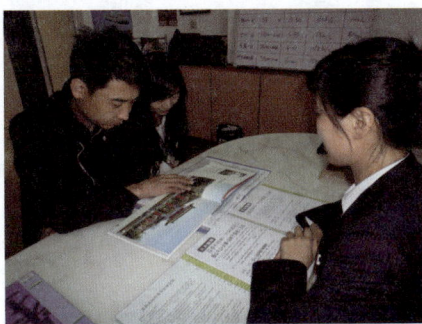

图 2-1-2　预测游客动机

## 三、提出方案，展示线路

了解了该公司的旅游动机，小张给客人拿出了相应的旅游线路，让其了解详细的旅游资讯，如图 2-1-3 所示。

图 2-1-3　展示线路

根据公司的要求，可以推介国内旅游线路——"山水圣人七日游"

山水圣人、金色海滨七日游

D1 济南接团，游大明湖、突泉、泉城广场，乘汽车赴曲阜　　　　　　　　住曲阜

D2 游孔庙、孔府、孔林、六艺城，下午乘汽车赴泰安　　　　　　　　　　住泰安

D3 游览五岳独尊——泰山，岱庙　　　　　　　　　　　　　　　　　　　住泰安

D4 早餐后乘汽车赴蓬莱，参观人间仙境——蓬莱、八仙渡海口　　　　　　住蓬莱

D5 乘汽车赴威海，游览刘公岛、中国甲午战争博物馆、韩国服装城　　　　住威海

D6 乘车赴青岛，游览崂山太清宫、龙潭瀑、石老人　　　　　　　　　　　住青岛

D7 游栈桥、小鱼山、八大观、海水渔场，送团

## 四、修订产品，编制旅行日程表

当我们根据客人的要求推出旅游线路时，客人也可能对现成的路线有一些意见和具体要求，所以我们要对产品做出必要的修订，并编制旅行日程表，如表 2-1-1 所示。

表 2-1-1　旅行社旅行日程表

国（地）别＿＿＿＿＿＿　　　　　　顺序号＿＿＿＿＿＿＿＿＿

旅游者（团）名称＿＿＿＿＿＿　　　旅行者人数＿＿＿＿＿陪同人数＿＿＿＿＿

固定线路编号＿＿＿＿＿　　　　　　综合服务费标准：每人每天＿＿＿元（减免＿＿＿＿＿）

| 天　数 | 日　期 | 星　期 | 车次航班及其他 | 离　开 | | 抵　达 | | 城市间交通费 | 备　注 |
|---|---|---|---|---|---|---|---|---|---|
| | | | | 时间 | 城市 | 时间 | 城市 | | |
| 1 | 月　日 | | | | | | | | |
| 2 | 月　日 | | | | | | | | |
| 3 | 月　日 | | | | | | | | |
| 4 | 月　日 | | | | | | | | |
| 5 | 月　日 | | | | | | | | |
| 6 | 月　日 | | | | | | | | |
| 7 | 月　日 | | | | | | | | |
| 8 | 月　日 | | | | | | | | |
| 9 | 月　日 | | | | | | | | |

填表人：　　　　　　综合平衡：　　　　　　财务核算：

负责人：　　　　　　负责人：

## 五、核定产品价格，确认购买

团体包价的费用是由综合服务费、房费、餐费、城市间交通费及专项附加费等组成。

### （一）综合服务费

综合服务费由市内交通费、杂费和接待旅行社手续费、组团旅行社手续费等构成。综合服务费可以划分为标准等、豪华等和经济等三种类型。

### （二）房费

根据旅游者的要求，旅行社可代订各种档次的饭店客房，并按旅行社与饭店签订的协议价格收费。

## （三）餐费

根据一定的标准安排一日三餐费用，包括饮料。

## （四）城市间交通费

包括飞机、火车、轮船（内河、海运）、部分线路的汽车客票价格，以及机场建设费。

## （五）门票费

各旅游景点的门票价格，由其所隶属部门制定，国家物价部门核准。

## （六）专项附加费

包括汽车超公里费、江（河、湖）游览费、专业活动费和文娱活动费等。

根据上面的各种费用，旅游线路"山水圣人七日游"的报价应该是：

（1）餐费：35x 7 ＝ 245（元）。

（2）房费：80 X6 ＝ 480（元）。

（3）车费：240（元）。

（4）门票：395（元）。

（5）泰山盘山车：31（元）（往返）。

（6）导游服务费：25（元）。

合计：1 416 元 / 人。

备注：

（1）10 人以上成团。

（2）报价含全程餐费、三星级酒店标准间房费、空调旅游车、景点第一道大门票、泰山盘山车、全程优秀导游、旅行社责任保险。

（3）以上线路不含泰山索道费（上行、下行各 45 元）、不含旅游人身意外保险。

（4）结算方式：一团一清。发团前三天请将团费汇出并将汇款单传真我社，以便做好接待工作。

在明确了旅游线路及价格后，客人有可能还要回公司进一步确认。当客人表示欲离开时，门市工作人员要起身相送，握手与客人告别，并进一步表示合作的诚意，如图 2-1-4 所示。

图 2-1-4　握手告别

## 相关知识与技能

### 一、旅游者类型与旅游行为

#### （一）根据对旅游内容的选择进行分类

旅游有各种不同的活动内容，主要有休息疗养、体育健身、观光游览、文化旅游、娱乐旅游等。根据对旅游内容的不同选择，旅游者可以分为以下几种类型：

## 1. 休息疗养型旅游者

这种类型的旅游者，多是比较注意自己身体保健的人，他们之中多数人具有内倾的个性特征。这类旅游者对外部活动不是太关心，对自己的健康比较重视。因此，会比较多地选择具有保健作用的旅游活动和旅游目的地。比如，选择一些环境安静、气候适宜的海滨度假和温泉疗养地，选择轻松、愉快的旅游活动。他们对旅游中的安全因素有比较多的考虑，比如对人身安全、饮食安全、住宿的卫生条件等，均有比较高的要求。这种类型的旅游者经常会选择自己比较熟悉的旅游目的地景区作为游览的首选，如图 2-1-5 所示。

图 2-1-5　休息疗养型旅游者及景区

## 2. 娱乐型旅游者

这类旅游者多是那些具有活泼好动、外向等个性特点的人。他们以娱乐为主要目的，多以观光游览为基础，注重各种娱乐性的旅游活动内容。他们虽然对观赏自然风光、名胜古迹和了解民情风俗有兴趣，但却不喜欢单纯的观赏活动，而是希望活动内容和活动节奏有变化，希望参加各种娱乐性活动。比如，参加游乐场的活动、观看文艺演出和体育表演，对狩猎活动也会表现出极大的兴趣，如图 2-1-6 所示。

图 2-1-6　娱乐型旅游者及景区

## 3. 体育健身型旅游者

这是一些具有活泼好动、意志坚强、精力充沛等个性特征的旅游者。他们对登山、游泳、冲浪、滑雪等体育活动具有较高的积极性，希望在旅游中能发挥自己精力充沛的优势，锻炼和增强自己的意志，并达到锻炼和增进身体健康的目的，如图 2-1-7 所示。我国近年来举行的泰山登山比赛、攀登珠穆朗玛峰、长途汽车拉力赛、北戴河海滩国际排球比赛等活动，比较适合这类旅游者的特点。

图 2-1-7 体育健身型旅游者及景区

4．观光型旅游者

具有情绪特征和理智特征的人多数为这一类型的旅游者。他们旅游观光的内容相当广泛，秀丽的风光、稀有的动植物、奇异的山水等自然现象，人类的历史古迹、不同地区不同民族的风土民情，都是观光旅游的内容，如图 2-1-8 所示。凡是没有为他们观赏和见识过的事物，都可能成为他们观光旅游的目标。比如，有的人从未见过大海，那么他就会首先选择到海滨旅游；有的人未见过冰雪，他会选择冰雪风光秀丽的地方去旅游。由于观光旅游既有知识的内容，又有审美的成分，且含有娱乐的性质，因此，观光旅游者在各类旅游者中占有相当大的比例。

图 2-1-8 观光型旅游者及景区

5．求知型旅游者

求知型的旅游者多是理智型特征比较强，同时具有意志性特征的人。这类旅游者对各种新鲜奇异的自然现象，不同民族的文化、历史、现代生活方式和生活特点都比较感兴趣，他们参加旅游活动也多有考察研究的成分，如图 2-1-9 所示。其中，有些人对旅途中的交通、食宿条件等有较高的要求（如某些有一定研究成就和一定社会地位的学者或专家），多数人对旅途条件不太讲究（如青年或学生），当必须付出一定的艰辛才能达到目的时，他们也都会不辞辛苦，直到顺利完成旅游活动项目。随着社会经济和文化发展对人的个性心理素质的影响，这类旅游者有较快增长的趋势。

图 2-1-9 求知型旅游者及景区

6. 探险猎奇型旅游者

这类旅游者主要是一些个性明显外向，意志特征和理智特征较强的人。他们关心外部世界，喜欢新奇，同时又有较强的意志力，因而对探险猎奇的旅游活动比较倾心。稀奇古怪的旅游地、人迹罕至的旅游地、有异国情调的旅游活动、仿古旅游活动、探险旅游活动等，均在他们的选择之列，如图 2-1-10 所示。

图 2-1-10 探险猎奇型旅游者及景区

## （二）根据旅游距离分类

1. 近距离旅游者

这类旅游者多是个性较内向的人。他们由于个性内向，对生疏的环境有比较大的不安全感，喜欢在熟悉的环境中从事旅游活动。近距离的旅游点，在生活习惯、文化传统等方面与他们的生活环境、习惯、文化传统没有多大差别，因而比较能够适应。

2. 远距离的国内旅游者

这类旅游者多是活泼好动、对新环境有一定的适应能力、较外向的人。他们比较喜欢接触新鲜事物，远离家居进行远距离的国内旅游可以满足他们的这种心理。

3. 出国旅游者

有的人有较强的好奇心理，出国旅游是他们向往的活动。出国旅游者一般个性较外向，理智特征和意志特征都比较强，有较强的适应能力，兴趣比较广泛，对异国他乡比较闻名的自然风光、历史古迹、文化艺术、生活方式、风俗和传统都有比较大的兴趣。他们之中有些人也会有比较强的象征性心理，通过出国旅游希望改善自己在人们心目中的地位和形象。

## （三）根据生活方式进行分类

生活方式是指社会生活的形式，其数量特征表现为生活水平，包括人们的收入水平、消费水平、社会福利状况等。其质量特征表现为人际关系、生活习惯、价值取向、行为规范、社会态度，以及利用闲暇时间的方式等。根据旅游者的生活方式与旅游行为之间的关系，大致可以做三种类型的典型概括。

1. 喜欢安静生活的旅游者

这种类型的旅游者属于内倾型旅游者，他们重视家庭，关心孩子，维护传统，渴望井然有序的生活。他们重视清洁和健身，希望旅游活动能够充分休息、娱乐而且安全。一般情况下，他们乐于选择安宁幽静的旅游目的地，喜欢清新的空气、明媚的阳光、野营、狩猎、钓鱼，以及其他户外的活动，如图 2-1-11 所示。那些户外活动条件较好的适宜于全家度假的幽静的湖滨、海岛、山庄等旅游景区对这类旅游者的吸引力非常大。针对这类旅游者，在旅游区开发建设、服务方式和宣传促销时，应注意用幽静的户外活动，可以全家一起度假，有利于孩子的教育，能充分休息和健身等，去吸引他们做出旅游决策。

2．活跃开放的旅游者

这种类型的旅游者属于外倾型旅游者，他们外向、活跃、自信，乐于主动和他人交往，影响别人的心理和行为，总是希望能以某种方式更多地介入社会生活，从而改变或影响他们所生活的社会。他们敢于尝试新的事物，对任何新鲜的经历都有很大的兴趣，喜欢遥远陌生的旅游目的地，最好能周游世界，如图 2-1-12 所示。他们认为假期不能只是休息、疗养，而应该摆脱刻板单调的日常生活，去从事全新的活动，体验更加丰富多彩的人生经验。这类旅游者通常有较高的经济收入和文化水平，良好的职业和一定的冒险精神。这类旅游者往往被不同国家、不同文化背景的美术馆、博物馆、音乐会、传统戏剧和民俗风情所吸引，喜欢乘坐飞机、租赁汽车，乐于参加秋冬季节的旅游活动。针对这种类型的旅游者，旅游商品和宣传都必须围绕一个"新"字做文章。

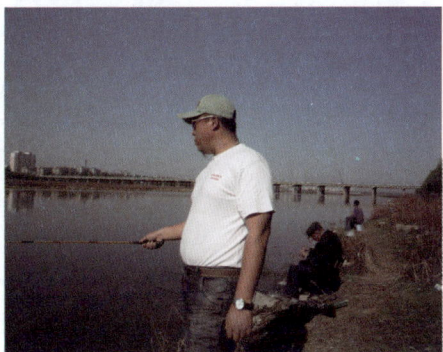

图 2-1-11　垂钓者及景区

图 2-1-12　开放的旅游者及景区

内倾型与外倾型旅游者的人格特征归纳如表 2-1-2 所示。

表 2-1-2　内倾型与外倾型旅游者的人格特征

| 内倾型人格 | 外倾型人格 |
| --- | --- |
| 选择熟悉的旅游目的地<br>喜欢旅游目的地一般活动<br>选择晒日光浴和游乐场所，包括相当程度无拘无束的休息<br>低活动量<br>喜欢驱车前往的旅游点<br>喜欢正规的旅游设施，例如设备齐全的旅馆、家庭式的饭店和旅游商店<br>喜欢家庭的气氛，如出售汉堡包的小摊，熟悉的娱乐活动<br>不喜欢外国的气氛，要准备好齐全的旅行袋<br>全部日程都要事先安排妥帖 | 选择非旅游地区<br>喜欢获得新鲜经历和享受新的喜悦<br>喜欢新奇的不寻常的旅游场所<br>高活动量<br>喜欢乘飞机去旅游目的地<br>旅途只要有一般或较好的旅馆和伙食，不一定要现代化的<br>大型旅馆，不喜欢专吸引旅游者的商店<br>愿意接触他们不熟悉的文化或外国居民，旅游的安排只包括最基本的项目（交通工具和饭店）<br>留有较大的余地和灵活性 |

**3．喜欢历史的旅游者**

喜欢历史的旅游者的旅游动机之一就是登临古迹，缅怀过去。历史人物遗迹，古代文化旧址和历史事件的遗址等对这类旅游者有很大的吸引力，如图 2－1－13 所示。西安之所以成为游客云集的旅游区，就在于它和中华民族的历史有千丝万缕的联系，"看两千年历史去西安"就是旅游者对西安的评价和兴趣所在。这种类型的旅游者降低了对休息娱乐的需要，把假期变成了一堂历史课。此外，这类旅游者重视旅游活动的教育作用和他们对孩子和家庭的强烈责任感有关系。他们认为假期应该是为孩子安排的，能全家一起度假是家庭的幸福。要想吸引这一类旅游者，在宣传上应该突出旅游能提供受教育、长知识的机会，并强调全家能在一起旅游度假。

图 2－1－13　山东曲阜陋巷井

**（四）根据对旅游组织方式的选择进行分类**

不同个性的人对不同的旅游方式有不同的适应性，因此根据旅游方式的选择倾向也能表现出旅游者不同的个性特点。根据对旅游组织方式的选择，可以对旅游者作如下分类：

**1．团体型**

有一些人在旅游时乐意选择团体旅游，他们或者选择自己平时所属团体组织的集体旅游，或者选择由旅行社组织的，有预定计划和陪同的包价团体旅游。这种类型的旅游者大多是个性比较内向，反应比较慢，适应能力比较差的人，团体旅游可以降低不安全感。出国旅游者为了减少旅途的麻烦，也会较多地选择团队旅游。

**2．自主团体型**

这类旅游者也参加团体旅游，但不希望旅行社对他的旅游活动做出具体安排。也就是现在较为流行的自助游旅游者，他们要求旅行社只安排最基本的项目，如安排旅途的交通和旅馆住宿，到了每个旅游地如何进行活动则完全由自己做主和安排，或者可以由旅行社对重要的、大众化的旅游活动做出安排，其他旅游活动则留给自己安排，以便自己能够有较大的自主性。这种旅游者多是性格外向的人，他们有一定的适应能力和独立思考能力，并具有主动型的个性特征。

**3．自主型**

这种类型的旅游者喜欢不受约束地支配自己的旅游时间，安排自己的旅游活动，因此，不喜欢参加有组织的团体旅游，是属于真正酷爱旅游的发烧友，也就是那些常常在网络上发表旅游感想的背包一族。他们也可以与其他少数人自由结合共同旅游，但必须以双方有共同的旅游兴趣、相投的个性和友谊为基础。他们乐于独立自主地安排自己的旅游活动，喜欢与旅游地的人来往。他们之中有的人事先并没有明确的旅游目标和固定不变的旅游日程表，而只有大体的旅游线路，旅游中多是游一程算一程，走到哪里算哪里，甚至可以在心爱的旅游景点住上一阵。总的目的是追新猎奇，及时选择旅游活动内容。他们有时也会在旅游目的地从事一些有报酬的活动，以补充继续旅游的资费。这类旅游者多是那些个性明显外向、兴趣广泛、追新猎奇、独立性和适应能力较强的人，它们中的许多人都会对云南的大理、丽江、西藏、新疆等地方情有独钟。

## 二、各国学者对旅游动机的分类

旅游动机是一种较为复杂的心理现象，因此对旅游动机的划分很难穷尽。不同的学者从不同的角度对旅游动机进行分类，结果各不相同。以下是各国学者对旅游动机的分类。

### （一）英国学者的分类

麦金托什提出旅游动机可划分为四种类型：

（1）生理因素诱发的旅游动机——恢复体力和放松身体。

（2）文化因素诱发的旅游动机——获得知识、增长见识。

（3）地位和声望因素诱发的旅游动机——想要被人承认、受人赏识、引人注意、具有良好声望等。

（4）人际因素诱发的旅游动机——结识新朋友、探亲访友、避开日常事物或家庭和邻居等。

奥德曼将旅游动机划分为八种类型：

（1）健康动机——使身心得到调整保养。

（2）好奇动机——对自然界和人文景观的好奇心。

（3）体育动机——参与或观看某些体育活动或比赛。

（4）探亲访友——寻根问祖或归还故里。

（5）公务动机——外出考察、经商、办事。

（6）寻求乐趣——为了游玩、娱乐。

（7）精神寄托或宗教信仰——朝圣或参加宗教活动。

（8）自我尊重——受邀请或寻访名胜。

### （二）日本学者的分类

田中喜一认为旅游动机可分为四类：

（1）心理动机——思乡、交友、信仰。

（2）精神动机——对知识、见闻、快乐的需求。

（3）身体动机——治疗、修养、运动。

（4）经济动机——购物或经商。

今井省吾将旅游动机分为三类：

（1）消除记忆紧张的动机——接触自然、解脱身心。

（2）夸大自己成绩的动机——对未来的向往、接触自然。

（3）学会存在的动机——朋友之间友好往来、家庭团聚、了解常识。

### （三）澳大利亚学者的分类

波乃克将旅游动机划分为六种：

（1）修养动机——到异地疗养等。

（2）文化动机——修行、旅行或参加宗教活动等。

（3）体育动机——观摩比赛、参加运动会等。

（4）社会动机——蜜月旅行、探亲旅行等。

（5）政治动机——政治性庆典活动的观瞻等。

（6）经济动机——参加订货会、展销会等。

## 三、细分市场下的特殊旅游动机

（1）不同性别旅游者购买心理差异分析，如表 2-1-3 所示。

表 2-1-3　不同性别旅游者购买心理

| 顾 客 类 型 | 购买心理特征 |
|---|---|
| 男性旅游者 | 咨询动机常具有被动性<br>常为有目的地购买和理智性购买<br>选择产品以质量性能为主，不太考虑价格<br>比较自信，不喜欢门市服务人员喋喋不休地介绍<br>希望迅速完成交易 |
| 女性旅游者 | 购买动机具有主动性和灵活性<br>购买心理不稳定，易受外界因素影响<br>购买行为受情绪影响较大<br>比较愿意接受门市服务人员的建议<br>选择产品比较注重质量和价格<br>挑选产品十分细致 |

（2）不同年龄旅游者购买心理差异分析，如表 2-1-4 所示。

表 2-1-4　不同年龄旅游者购买心理

| 顾 客 类 型 | 购买心理特征 |
|---|---|
| 老年顾客 | 喜欢熟悉的线路，对新线路常持怀疑态度<br>购买心理稳定，不易受广告宣传影响<br>希望购买舒适的产品<br>对门市服务人员的态度反应敏感<br>对健康类产品（包括新产品）感兴趣 |
| 中年顾客 | 多属于理智型购买，比较自信，讲究经济<br>喜欢购买已被证明有意义、有价值的新产品<br>对能够改善心情、放松类的产品感兴趣 |
| 青年顾客 | 对旅游时尚反应敏感，喜欢询问新颖的产品<br>购买行为具有明显的冲动性<br>购买动机易受外部因素影响，购买能力强，不太考虑价格因素<br>是时尚、锻炼、浪漫、幻想、体验新文化、学习新技能、结交新朋友等<br>产品的第一批光顾者 |

（3）不同收入旅游者购买心理差异分析，如表 2-1-5 所示。

表 2-1-5　不同收入旅游者购买心理

| 顾 客 类 型 | 购买心理特征 |
| --- | --- |
| 高收入者 | 希望旅游充满知识性，可以使身心愉悦、精神满足<br>更看重旅游产品的质量<br>要求旅游交通快捷（愿意多花钱来省时间）、舒适、安全<br>对旅游酒店的星级标准、地段位置、服务等比较在意<br>更乐意和与自己收入相当的人去旅游 |
| 低收入者 | 希望通过旅游逃离单调的日常生活、建立自信<br>更在意旅游产品的价格<br>愿意多花时间来省钱<br>比较愿意接受门市服务人员的建议<br>挑选产品十分慎重 |

（4）不同家庭生命周期购买心理差异分析，如表 2-1-6 所示。

表 2-1-6　不同家庭生命周期购买心理

| 家庭生命周期 | 婚姻、子女状况 | 购买心理特征 |
| --- | --- | --- |
| 单身阶段 | 年轻单身 | 几乎没有经济负担<br>时尚的带头人<br>浪漫、炫耀、体验、娱乐导向型购买 |
| 新婚阶段 | 年轻夫妻无子女 | 经济条件比较好<br>购买力强<br>对休闲、观光等产品欲望、要求强烈 |
| 满巢阶段 | 年轻夫妻<br>有 6 岁以下子女 | 家庭用品购买的高峰期<br>不满足现有的经济状况，注意储蓄，旅游多短线<br>——特别是对于女性、母亲、年轻的妈妈 |
| 满巢阶段 | 年轻夫妻<br>有 6 岁以上未成年子女 | 经济状况较好<br>购买趋向理智型<br>受广告及其他市场营销刺激的影响相对减少，注重档次较高的产品及子女的教育<br>对体验、学习等产品感兴趣 |
| 满巢阶段 | 年长的夫妇与尚未独立的成年子女同住 | 经济状况仍然较好<br>注重储蓄<br>购买冷静、理智<br>对于精神满足、身心愉悦等产品感兴趣 |
| 空巢阶段 | 年长夫妇<br>子女离家自立 | 购买力达到高峰期<br>较多购买保健型的、健康、怀旧等产品 |
| 孤独阶段 | 单身老人独居 | 收入锐减<br>特别注重情感、关注等需要及安全保障 |

（5）不同性格旅游者购买心理差异分析，如表 2-1-7 所示。

表 2-1-7　不同各旅游者购买心理

| 顾 客 类 型 | 购买心理特征 |
|---|---|
| 理智型 | 购买决定以对旅游产品的知识了解为依据<br>喜欢搜集有关旅游线路信息，独立思考，不愿别人介入<br>善于比较挑选，不急于做决定<br>购买中不动声色 |
| 冲动型 | 个性心理反应敏捷，易受外部刺激的影响<br>购买目的不明显，常常即兴购买凭直觉选购产品<br>能够迅速做出购买决定<br>喜欢购买时尚产品 |
| 情感型 | 购买行为通常受个人情绪和情感支配，没有明确购买目的<br>想象力和联想力丰富<br>购买中情绪易波动 |
| 习惯型 | 凭以往的习惯和经验购买<br>不易受广告宣传或他人影响<br>通常是有目的购买，购买过程迅速<br>对新产品反应冷淡 |
| 疑虑型 | 个性内向，行动谨慎，反应迟缓，观察细致<br>选购产品时反复挑选，费时较多<br>缺乏自信，但对门市服务人员也缺乏信任，购买时疑虑重重<br>购买中犹豫不定，事后易反悔 |
| 随意型 | 缺乏购买经验，购买中常不知所措<br>信任门市服务人员，乐意听取门市服务人员的建议，希望得到帮助<br>对产品不过多挑剔 |

## 四、报价知识

（1）团队优惠。按照惯例，各地饭店、接待社对组团社有 16 免 1 的优惠，即旅游团的人数超过 16 人时，享有减免 1 人综合服务费的优惠。

（2）儿童收费。对儿童一般采用以下收费标准：2 岁以下收 25%，3～8 岁收 50%，9～12 岁收 75%。

（3）领队费用。对于超过 16 人的海外旅游团，因为享有 16 免 1 的优惠，所以领队的费用通常是交通费＋附加费。对于 16 人以下的团队，双方旅行社协商，给予领队适当优惠，但一般优惠较少。

（4）全陪费用。由于各地宾馆、餐厅都给旅行社一定的优惠，所以接待社给组团社全陪的优惠较大。全陪的费用一般是交通费＋陪同床价格。但有一些特殊的收费项目对全陪也不减免的，如通行证的办理、特殊门票等需要提前说明。

## 五、线路报价方法及应注意的问题

### （一）报价方法

（1）综合服务费法。对海外旅行社通常采用综合服务费法。综合服务费是旅行社盈利的主要部分，此外各地房差和交通优惠都是利润点。

（2）成本加成法。成本加成法即在成本的基础上加上利润。国内旅游和常规线路常使用这种方法，将利润拆开分摊在每一个成本费用项目中再对外报价。这种方法简单且实用。

### （二）线路报价应注意的问题

（1）及时准确。在接到顾客的询价后，门市工作人员要迅速进行线路设计和线路报价，及时准确地给顾客报价。报价要详细说明日程安排、交通工具、食宿条件、收费标准等，以便于产生好的营销效果。

（2）超前操作。对于旅行社自行设计的产品来说，为了成功地招徕游客，在营销操作时必须有超前性。比如，旅行社推出的 7～9 月份的"避暑度假旅游或围绕着 4 月潍坊国际风筝节"推出的线路，必须要提前运作，至少提前半年将线路报价推销出去，以便于各地旅行社推销、宣传，组织客源。

（3）灵活操作。在线路报价的时候，应根据不同季节、不同地区、不同客源国、不同人数进行灵活报价。比如，沿海地区，在夏季旅游旺季时报价高些，在冬季旅游淡季时报价低些，同是冬天，对于一般沿海地区是旅游淡季，但对于海南岛来说却是旅游旺季，价位自然不同；客源国由于经济发展水平不同，价格也应有所侧重，一般来说，对欧美、日本等国的报价要比对泰国、菲律宾等国的报价高；旅游人数也直接影响到价格，一般的规律是游客越多，得到的优惠越大。

（4）科学定价。价格直接影响到产品的销售，门市在定价前要慎重考虑，既不要定价太高把顾客吓跑，也不要定价太低使旅行社无利可赚。这就需要门市工作人员不仅要了解旅游线路设计的有关知识，还要了解国内外市场的情况。

## 六、询问的技巧

（1）不连续发问。

（2）产品的说明与顾客的回答相关。

（3）先询问容易回答的问题，后询问较难回答的问题。

（4）可促进顾客购买心理的询问。

（5）活用询问方法，目的是让顾客说话。

### 技能训练

### 一、询问与倾听

训练方法：情境模拟法，角色扮演法。

（1）小组讨论，设计一个情境。

（2）每组派代表表演。可由一名同学扮演接待人员，两名同学扮演客人。

（3）学生轮流表演，并互换角色。

训练要求：

（1）询问符合技巧，能够由浅入深，并通过询问明确客人的旅游动机。

（2）倾听掌握方法，注意表情，并能及时地进行语言反馈。

## 二、编制旅行日程表

每个学生自选一个旅游线路，并按要求编制旅行日程表。

## 三、团队旅游产品的报价

根据上面的旅行日程表，计算每人的消费标准。

## 完成任务

（一）小组练习

将班上学生分成小组，各小组选一位组长带领组员，根据本任务的描述另外设计一条旅游线路，并完成团体旅游产品的推介任务。

（二）小组评价

（1）团体旅游产品的推介分哪几个步骤。

（2）细分市场下的特殊旅游动机。

（3）团队旅游产品的报价。

（三）综合评价

综合评价包括小组之间的互评和老师对各小组工作的系统评价。主要评价项目如表2-1-8所示。

表2-1-8  能力评价表

| 内　　　容 | | 评　　价 | | |
|---|---|---|---|---|
| 学 习 目 标 | | 评 价 项 目 | 小组评价 | 教师评价 |
| 知识 | 应知应会 | （1）团体旅游产品推介的步骤 | Yes/No | Yes/No |
| | | （2）旅游者类型与旅游行为 | Yes/No | Yes/No |
| 专业能力 | （1）旅游动机分析能力 | （1）顾客旅游动机的分析 | Yes/No | Yes/No |
| | （2）倾听能力 | （2）门市洽谈中的倾听 | Yes/No | Yes/No |
| | （3）购买心理分析能力 | （3）细分市场下的旅游动机 | Yes/No | Yes/No |
| | （4）推介旅游线路的能力 | （4）旅游线路的推介 | Yes/No | Yes/No |
| | （5）编制旅行日程表的能力 | （5）旅行日程表的编制 | Yes/No | Yes/No |
| | （6）团队旅游产品报价能力 | （6）团队旅游产品的报价 | Yes/No | Yes/No |
| 通用能力 | 沟通能力 | | Yes/No | Yes/No |
| | 团队协作能力 | | Yes/No | Yes/No |
| | 组织能力 | | Yes/No | Yes/No |
| | 解决问题能力 | | Yes/No | Yes/No |
| | 自我管理能力 | | Yes/No | Yes/No |
| | 创新能力 | | Yes/No | Yes/No |
| 态度 | 敬业爱岗 | | Yes/No | Yes/No |
| | 态度认真 | | | |
| 个人努力方向与建议 | | | | |

## 思考与练习

（1）模拟练习团体旅游产品的推介方法。

（2）试述旅游者类型与旅游行为。

（3）试述细分市场下的特殊旅游动机。

（4）学会旅行日程表的编制。

（5）团队旅游产品的报价是怎样的？

## 任务二　推介散客旅游产品

　　散客旅游从人数上看一般在 10 人以下，以家庭和朋友结伴为多。它可以分为散客包价旅游和散客零星委托业务。散客旅游通常由旅游者自己选定旅游日程、线路，然后再由旅行社作某些安排，如机票、旅馆等。散客旅游的兴起，是旅游者消费心理需求个性化、国际旅游者旅游经验日趋丰富和信息与科技的推动等因素综合作用的结果。

云南景观

## 任务描述

　　早晨，门市服务人员小赵接待了两位散客旅游者，他们想在春节期间和家人一起去旅游，想让门市服务人员帮助选择一条旅游线路，当小赵大致问清了客人的旅游天数及标准后，为客人提供了几种旅游产品。

## 任务分析

　　这是一个散客旅游的典型事例。因散客旅游灵活、自由、可选择性强，所以很受旅游者喜爱。任务中提到是在春节期间旅游，因北方地区较冷，所以门市服务人员可以推荐去南方城市。由于散客旅游通常需求多、变化快，所以门市服务人员可多提供几条旅游线路。又由于散客旅游者的文化层次比较高，而且旅游经验一般比较丰富，他们对旅行社产品的深层内涵十分重视，所以门市接待人员要多向他们提供那些具有丰富的文化内涵和浓郁的地方与民族特色的产品，增加产品的参与性，以满足他们追求个性化和多样化的消费心理。

为散客旅游者推介旅游产品时，通常需要以下六个步骤：

观察游客，鉴貌辨色→主动商谈，掌握旅游动机→展示旅游线路，激发游客兴趣→价格解析，消除异议→促成交易，留住客人→确定购买，推介成功

## 一、观察游客，鉴貌辨色

对旅游者的鉴貌辨色，可以从其外表、言谈、行为、举止等方面入手，了解旅游者的国籍、民族及生活习惯，了解他们各种需要、情绪反应等。小赵接待的这两个人身着短袖衬衫，谈吐大方，给人一种文质彬彬的感觉，应该是文化、收入比较高的公司职员，如图 2-2-1 所示。

## 二、主动商谈，掌握旅游动机

门市工作人员在推介产品时，要掌握科学的推销方法，注意灵活运用商谈原则，以提升门市的销售业绩。在商谈中要以积极主动的心态，请求型的语气，并时掌握客人的旅游动机。在商谈中小赵了解到该客人想带着家人了解一下民族风情，体验一下异域风光，对云南比较向往，如图 2-2-2 所示。

图 2-2-1　观察游客特点

图 2-2-2　主动商谈

## 三、展示旅游线路，激发游客兴趣

经过商谈之后，了解了客人的旅游动机，这时门市服务人员小赵给客人拿出了相应的旅游线路，让其了解详细的旅游资讯。在产品说明时，抓住了产品的亮点，调动了各种手段，以激发游客兴趣。根据该游客的要求，小赵展示了下面这条旅游线路。

以下为相关宣传资料：

## 北京到云南 昆明、大理、丽江双飞双卧 6 日游 ￥2280 元起

| 出发地：北京市 北京城区 | 行程天数：6 天 | 线路类型：国内线路 |
|---|---|---|
| 发团日期：4 月日日发团 | 报名日期：发团前 5 天 | 线路主题：常规游 |

**途经景区**：昆明金殿名胜区 大理崇圣寺三塔 大理宾川鸡足山景区 丽江玉龙雪山旅游度假区

| 路南石林 | 大理崇圣寺三塔 | 丽江玉龙雪山旅游度假区 |

### 行程推荐

#### 第 1 天 >> 北京—昆明

　　航程约 3 个小时，抵达素有"春城"美誉的高原城市昆明，享受春城阳光带来的温暖，适应从平原到高原的落差，入住酒店休息。

#### 第 2 天 >> 昆明—大理

　　早餐后乘公共车前往世界喀斯特地貌的奇迹、阿诗玛的故乡——路南石林（门票 140 元，距昆明 89 km，行车 1.5 ~ 2 小时，游览 2 小时），蓝天白云下的鬼斧神工，怪石嶙峋，景区布满石峰、石柱、石笋、石芽，剑峰池、望峰亭、双鸟渡食、大石林奇观、良心石、狼心狗肺石、小石林奇景、唐僧打坐石、孙悟空调皮石、猪八戒笨蛋石、石柱群、石林湖等千姿百态，如一片苍茫森林，被誉为"天下第一奇观"。体验撒尼人风情与阿诗玛合影，七彩云南 欣赏茶艺表演，晚赠送中医云南中草药足浴放松一下疲惫身体。晚乘火车至大理。

#### 第 3 天 >> 大理—丽江

　　早餐后，零距离接触高原名著 洱海，（洱海游船 142 元，洱海保护费 30 元）洱海游船（4 小时）含洱海公园、南诏风情岛，参观著名的喜洲白族民居，品白族一苦二甜三回味的三道茶，白族歌舞表演），游览"中国一流，西部第一"的大理，天龙八部影视城就是为了拍摄 40 集电视连续剧《天龙八部》而兴建，城名由金庸先生亲笔提写，整个天龙八部影视城由三大片区组成：第一部分为大理国，包括大理街、大理皇宫、镇南王府；第二部分是辽国，包括辽城门和大小辽街；第三部分就是西夏王宫和女真部落。2002 年 5 月份动工，同年 12 月份剧组就如期进入影视城拍摄。在这里拍摄了《天龙八部》之后，又相继拍摄了《倩女幽魂》《春光灿烂猪八戒》《阿盖公主》等。蝴蝶泉公园门票 60 元，在白族人民心中，蝴蝶泉是一个象征爱情叫忠贞的泉。每年蝴蝶会，四方白族青年男女都要到这里，"丢个石头试水深"，用歌声找到自己的意中人。游览南方丝绸之路上素有"文献之邦"的大理古城，逛洋人街。

#### 第 4 天 >> 丽江—昆明 ( 楚雄 )

　　从大理乘公共车到丽江（行车 3.5 ~ 4 小时），（因行车时间比较长且云南境内路

况复杂弯道众多，为安全起见，途中一般安排 1 ~ 2 次停车休息以缓解游客及司机的疲劳行车），中途游览新华民族村，之后前往世界文化遗产大研古镇（古维费 80 元）（四方街）它是中国历史文化名城中唯一没有城墙的古城，领略令所有游客流连忘返的古城风韵，尽情荡涤疲惫杂乱的心情，感受"古道西风瘦马，小桥流水人家"的古城神秘意境，晚餐后可自费欣赏名扬世界的丽江古典民间洞经音乐——纳西古乐。

### 第 5 天 >> 昆明

早乘公共车游览民族荟萃、人神合一的东巴谷，游览有龙王庙之称的 黑龙潭，如逢日历天青，还可观赏到"雪山四万八千丈：倒映湖中的奇观。游览最适合人居住的魅力小镇束河古镇。乘公共车至大理（行车 3.5 ~ 4 小时，途中安排 1 ~ 2 次休息），晚餐后乘火车返昆明。

### 第 6 天 >> 抵达北京

航班时间允许自费参观 1999 年世界园林艺术博览会会址——世博园（3 小时）（100 元 / 人），花卉市场自由购物，体验昆明"花枝不断四时春"的感觉（1 小时），送团北京，结束愉快的旅程回到温暖的家 。

### 四、价格解析，消除异议

旅行社门市常见的顾客价格异议有：太贵了；我负担不起；手头上现金不足；价格比预期高等，针对这些异议，门市服务人员需要避免直接进入价格谈判。延缓价格的讨论，把价格谈判放到最后，从产品的价值和服务，旅行社的品牌等多方面继续包装，就可以大大刺激潜在旅游者的购买欲望，如图 2-2-3 所示。

当门市有多组旅游咨询者，而且旅游产品价格成为一组旅游咨询者与门市服务人员一时难以定夺的问题时，门市服务人员最好采取"隔离"政策，将这一组旅游者带离现场，以避免感染其他旅游者。

门市服务人员要清晰地认识到降价不是万能的，即使旅行社的产品价格再低，旅游者永远认为旅行社在赚钱；通过降低旅游产品的价格而刺激潜在旅游者购买，旅游者就会将消费愿望建立在价格上，而不是在旅行社服务和品牌上；当旅游者把消费愿望建立在价格上的时候，价格就成为了产品竞争的唯一因素，而事实是，没有人能够绝对通过价格把握所有的旅游消费者。

### 五、促成交易，留住客人

旅游咨询者在做决定的时候，往往害怕会做出错误的选择，甚至有可能在交款时表现出犹豫，希望"再考虑考虑"或者"回家与家人商量商量"。遇到此类情况，门市服务人员一定要有这样的一种意识：促成客人今天买，不要相信"考虑考虑"。当旅游咨询者还要"考虑考虑"时，门市业务人员的回答应该是："我相信您对这次旅游很慎重，但是我很想知道您所考虑的是什么，因为我怕我有解释不清楚和服务不周的地方。您考虑的是我们公司的服务还是……"门市服务人员要做一个名副其实的"旅游专家"，帮助旅游咨询者做出决定。

门市服务人员一定要明确产品数量的有限性、时间的期限性的意义。当客人知道产品的数量有限或者时间有限时，会担心"错过"，进而产生此时不买更待何时的急切心理。这时，门市人员通过语言加强促销力度，就会进一步加深客人购买的急迫感，从而有助于销售的完成，如图 2-2-4 所示。

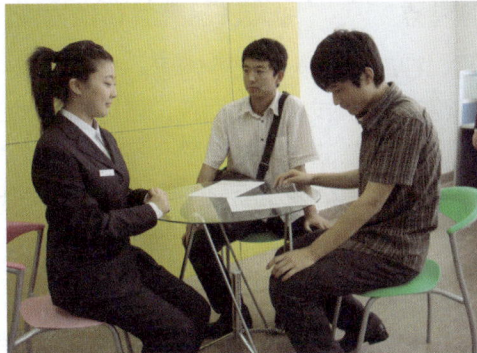

图 2-2-3 价格解析

图 2-2-4 促成交易

### 六、确定购买，推介成功

门市服务人员可以通过客人的购买信号来确定购买意图。一般在客人的语言、行动、表情等几方面可以泄露出来。客人常常不会直接说出其产生的购买欲望，而是通过不自觉地表露态度和潜在想法，情不自禁地发出一定的购买信号。当客户询问该项旅游产品的细节问题，如具体的航班、入住酒店的星级等细节问题时，实际上已经发送出购买的信号。讨价还价是最明显的购买信号之一，讨价还价的客人不一定马上就做购买的决定，但是这个明确的信号告诉门市服务人员：客户已经准备把旅行社的产品纳入他考虑的范围之内。另外询问导游服务，或在门市打电话给家人或者朋友征求意见，或者询问付款的细节，都是客人要购买旅游产品的信号，也是我们推介成功的信号，如图 2-2-5 所示。

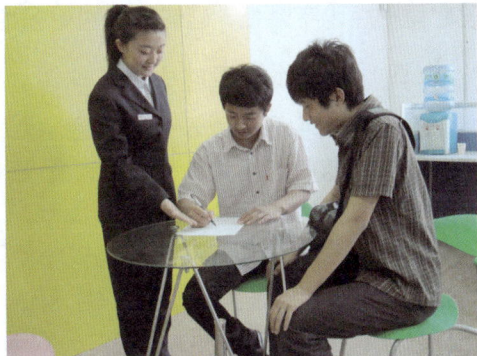

图 2-2-5 推介成功

## 相关知识与技能

### 一、对旅游者的鉴貌辨色

#### （一）观察旅游者的衣冠服饰

一个人的衣着特点是受一个人的文化修养、所生活的社会阶层、职业特点、性格特点、年龄特点和民族特点等因素影响的。有时可以通过旅游者的衣着推断他们以上各方面的情况。例如，一般文化修养比较高的学者、教授，由于长期从事脑力劳动、看书研究，多数人戴眼镜，有的还喜欢戴一副显得很斯文的"金丝眼镜"。多数人衣着款式较为保守、不追求时髦，比较喜欢深颜色的衣物。外国、港澳台同胞学者则多数喜欢西装革履，在穿戴上给人文质彬彬的感觉。一般商人及公司职员做事讲求效率，力图给人以精明能干、守信、办事认真的印象。所以，这类人衣着多数是西装笔挺、领带结得很整齐，而一般人的衣着则较随便。性格外向的女性大都喜爱新潮、时髦的衣服款式，对衣服颜色多选择对比强烈、色彩艳丽、引人注目的；而性格内向的人则喜欢素雅大方、大众化的衣服颜色和款式。性格外向的女性对各种饰物、化妆十分讲究，而性格内向的人就不太注重这些。

## （二）观察旅游者的体型、肤色、面部轮廓等特点

观察旅游者的体型、肤色等可以获得他们的国籍、种族、特殊需求等信息。

一般白种人的肤色从白到灰白不等，头发多数为波发或者直发，鼻高而狭，身材较高大，以西欧、北美等国的人为多。黑色人种皮肤黝黑，头发显波状或卷曲，鼻宽唇厚，多数女性黑人头发很短，以非洲、南美等国的人为多。黄种人肤色微黄，头发直而硬，身材中等，以亚洲等国的人居多。东南亚一带来的旅游者，尽管他们也是黄种人，但看上去他们的肤色比中国人要显得深。

## （三）观察旅游者的面部表情

人的面部表情的变化可以反映一个人的情绪状态。满意、不安、焦虑的情绪通常在面部有所反映。人的眼睛可以表达人的多种情感和需求。俗语说："眼睛是心灵的窗户。"人的眼睛所注视的事物，经常是他所感兴趣或欲求的事物。人们之间的目光接触还可以表达多种信息，如目光不怎么接触或有意避开，有时可以说明某人含羞或害怕；正在传达坏消息、诉说痛苦事情的人也可能避免目光接触。此外，目光接触有时还有威胁他人的意义，如眼睛直直地盯着某人时，表示一种威胁、恐吓。有时，人们的状态是人真实情绪的标志，如某人可能说自己心里一点也不紧张，但他比平时更多地舔嘴唇、不住地眨眼，这就表明他正处在紧张状态。

## （四）观察旅游者的手势、头势、走路姿态等表情动作

一个人的手势可以表达很多意思，一般在言语不通时人们多数喜欢用手势表达自己的意愿。平时旅游者的手势动作就可能是要求我们提供服务的表示。国外近年还有专门研究人的手势、身体姿势的"身势学"。

美国人和法国人在谈话中就较多使用手势来表达自己的意思。我们有些手势的意思和他们有所不同，如我们可以用一只手表达六至十的数字，但西方却没有这种表示法。我们用食指指鼻子表示"我"，而西方的大多数国家则用大拇指指着自己的胸膛才是表示"我"。印度、巴基斯坦、孟加拉国及东南亚的一些国家的旅游者十分注意区分左右手的使用。他们习惯使用左手上厕所，如用左手去接、递东西，则对人不尊重；而长辈对晚辈就可使用左手。他们的右手是抓食物的，用右手接、递东西是尊重对方的表示。行李员接这些客人的行李时，一定要用右手，不要用左手。如果客人行李较多时，也应先用右手接，后将行李转到左手，再伸出右手接第二件行李。

我国和多数国家的人习惯用"点头"来表示同意，以"摇头"来表示不同意。但印度、斯里兰卡、阿尔巴尼亚、保加利亚、尼泊尔、巴基斯坦等国家一些地区的旅游者，却以摇头表示同意、点头表示不同意。

人们走路的姿态可以反映一个人的性格、职业、情绪等特点。手脚麻利、步态敏捷，多数是性格外向、豪爽明快的人。政府公务员、军人的步态一般是正规的，舞蹈演员步履可能是轻盈的。一个人心中焦急时，步态一般是急促的；而忧虑时步态是缓慢的；愉快时步子是轻松的。

## （五）听旅游者的言语特点

一个人说话的内容、表达问题的方式、讲话的速度、音量的大小、使用的"行话"，以及话语中的"乡音"等，常常提供一个人的文化修养、性格、职业、身份、籍贯、情绪、需求等信息。

如果旅游者讲话用语准确、精练，注意词语的修饰，经常使用成语，即讲话文绉绉的、并言辞有礼，一般这个旅游者的文化水准较高。一个人开口说话就满嘴粗言烂语、不顾场合，

此人的文化水平就不会太高。旅游者讲话快速，像开连珠炮，多数是性格外向之人。俗语说"三句不离本行"，不少人由于对自己所从事的工作专注、熟悉，所以在交谈中很容易以本行的事情作话题。有时可以从其言谈中多次提到的专业术语，去分析了解他是从事什么职业的人士。

## 二、门市商谈的原则

### （一）用肯定型语言代替否定型语言

门市服务人员在商谈阶段，需要坚持的第一个原则是：用肯定型语言代替否定型语言，以积极主动的心态与旅游咨询者商谈。如果旅游咨询者对旅行社有顾忌，可在一定程度上打消旅游咨询者的顾虑。

### （二）用请求型语言取代命令型语言

命令型语言使旅游咨询者感觉缺乏尊重，请求型语言则可以给旅游咨询者留下美好的印象。没有人喜欢被人命令，所有人都喜欢被人尊重。

### （三）用问句表示尊重

问句表示门市服务人员把决定权交给旅游咨询者，让旅游咨询者自己来做决定。

我们来看下面一组句子：

A：明天我打电话过来，把我们新的线路详细介绍给您，好吗？

B：我们新设计了一条线路，明天我打电话给您。

可以看出A句把决策权交给了旅游咨询者，表示了对旅游咨询者更多的尊重，而B句有命令的感觉。同样的意思，不同的言语，效果也就不同。

### （四）拒绝时"对不起"和请求型语言并用

门市服务人员在与旅游咨询者商谈时，难免会拒绝客人的一些要求如降价等，怎样才能既有效地拒绝又不惹恼客人呢？研究表明，"对不起"与请求型语言并用，可以达到目的，如"对不起，真的很抱歉"等。

### （五）让顾客自己选择决定

与客人商谈的过程中，门市服务人员不要轻易下断语，应让客人自己选择、决定。假如旅游咨询者问你："应该选择哪条路线呢？"门市服务人员千万别简单地说："就这条。"可以这样说："根据您告诉我的信息，我觉得这条线路比较适合您。不过这是我个人的看法，您觉得呢？"这样，更体现了客人占主导的地位。

### （六）清楚自己的职责

门市服务人员在商谈咨询过程中，要注意遵守职业道德。实际的工作过程中，在利益等因素的驱使下，一些门市服务人员有时出于成交的需要而轻率答应旅游咨询者的所有要求。虽然当时旅游咨询者很满意，交易成功了，但是，当日后这些承诺无法兑现时，就会给旅行社带来很多麻烦，甚至会造成经济、形象的巨大损失和损坏。

### （七）多说赞美、感谢的话

在商谈中尽可能多地使用"您的审美眼光很高""您真有品位""您的见解很独到"等赞

美语，或在顾客决定购买时说"谢谢"等感谢话。若知道顾客的姓名，也可多多称呼他的名字，这是强调亲近效果的方法。

商谈原则与应对用语如表 2-2-1 所示。

表 2-2-1　商谈原则与应对用语

| 序号 | 原则与说话例句 |
|---|---|
| 1 | （1）不以否定型，而以肯定型说话<br>×× 「没有○○产品」　——————▶ 否定型<br>○ 「现在只售□□」　——————▶ 肯定型 |
| 2 | （2）不用命令型，而使用请求型<br>× 「请打电话给我」　——————▶ 命令型<br>○ 「能不能打个电话给我」　——————▶ 请求型 |
| 3 | （3）以语尾表示尊重<br>× 「您很适合」　——————▶ 前部尊重<br>○ 「很适合您，不是吗？」　——————▶ 后部尊重 |
| 4 | （4）拒绝时先说「对不起」后加请求型语句<br>× 「不能兑换」　——————▶ 直接<br>○ 「真对不起，请您到银行兑换」——————▶ 委婉 |
| 5 | （5）不断言，让顾客自己决定<br>× 「这个比较好」　——————▶ 断言<br>○ 「我想，这个可能比较好」　——————▶ 建议 |
| 6 | （6）在自己的责任领域内说话<br>× 「您确实是这样说的」　——————▶ 强调顾客的责任<br>○ 「是我的确认不够」　——————▶ 认为是自己的责任 |
| 7 | （7）多说感谢和赞美的话<br>× 「这是好产品」　——————▶ 没有赞美<br>○ 「您的眼光真高，这是好产品」——————▶ 加入赞美的语言 |

### 三、针对不同个性旅游咨询者的促成技巧

门市服务人员面对的旅游咨询者往往具有很强的个性和鲜明的性格特征，因此，门市服务人员应采取不同的应对策略，如表 2-2-2 所示。

表 2-2-2　不同的应对策略

| 类　型 | 表现特征 | 应对策略 |
|---|---|---|
| 健谈型 | 夸夸其谈 | 要抓住一切机会将谈话引入正题 |
| 内向型 | 少言寡语 | 不要失去耐心，可提出一些不能用"是"或"不是"回答的问题，让旅游咨询者开口 |
| 因循守旧型 | 似乎认真聆听，但不做购买决定 | 如果不采取行动就会失去这部分旅游咨询者，例如可以向他透露价格将会上涨或者供给不足的信息 |
| 不同意见型 | 永远有异议 | 尽量不要与其争论回击，要面带微笑 |

| 类　型 | 表　现　特　征 | 应　对　策　略 |
|---|---|---|
| 胆怯型 | 畏缩 | 提供引导、保证和支持，帮助克服购买的恐惧心理 |
| 自我中心型 | 具有自我优越感 | 仔细聆听并恭维他的自我主义，合适的时候征询意见 |
| 果断型 | 很自信，有主见 | 不做太长的销售解释，只讲细节，忠于事实 |
| 精明型 | 可能是业内人士 | 用巧妙的恭维来表达对他的判断和讨价还价能力的欣赏 |
| 怀疑型 | 一直抱有怀疑 | 对他的反应做出回应，承认不足 |
| 牢骚型 | 满腹牢骚 | 找到困惑他的麻烦是什么 |
| 条理型 | 做事缓慢，对每句话都在权衡 | 调整你的步伐和他保持一致，放慢速度，尽量向细节上扩展 |
| 依赖型 | 做决定时犹豫不定，需要有人帮助 | 可以问一些问题，然后说明你的旅游产品正好能满足他的需要 |
| 挑剔型 | 从来不会同意你的报价 | 通过强调质量和服务来表明你的旅游产品值这个价 |
| 冲动型 | 很容易下结论 | 直接步入正题，可以提出建议，但不要帮他决定 |
| 分析型 | 富有条理性，喜欢数据、事实、详细情况 | 给他的信息越多越好，让他自己得出结论 |
| 感情型 | 重视个人感情 | 和他逐渐熟悉，全身心投入谈话并保持自己的个性 |
| 固执型 | 总是装出很重要的样子 | 向他表明你认同这种重要感，抬高旅游咨询者，同时也在抬高你自己 |

## 四、旅游者购买决策过程

### （一）个体旅游者的购买过程

大多数专家认为，个体旅游者的购买过程共分为五个明显不同的阶段：

（1）旅游需求意识阶段；

（2）旅游信息搜索阶段；

（3）不同旅游产品评价阶段；

（4）购买旅游产品阶段；

（5）消费后评价旅游产品阶段。

但是，有些旅游者并不一定会严格按照这五个阶段购买，有时可能会跳跃过一个甚至几个阶段。

### （二）个体旅游者购买决策的具体内容

旅游者对某个产品的购买决策是一个复杂的过程，形成这种现象的原因之一是由旅游产品本身决定的，旅游产品是一种综合性的产品，涉及多个环节，多个层面，它的消费滞后于购买，在购买过程中很难把握其风险，而它的生产与消费却又同时进行，并且，一旦购买失败，不可能退货或重新选购。因此，旅游者在具体做出购买某一旅游产品决策时，会从方方面面考虑。主要包括：

（1）目的地选择。是选择城市还是乡村作为旅游目的地？

（2）选择文化型的还是自然型的旅游目的地？是到"大漠孤烟直"的边塞还是去"小桥流水"的江南；是到"百里不同俗，十里不同风"的西南少数民族地区还是中华人文始祖的中原等。

（3）旅游方式的选择。是随团队作观光游，还是朋友结伴去度假，抑或个人独自旅游？

（4）采不采用中间状态的小包价自助旅游？

（5）区间交通工具的选择。是飞机、火车或轮船、汽车，还是自驾车？

（6）住宿设施的选择。住高等级宾馆，还是普通旅馆，或者自带帐篷？

（7）旅游季节的选择。是选择春天还是秋天；是选择夏天还是冬天？

（8）旅游时间的选择。长线游、度假旅游需要时间较多；短线游、观光旅游则相对耗时较少。

（9）选择哪一个旅行社？哪一个门市？

## 五、旅游者决定购买的身体语言信号

研究结果表明，经历过一系列沟通之后，潜在客户在最终做出购买决策时，往往会通过一些非语言的行为符号表现出来。若此时门市服务人员能及时、准确地识别潜在客户的购买信号，抓住时机提议就能有效促成旅游合同协议的签署，并最终达成交易。大量的人员销售实战案例显示，潜在客户在做出最终的购买决策后通常会发出如下几种明显的信号：

（1）放松身体。

（2）点头认可。

（3）若有所思。

（4）和谐的沉默。

（5）微笑着征询购买建议。

（6）快速地浏览旅游合同订单。

（7）如果有宣传资料，则可能对资料饶有兴趣地阅读。

以上任何情景出现时，门市服务人员就可以判断客人已经做出了购买决策，说明我们的推介是成功的。

## 六、旅行社门市常见的价格异议

### （一）太贵了

"太贵了"是最常见的顾客价格异议，针对该异议，门市销售人员可以采用回飞棒的技巧，结合沉默的压力来解决。

在门市服务中，针对"太贵了"，错误的回答常见的有以下三种：

（1）"这个价格还嫌贵啊？"

（2）"我们旅行社是不打折的！"

（3）"那么多少钱你才会买？"

正确的回答应该是："是的。只是我要跟您说明，我们旅行社的这个产品价格贵是有原因的。首先是产品构成，我们和市场同类产品比较，多游览了四个点，而这四个非常具有游览价值的点其他旅行社都没有安排；其次是来回交通，我们也可以做一下比较，我们旅行社是直达目的地，中途没有转机的，但是，市面上的一些产品却要转机，这样就浪费了时间和精力，还有……另外，我们旅行社讲究服务和信誉。我的一个顾客已经在不到一年半的时间里，连续四次参加我们旅行社的旅游啦！"——门市服务人员通过这样回答后，又一次对产品性能进行了说明与比较，提升了旅游产品的价值，从而刺激了顾客的购买欲望。以下的回答有时也可以采用："那么您觉得这条线路要多少钱才合理呢？您觉得价格是您和您家人（您的员工）旅游（出国旅游）时唯一考虑的因素吗？"（短时沉默并微笑地看着顾客）。这种回答是巧用沉默的力量，把球踢给顾客，让顾客做出回答。

### （二）我负担不起

门市服务人员遇到"我负担不起"的异议时，首先要判断是借口还是事实？然后再决定是否需要引荐其他低价的旅游线路给顾客，以免错过销售机会。

这里最重要的是要做正确的判断。一般来说，门市服务人员可以从旅游咨询者的着装、谈吐、职业类别等做综合判断。有时候可以向客人要一张名片，它往往可以帮助我们做判断。和客人聊天，让客人多说话，也是一种非常有效的手段。如果门市服务人员实在拿不准，则采用最直接的方式问"负担不起"究竟是借口还是事实也未尝不可。

### （三）手头上现金不足

门市服务人员面对"手头上现金不足"的价格异议，如果是事实的话，比较积极的做法是站在顾客的立场上，提供给顾客解决问题的方式如：保留优惠价格、预付订金、约定期限等。如果只是旅游者希望降价的托词，门市服务人员就绝对不能放弃，可以通过赞美、强调旅游线路的有限数量或者期限来继续刺激顾客的购买欲望。否则，不但降价无效，还有可能因此完全失去这一次交易。因为，顾客会想，或许别的旅行社价格更低。

### （四）价格比预期高

门市服务人员在处理"价格比预期高"的价格异议时，首先要判断：旅游咨询者是否真正有购买意愿？其次是针对旅游咨询者的价格标准，分析旅游产品构成，刺激旅游咨询者的购买欲望。

在门市服务中，针对"价格比预期高"，错误的回答常见的有以下两种：

（1）"那不可能！"

（2）"那种价格的服务一定很差的！"

之所以说"那不可能"的回答是错误的，是因为这是一句攻击性的语言，这一句话的潜台词是顾客在撒谎。因此，它可能会伤及顾客的自尊。而"那种价格的服务一定很差的"则暗含了顾客没有智慧、不会选择，这同样很容易伤害顾客的尊严。

正确的回答应该是："您本来预期这条线路是多少钱呢？您原本预期价格的标准是怎样得来的呢，……请让我把事实的细节向您说明一下……"

门市销售人员的上述说法可以比较有效地避免对顾客的伤害，同时为自己创造了给顾客解释的机会，这就意味着创造了继续推介产品、刺激顾客购买欲望的机会。

## 七、参谋推荐的步骤

参谋推荐就是根据旅游咨询者的情况，在旅游咨询者比较判断的阶段刺激旅游咨询者的购物欲望，促成购买。参谋推荐一般需要以下三个步骤：

（1）列举旅游产品的一些卖点或者亮点等特色。

（2）确定能满足旅游咨询者需要的特点。

（3）向旅游咨询者说明购买此项旅游产品所能获得的利益。

参谋推荐的实质就是将旅游产品的一般特征转化为旅游咨询者所向往、所理解、所需要的个性化特征，即旅游咨询者利益的过程。其转化公式为：

$$旅游产品特征功能 = 旅游咨询者利益$$

## 八、提供建议的方法

### （一）直接建议法

旅游咨询者对旅游产品没有问题时，就可以直接建议旅游咨询者购买，例如，"国庆节后玩九寨沟，最合适不过了：秋天的九寨沟色彩最丰富最美丽；现在的价格也最合适，比国庆节便宜了 760 多块钱呢！您看我现在帮您报名怎么样？"

### （二）选择旅游产品法

这是采用含蓄的方式参谋推荐促使旅游咨询者做出购买决定的方法。选择旅游产品法是询问旅游咨询者要买哪种旅游产品，而不是让旅游咨询者在买与不买之间进行选择。在选择的范围上一般不超过两种，否则旅游咨询者难以做出决定。例如，可让旅游咨询者在诸如去云南的"大理"还是去四川的"九寨沟黄龙"两条线路之间进行比较选择，或者是在去四川的"九寨沟黄龙"双飞还是四飞之间进行选择。

### （三）化短为长法

旅游咨询者对旅游产品的缺憾犹豫不决时，门市服务人员应该将旅游产品的优点、好处全部列举出来，使旅游咨询者感到长处多于短处，促进旅游咨询者对旅游产品的信心。

### （四）机不可失法

这是让旅游咨询者感到错过机会就很难再买到，从而坚定旅游咨询者购买决心的方法。例如，特价、折扣、淡季促销、会员优惠等。运用"机不可失法"要使旅游咨询者感到：若现在不下定决心购买，以后不是买不到，就是价格上涨。但这种方法只有确认旅游咨询者喜欢该项旅游产品才可使用，否则事与愿违。

### （五）印证法

旅游咨询者对旅游产品的个别问题持有疑虑、迟迟不愿做购买决定时，可介绍其他旅游者购买此项旅游产品后的满意度来印证门市服务人员所做的介绍，或淡化旅游产品的问题，消除旅游咨询者的疑虑。但所介绍的事例要让旅游咨询者感到门市服务人员是真诚的，而不是强行推销。

### （六）奖励法

这是一种通过向旅游咨询者提供奖励，鼓励旅游咨询者购买某项旅游产品的方法。这种方法与用削价出售旅游产品的方法相比，它不会让旅游咨询者产生旅游产品本身价值就低，或认为该项旅游产品有缺憾或者卖不出去的错觉，反而使旅游咨询者感觉到意外的惊喜。采用向旅游咨询者提供奖励的方法，可以使旅游咨询者更乐意购买，使得购买之旅也非常快乐。

### 技能训练

在春节期间，一名散客旅游者想选择旅游线路中有滑雪项目的旅游产品，作为门市服务人员，请设计一个推介方案。

训练方法：情境模拟法，角色扮演法。

（1）根据训练要求小组讨论，每组选择两种不同类型的客人。

（2）每组派代表表演。可由一名同学扮演接待人员，两名同学扮演客人。

（3）学生轮流表演，并互换角色。

训练要求：

（1）针对不同客人选择不同的推介方法。

（2）能够抓住旅游产品的亮点准确推介。

（3）推介中使用规范的推介用语。

然后，针对客人提出价格异议的四种情况练习解决方法。

## 完成任务

（一）小组练习

将班上学生分成小组，各小组选一位组长带领组员，设计情境，完成推介散客旅游产品的工作。

（二）小组评价

（1）散客旅游产品推介分哪几个步骤。

（2）解析价格异议的方法。

（三）综合评价

综合评价包括小组之间的互评和老师对各小组工作的系统评价。主要评价项目如表2-2-3所示。

表2-2-3　能力评价表

| 内　　容 | | | 评　价 | |
| --- | --- | --- | --- | --- |
| 学 习 目 标 | | 评 价 项 目 | 小组评价 | 教师评价 |
| 知识 | 应 知 应 会 | （1）散客旅游推介的步骤 | Yes/No | Yes/No |
| | | （2）旅游者购买决策过程 | Yes/No | Yes/No |
| 专业能力 | （1）散客旅游产品推介的能力<br>（2）门市商谈能力<br>（3）解析价格异议的能力<br>（4）购买信号识别能力<br>（5）赞美技巧<br>（6）不同游客的促成技巧<br>（7）提供建议的能力 | （1）散客旅游产品推介 | Yes/No | Yes/No |
| | | （2）门市商谈 | Yes/No | Yes/No |
| | | （3）价格解析 | Yes/No | Yes/No |
| | | （4）识别购买信号 | Yes/No | Yes/No |
| | | （5）赞美 | Yes/No | Yes/No |
| | | （6）不同游客的应对 | Yes/No | Yes/No |
| | | （7）提供建议的方法 | Yes/No | Yes/No |
| 通用能力 | 沟通能力 | | Yes/No | Yes/No |
| | 团队协作能力 | | Yes/No | Yes/No |
| | 组织能力 | | Yes/No | Yes/No |
| | 解决问题能力 | | Yes/No | Yes/No |
| | 自我管理能力 | | Yes/No | Yes/No |
| | 创新能力 | | Yes/No | Yes/No |
| 态度 | 敬业爱岗 | | Yes/No | Yes/No |
| | 态度认真 | | | |
| 个人努力方向与建议 | | | | |

### 思考与练习

（1）模拟练习散客旅游产品推介的方法。

（2）门市商谈的原则是什么？

（3）针对不同的价格异议，说出解决办法。

（4）试述不同游客的促成技巧。

（5）门市服务人员提供建议的方法是什么？

## 任务三 旅游产品促销

　　旅游产品促销就是将本旅行社旅游产品的有关信息传递给潜在的旅游消费者，促使他们购买自己产品的各种市场营销活动。为了增加旅行社产品的销售量，旅行社必须将其所生产的各种产品信息用多种有效的传播手段最大限度地告诉公众，通过反复提示和诱导，以引起更多人对这些产品的注意和兴趣，进而产生购买的欲望，以致下决心购买。由此可见，旅游产品促销是旅行社的一项重要经营业务。

旅游产品

### 任务描述

　　三月，正是某地的旅游淡季，该地某旅行社决定利用这个机会进行全员促销。小张是这次促销活动的总策划，接到任务后他召集了门市所有员工，进行了销售动员，并明确了分工，于是大家开始分头工作。

## 任务分析

旅行社促销，首先应明白自己推销什么，包括产品的特点、服务的程度、在市场上的竞争优势、顾客购买了产品或服务后所享受到的利益等，还要明白谁能购买这个产品，以及消费者什么时候将需要这个产品。找到这些答案后，旅行社就可以开始策划筹备、前期准备，以及开展促销活动。

通常情况下，旅行社促销一般分以下五个步骤：

策划筹备阶段→前期的准备阶段→执行实施阶段→促销效果评估总结→善后工作的进行

### 一、策划筹备阶段

首先制订详细的促销计划方案，一定要考虑全面，确保促销活动顺利而有效的实施。可以组织一个策划小组从目的、准备、实施、成本直到效果的评估测定，制订出一整套方案，然后交由上层研究决定修改并付诸执行，如图2-3-1所示。

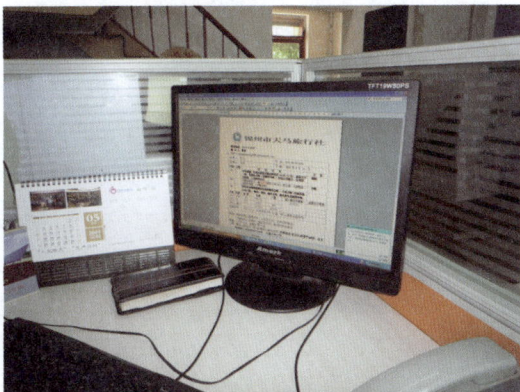

图2-3-1 策划筹备

### 二、前期的准备阶段

（1）选择合适的促销时间与地点：特别日期（节假日）、时段、持续多少天、设几个促销点、主会场设置、人员配置、物品配置、奖品赠品发放奖励规则与数量限制等。

（2）器材物品类：现场用到的展台、条幅、拱门、气球、一拉宝、张贴的海报、宣传单（彩印或黑白）、音响——听觉的冲击（可用扩音喇叭替代），视整体情况与旅行社经济实力有选择的、安排好数量的合理准备与使用，如图2-3-2所示。

图2-3-2 前期准备

（3）人员：促销员工的选择与安排，如要组织节目、游戏、活动则考虑请嘉宾、主持人，

可以请一些稍有名气但费用较低的主持人，可以请大学生主持，请促销员要视情况决定数量。

（4）宣传造势的准备：如有实力，前期的大规模全方位造势宣传是必不可少的。若想节省，有些工作也是应该做的，去人口密集的市中心区域散发传单，发放区域与发放数量要事先决定。市内影响力大的媒体（报纸广播电视）投放广告，注意媒介的选择、媒介暴露的频次、成本预算等，以期达到广泛告知的宣传效果。

（5）各方关系的前期协调：确保一切行为活动符合法律法规——市容、城管、工商等部门提前打好招呼，避免到时出现不必要的麻烦。户外活动必须要经过有关部门的批准，广告宣传也必须要有合法的批文。总之，一切可能出现的问题、麻烦事都要先想到，做好应对一切突发事件的准备，免得到时措手不及。

（6）总成本预算：物品的准备、人员的费用、协调各方关系、广告宣传费用等等一切成本要有事前的准确预算。

（7）促销效果的预测：促销目的，预测销售数量销售额。

## 三、执行实施阶段

注意现场气氛的调节与掌控，尽可能多地吸引人气。视觉、听觉、利益诉求点等多方面的感官冲击，以求吸引、刺激、诱导消费者关注与消费。现场的布置要有足够的空间，便于消费者聚集与关注、购买，布置要新颖整洁有冲击力。现场的宣传海报、条幅等要醒目。现场活动，如节目、游戏、宣传等要有极强的互动性与参与性，能带动起气氛来。请嘉宾、主持人等，要确保以产品为主，一切活动需围绕产品，以产品为出发点进行，切忌喧宾夺主。现场的秩序一定要维持好，这就需要工作人员要做好很多工作，如赠品奖品的发放要公正合理有序、安排足够的工作人员、合理的布局与足够大的活动空间等，而且要做好应对各种突发事件的准备。

## 四、促销效果评估总结

如果促销是持续型的阶段性评估，最后要进行总体评估；如果促销是短期的，则进行总体的评估总结。评估促销目的是否达到，销量是否达到预期目标，还要进行媒介效果的评定以及收支情况准确的核算与分析。

## 五、善后工作的进行

主要指一切事后工作的处理、费用的结算等。

## 相关知识与技能

## 一、门市旅游产品的促销策略

### （一）广告促销策略

1. 自办媒体型广告策略

自办媒体是旅行社开展广告促销活动的重要工具，其优点是旅行社能够自主选择宣传对象和广告的命中率高。自办媒体广告主要采用的方法包括：

（1）建立户外广告牌。户外广告牌是一种影响力较大的自办广告媒体，一般放置在飞机场、火车站、长途汽车站、水运码头等过往行人较多的公共场所和公路侧旁、建筑物顶部等容易为过往人群注意到的地方。

（2）发放载有企业或产品信息的纪念品。许多旅行社利用载有企业或产品信息的物品进行广告促销，如图2-3-3所示。

图2-3-3 宣传册

**2．大众传播媒体型广告**

大众传播媒体是门市开展促销活动中经常利用的广告信息传播渠道，具有形象生动、影响力强和传播范围广的特点。大众传播媒体广告包括：

（1）报纸广告。报纸是一种影响面广、费用较低和重复率高的广告媒体，如图2-3-4所示。

图2-3-4 报纸广告

（2）杂志广告。杂志是一种以某一阶层读者为宣传对象的广告媒体，具有针对性强、易于保存和读者层稳定的优点。但是，杂志广告也存在着出版周期长和传播范围较小的缺点，如图2-3-5所示。

图2-3-5　杂志广告

（3）广播电台广告。广播电台是一种以地方性市场为主要宣传目标的广告媒体，具有价格低和信息传播及时的优点，尤其适用于农村和偏远地区市场的旅行社产品促销。然而，随着电视、互联网络等新的传播媒体迅速发展，广播电台的受众范围正在逐步缩小。因此，利用广播电台进行产品促销的效果不容乐观。

（4）电视广告。电视广告具有传播范围广、信息传送及时、广告形象生动活泼、广告针对性强、重复率高等优点，是一种影响力极强的传播媒体。电视广告的缺点是广告的播出时间短，难以让观众迅速理解广告的信息。另外，电视广告价格昂贵，一般旅行社难以问津。

3．联合广告

联合广告是许多中小型旅行社或由某种旅行社产品所涉及的各旅游企业为了达到促销的目的所采取的一种广告形式。联合广告分为旅行社之间的联合广告和产品导向联合广告两种形式。

（1）旅行社之间的联合广告。在旅行社行业中，绝大多数的旅行社是中小型企业，拥有的资金不多，往往难以在产品促销广告上做大量的投资。然而，随着旅行社产品市场竞争日趋激烈，旅行社必须设法利用大众传播媒体开展促销活动，以便提高旅行社及其产品在广大旅游者中间的知名度，扩大产品的市场份额，增加经济收益。面对这种困难局面，不少中小型旅行社采取联合广告的方式，即由各家参与的旅行社共同出资在报纸、杂志、电视、广播电台等大众传播媒体上刊登广告，为其产品做广告宣传，如图2-3-6所示。

（2）产品导向联合广告。产品导向联合广告是指旅行社为了促销某种产品，联合某些与该产品有关的其他旅游企业，如旅游景点、饭店、餐馆、航空公司等共同出资在大众传播媒体上刊登广告，进行宣传促销的一种广告促销方式。这种联合广告既使旅游者了解到有关的产品信息，又使每个参与促销的企业节省了一部分广告费用，取得少花钱多办事的良好效果。

图 2-3-6　联合广告

4．互联网广告

近年来，随着信息产业的迅速发展，越来越多的旅行社已经开始认识到网络的功能和作用，选择在互联网上开展广告促销活动。作为新兴的媒体广告形式，互联网广告具有传播范围广、交互性强、成本低等优点，成为被旅行社行业日益重视的促销工具，如图 2-3-7 所示。

图 2-3-7　互联网广告

## （二）直接营销策略

### 1．人员推销

（1）人员接触。人员接触是指门市派出推销人员或推销小组前往客户所在地进行面对面的宣传促销，介绍门市的有关产品信息，鼓励客户购买门市的产品。

（2）会议促销。会议促销是指门市推销人员邀请旅游者或客户代表在某一约定地点开会，由推销人员在会上介绍门市的产品并进行促销活动。

（3）讲座促销。由门市派遣推销人员前往客户所在地做关于门市最新产品的教学式讲座的促销方式称为讲座促销。

### 2．电话营销

门市的销售人员根据事先选定的促销对象名单逐一给他们打电话，介绍产品信息，征求他们对产品的意见并询问他们是否愿意购买这些产品。电话营销有两种形式：一种是使用自动播音设备向对方介绍产品、联系方法、购买产品的途径，但是不直接回答对方提出的问题；另一种是由推销人员在电话里向旅游者介绍门市的产品，同时还回答对方提出的问题，引导对方选购门市的某些产品。后一种方式的成本较高，一般只用于重要的客户。

### 3．直接邮寄

门市将载有产品信息的旅游宣传册、旅行社产品目录、产品广告传单等促销材料直接邮寄给旅游者和客户。门市在邮寄这些材料时应附上印有门市通信地址和贴上邮票或已付邮资的信封以方便和鼓励对方回信。直接邮寄受空间和时间的限制较少，能够接触到较多的旅游者和客户。此外，直接邮寄在各种直接营销形式中的成本最低。但是，同前两种方式相比，直接邮寄从对方所得到的反馈率较低。尽管如此，直接邮寄所得到的信息反馈仍高于各种广告促销形式，是许多旅行社喜欢采用的一种促销手段，如图2-3-8所示。

图2-3-8　直接邮寄

## （三）营销公关策略

### 1．新闻发布会

门市营销公关的最常用方法是向新闻媒体发送消息，通报有关的特殊旅游产品及其他旅游方面的消息。旅行社在开发出新的产品后，可采取新闻发布会的形式向旅游者及客户进行介绍，所发送的消息必须及时，富有新闻价值，且能够吸引听众对产品的注意力，以便刺激他们购买这种产品的兴趣。

### 2．熟识旅行

熟识旅行是指门市邀请旅游新闻记者或旅游专栏作家免费旅行的一种公关活动，旨在使他们对旅行社的产品产生浓厚的兴趣和深刻的印象，回去后撰写有关旅行社产品的介绍性文章和报道。

### 3．邀请旅游中间商

门市邀请旅游中间商前来对旅行社的有关产品进行实地考察是一种行之有效的营销公关活动。通过这种公关活动，门市既能够促进同旅游中间商之间的合作关系，又能够使他们加深对旅行社产品的认识，以便在今后的推销活动中对旅行社的产品做更加有利的宣传和促销。

### 4．专题讲座、学术会议

门市可以通过举行专题讲座或赞助学术会议的方式宣传旅行社最新设计和开发的产品，并吸引公众对这些产品的关注。这种方法尤其适用于推销公众不熟悉的自然景观和人造景点。

### 5．政府联动

一般是由目的地政府或有关部门组织的规模性宣传促销活动。政府进行形象宣传，门市跟进产品促销，现已成为中国旅游市场上的常见方式。

## （四）营业推广策略

### 1．竞赛

竞赛是门市营业推广的一种形式，如针对某项门市产品知识的有奖竞赛，关于某个旅游目的地情况的有奖竞赛等。在举办这种竞赛时，门市通常提供具有一定价值的奖品或前往某个旅游目的地的奖励性旅游作为公众参与竞赛的奖品。通过参加竞赛，公众对于举办竞赛的旅行社及其产品产生一定的印象甚至好感，有利于门市产品在今后的销售。

### 2．价格促销

价格促销是指旅行社通过短期降低产品价格来吸引旅游者和客户购买的一种促销方法。营业推广的价格促销不同于旅行社因市场需求变化所采取的降价行为。价格促销是旅行社以临时性的价格下调来吸引旅游者的注意，并吸引旅游者在旅行社所希望的时期大量购买旅行社的产品。当旅游者对产品产生良好的印象后，旅行社还会将价格复原。旅行社的价格促销多集中在节假日期间、新产品试销期间等特殊时期。

### 3．特殊商品促销

旅行社利用特殊商品进行促销也是一种营业推广策略。旅行社以赠送印有旅行社名称或产品名称的 T 恤衫、钥匙链等的方式，向旅游者或客户提供有关旅行社产品的信息。这种营业推广策略，可以使旅行社收到对其自身及其产品进行"口头宣传"的效果。

## （五）互联网促销策略

### 1．精心设置旅游网页

网页设置必须以顾客为中心，更多地反映顾客群体的需要，为潜在旅游者提供深层次的产品信息。大量研究表明，旅游者希望能够在旅游活动开始之前，通过互联网观看到旅行社产品所涉及的旅游目的地风情的照片、录像片段等资料，并能够同已经消费过该产品的人相互交流，以获得有关旅行社产品的详细信息。

因此，旅行社应注重网上信息的有用性，使顾客通过网站能轻而易举地找到他们需要的信息。旅行社应在互联网上提供图文并茂、用语生动、丰富及时的产品信息，以激发上网者的出游欲望。

### 2．加强网上交流

旅行社互联网促销成功的最终目标，是赢得顾客信任和忠诚，从而获得理想的客源和效益。为了实现这一目标，旅行社应该为散布在世界各地的上网者提供网上交流的平台，使上网旅游者之间可以相互交谈，互诉旅游心得体会。满意的顾客在网上实话实说，对旅行社来说无疑是最好的促销，比任何动听的促销语言都可信得多。同时，旅行社应授权其所有的员工，通过电子邮件、在线论坛等方式与网上顾客交流，及时答复网上顾客的要求和询问。这种交流有助于消除旅行社和顾客之间的信息交流"瓶颈"，及时、有效地解决网上顾客的问题，从而为旅行社赢得更多的忠诚顾客。

3．提高访问量

互联网促销能否成功的最基本因素是旅行社网站或网页的访问者数量和次数。因此，旅行社应采取有效的宣传策略，使更多的网民了解和访问旅行社的网站或者网页。这些宣传策略包括：

（1）在旅行社发行的小册子、印刷品中印制网址。

（2）在电视广告、广播广告中宣传旅行社的站点。

（3）向顾客发送电子邮件。

（4）在热点网站、旅游相关部门，特别是饭店、旅游交通部门的网站中刊登自己的网址。

## 二、促销效果的测定

### （一）统计法

统计法是旅行社利用统计学原理与运算方法，通过对促销费用与产品销售比率的推算，测定出促销效果的方法。其公式为：

$$促销费用比率 = \frac{促销费用}{产品销售收入}$$

一般情况下，促销费用比率愈小，促销效果就愈大。

### （二）比值法

比值法是旅行社通过对其产品的销售额变化测定促销效果的方法。这种方法简便易行，较为通用。其公式为：

$$R = \frac{S_2 - S_1}{P}$$

式中：$R$——促销效果；

$S_2$——促销后的平均销售额；

$S_1$——促销前的平均销售额；

$P$——促销成本。

### 技能训练

由于经济危机的冲击，各地旅行社开始大力推广周边游，请根据你的家乡搞一个周边游的促销活动。

## 完成任务

（一）小组练习

将班上学生分成小组，各小组选一位组长带领组员，设计情境，完成旅游产品的促销任务。

（二）小组评价

（1）旅游产品的促销分哪几个步骤。

（2）旅游产品的促销策略。

（三）综合评价

综合评价包括小组之间的互评和老师对各小组工作的系统评价。主要评价项目如表2-3-1所示。

表2-3-1　能力评价表

| 内　　　容 | | 评　价 | |
| --- | --- | --- | --- |
| 学习目标 | | 评价项目 | 小组评价 | 教师评价 |
| 知识 | 应知应会 | （1）旅游产品促销的步骤 | Yes/No | Yes/No |
| | | （2）旅游产品的促销策略 | Yes/No | Yes/No |
| 专业能力 | （1）旅游产品促销的策划能力<br>（2）旅游产品促销的实施能力<br>（3）促销效果的测定能力 | （1）旅游产品促销策划 | Yes/No | Yes/No |
| | | （2）旅游产品促销的实施 | Yes/No | Yes/No |
| | | （3）促销效果的测定 | Yes/No | Yes/No |
| 通用能力 | 沟通能力 | | Yes/No | Yes/No |
| | 团队协作能力 | | Yes/No | Yes/No |
| | 组织能力 | | Yes/No | Yes/No |
| | 解决问题能力 | | Yes/No | Yes/No |
| | 自我管理能力 | | Yes/No | Yes/No |
| | 创新能力 | | Yes/No | Yes/No |
| 态度 | 敬业爱岗 | | Yes/No | Yes/No |
| | 态度认真 | | | |
| 个人努力方向与建议 | | | | |

## 思考与练习

（1）模拟练习旅游产品的促销。

（2）试述旅游产品的促销策略。

（3）根据第一题旅游产品的促销活动测定促销效果。

# 笔记栏

# 单元三 手续办理

当旅游者决定购买旅行社产品时，门市业务人员应抓住时机，及时为旅游者办理相关手续。首先，旅行社门市应当依法与旅游者订立书面旅游合同，以维护旅游者和旅游经营者的合法权益。其次，门市服务人员应该收取相关费用，并为旅游者开好发票。当发票交到旅游咨询者手中时，门市服务人员应主动向旅游者表示感谢，感谢旅游者的选择，并请其对该项旅游产品的质量和旅行社的服务放心。

学习目标
- 掌握委托代办的手续办理方法
- 掌握出境游的手续办理方法
- 掌握国内游的手续办理方法

## 任务一　委托代办的手续办理

委托代办是散客旅游业务的一种类型，主要包括散客来本地的委托、散客赴外地的委托和散客在本地的委托等三种情况。

### 任务描述

今天早晨，小张接待了一位顾客，这位顾客要求旅行社能够给她提供到西安旅游的委托代办服务，能帮助她预订往返机票、住宿及接站服务。小张热情地接待了他，并熟练地办理了相关手续。

西安钟楼

兵马俑

### 任务分析

随着人们旅游观念的更新，散客旅游的人数也越来越多，委托旅行社代办的情况也随之增加，其中以赴外地旅游的委托代办事宜居多。

旅行社为旅游者提供赴外地旅游的委托代办业务时，通常应遵照以下四个步骤：

检查证件→填写"委托代办支付券"→开具收据→预订工作

### 一、检查证件

接待人员在接受和办理赴外地旅游委托时，要耐心询问客人的要求，认真检查旅游者的身份证件，如图 3-1-1 所示。

### 二、填写"委托代办支付券"

根据散客旅游者的要求，认真填写"委托代办支付券"（见表 3-1-1），并将第一联和第二联交给旅游者，将第三联和第四联留下。

图 3-1-1　检查身份证

表 3-1-1　委托代办支付券

| 姓　名 | 性别 | 国籍 | 人数 | 单男 | 成人 | 2岁~8岁 儿童 | 备　注 | |
|---|---|---|---|---|---|---|---|---|
| | | | | 单女 | | | 金额 | 手续费 |
| 委托代 办项目 | （1）预订　月　日　航班/火车/轮船　赴　省（市）地　县　票　张 | | | | | | | |
| | （2）预订　月　日　省（市）地　县　星级饭店　间　夜 | | | | | | | |
| | （3）预订　月　日　接/送　机场/车站/码头 | | | | | | | |
| | （4）其他委托　翻译　陪同　其他 | | | | | | | |
| 合计 | 人民币　万　仟　佰　拾　元 | | | | | | | |
| 承办 旅行社 | 盖章　　　经办人：　　　电话： | | | | | | | |
| 委托人 | 签字（盖章）：　　　联系电话：　　地址： | | | | | | | |

### 三、开具收据

根据委托人到达的地点、使用的交通工具及其他服务要求，逐项计价，向委托人收取费用，并开具收据，如图 3-1-2 所示。

### 四、预订工作

在旅游者办妥委托服务手续后，接待人员及时向有关服务企业办理订房、订餐、订票等手续，并通知旅游目的地旅行社做好接待准备，如图 3-1-3 所示。

图 3-1-2　开具收据

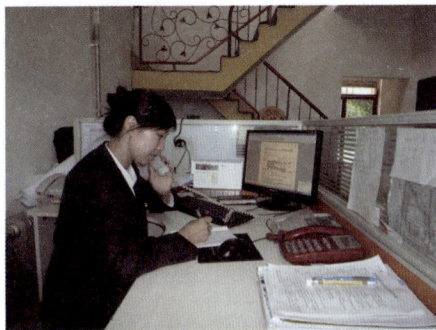

图 3-1-3　预订服务

## 相关知识与技能

### 一、办理赴外地旅游委托时必须注意的几种情况

（1）按下一站旅行社规定办理单项委托事宜。

（2）旅游者在办理旅游委托后，又要求取消或更改委托，应至少提前一天到旅行社办理取消或变更手续。旅行社除加收加急长途通话费用外，还可向委托人收取一定的损失费。具体经办人员应向旅游者收回"委托代办支付券"，将其存档。

（3）若委托者是驻华外交人员、记者，工作人员要弄清其旅游目的、要求，并及时转告有关接待旅行社。

### 二、受理散客来本地的单项旅游委托业务

旅行社门市部接待人员，在接到外地旅行社代办的散客来本地旅游需提供的单项委托通知时，应认真做好以下几方面工作：

#### （一）弄清有关情况

要记录散客的姓名、国籍、性别、人数；抵离日期、所乘航班、车（船）次；预订房间等级、间数；所要求导游语种；要求提供的服务项目和付费方式等。如果有要求预订在本地出国的交通票据的委托，则须弄清旅游者的护照上的英文或拉丁文姓名、护照号码、出生年月、所乘机（车、船）的日期、班次、等级要求等。最后，详细记录委托方的旅行社名称、通话人（委托人）姓名和通话时间。

#### （二）填写任务通知书

在接到上站旅行社的委托通知后，接待人员须认真填写任务通知书，一式两份，一份留存备查，一份连同原件送经办人办理。

#### （三）预订服务

经办人员接到任务通知书后，应立即按内容进行预订。订妥后，在通知书上注明预订情况。若散客需提供导游服务，应及时落实导游人员。如果委托项目无法提供，应在 24 小时内通知外地旅行社。

### 三、受理散客在本地的单项旅游委托业务

这类委托是指散客在到本地前未办理任何旅游委托，抵达本地后，根据自己的需要向旅行社申请办理在本地的单项旅游委托。门市接待人员在接待此类散客时，应做以下几项工作：

（1）主动询问旅游者的要求，说明旅行社所能提供的各服务项目和收费标准。

（2）根据旅游者的要求，接待人员开出"委托代办支付券"，并向旅游者收取相应的费用。

（3）在旅游者办妥单项委托服务手续后，接待人员应及时通知有关部门，如导游部、车队、饭店等。

### 四、递交物品的方法

双手拿着物品，从胸前递出，尖端指向自己，以方便他人为原则。如果递文件要求文字

正面朝着对方，需要签字笔则笔尖向着自己递过去，公文包应该将把手递向对方。若客人签单，应将笔套打开，笔尖对着自己，右手递单，左手送笔，如图 3−1−4 所示。若接受礼物或奖品，双手接过后用左手拖物，右手与对方握手致意。

## 五、撕扯票据的方法

撕业务单时应动作轻缓，手臂的摆动幅度要小，左手按住单据的前端，右手沿顶端从左至右或从上至下撕下。注意不要发出响亮的声音，也不要将手扬得过高，如图 3−1−5 所示。

图 3−1−4  递交物品

图 3−1−5  撕扯票据

## 技能训练

设计情境，练习填写"委托代办支付券"。

递交物品的练习：

训练方法：情境模拟法，角色扮演法。

（1）小组讨论，设计一个情境。

（2）每组派代表表演。可由一名同学扮演接待人员，一名同学扮演客人。

（3）学生轮流表演，并互换角色。

训练要求：

（1）左右手的分工准确。

（2）保证文字正面朝向客人。

（3）形体语言得体规范。

## 完成任务

（一）小组练习

将班上学生分成小组，各小组选一位组长带领组员，设计情境，完成委托代办任务。

（二）小组评价

（1）委托代办分哪几个步骤。

（2）委托代办券的填写。

（三）综合评价

综合评价包括小组之间的互评和老师对各小组工作的系统评价。主要评价项目如表 3−1−2 所示。

表 3-1-2　能力评价表

| 内　　容 | | 评　　价 | | |
|---|---|---|---|---|
| 学习目标 | | 评价项目 | 小组评价 | 教师评价 |
| 知识 | 应知应会 | （1）委托代办的步骤 | Yes/No | Yes/No |
| | | （2）委托代办的项目 | Yes/No | Yes/No |
| 专业能力 | （1）填写委托代办券的能力<br>（2）递交物品的礼仪<br>（3）撕扯票据的礼仪 | （1）委托代办券的填写 | Yes/No | Yes/No |
| | | （2）递交物品 | Yes/No | Yes/No |
| | | （3）撕扯票据 | Yes/No | Yes/No |
| 通用能力 | 沟通能力 | | Yes/No | Yes/No |
| | 团队协作能力 | | Yes/No | Yes/No |
| | 组织能力 | | Yes/No | Yes/No |
| | 解决问题能力 | | Yes/No | Yes/No |
| | 自我管理能力 | | Yes/No | Yes/No |
| | 创新能力 | | Yes/No | Yes/No |
| 态度 | 敬业爱岗 | | Yes/No | Yes/No |
| | 态度认真 | | | |
| 个人努力方向与建议 | | | | |

## 思考与练习

（1）模拟练习赴外地旅游的委托代办程序。

（2）受理散客来本地的单项旅游委托业务的方法是怎样的？

（3）受理散客在本地的单项旅游委托业务需要做哪些工作？

（4）递交物品的方法是什么？

（5）课余时间练习撕扯票据的准确方法。

## 任务二　国内游的手续办理

　　国内旅游团是指旅行社招徕我国公民（或长期居住在我国境内的外国人）在我国境内进行游览活动的旅游消费群体。港澳台地区是我国领土不可分割的一部分，按照行业习惯，港澳台旅游需要特殊的旅游证件，本书将港澳台旅游列入境外游。旅行社为其安排交通、游览、住宿、饮食、购物、娱乐等各项事宜，并提供导游等相关服务。在我国，国际社和国内社都有资格经营国内业务，但国内社只能接待我国公民在我国境内的旅行游览活动。

海南游宣传画

## 任务描述

某校在寒假计划带全体班主任到海南去旅游，经过几天的磋商，已经达成协议，准备办理相关手续。

三亚风光

天涯海角

## 任务分析

手续办理是对一名门市工作人员业务技能的检验。团队手续的办理主要是签订旅游合同，以维护旅游者和旅游经营者的合法权益。其次是费用的收取，要求"唱收唱付"，充分体现规范与礼仪。

在办理国内游手续时，通常要遵照以下四个步骤：

签订合同→签订旅游者个人保险→收取费用→发送出团通知

### 一、签订合同

旅行社门市应当依法与旅游者订立书面旅游合同，向消费者销售产品时要签销售合同，向航空公司、车船公司、饭店、餐厅、景点等部门预订机车船票、客房、餐饮、景点门票时要签采购合同。此外，旅行社在销售旅游产品时应为旅游者投旅游意外保险，也需要和保险公司签订保险合同。因此，签署和管理旅游合同成为旅行社的一项重要业务。如图3-2-1所示。

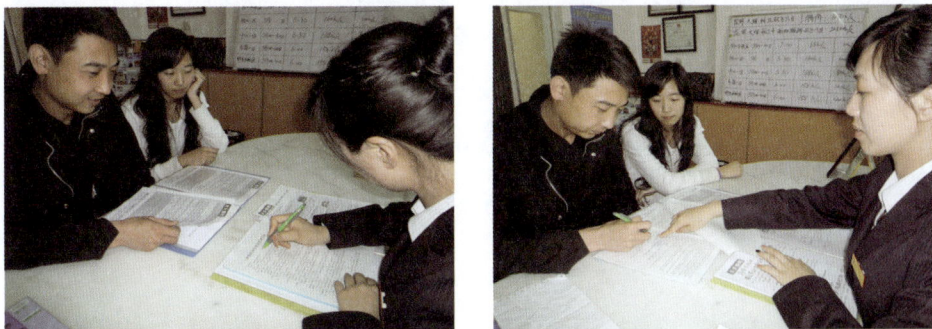

图3-2-1 签订旅游合同

尽管合同的种类多样，但合同的条款主要有以下八方面：

**（一）当事人的名称或者姓名和住所**

这些都是合同当事人的自然情况，是合同必备的首要条款。

**（二）标的**

标的是指合同当事人之间权利义务所指向的对象，即合同的客体。例如，旅游采购合同的标的就是旅行社购买的和旅游服务供应企业出售的旅游服务，如客房、餐饮等服务。

**（三）数量**

数量是指以数字方式和计量单位方式对合同标的进行具体的确定，亦是衡量标的大小、多少、轻重的尺度。例如，旅游合同中的游览景点数目，即为旅游合同中的数量。

**（四）质量**

质量是指以成分、含量、纯度、尺寸、精密度、性能等来表示的合同标的内在素质和外观形象的优劣状况，是合同标的具体化的又一反映。例如，旅游合同中的质量，即是以国家制定的旅行社服务标准、导游服务标准来检验旅游服务质量。

**（五）价款或者报酬**

价款或者报酬是有偿合同的主要条款，是指一方当事人履行义务时，另一方当事人以货币形式支付的代价。

**（六）履行期限、地点和方式**

履行期限是指当事人履行合同义务的起止时间。所谓履行地点，是指当事人在什么地方履行合同义务和接受履行合同义务。所谓履行方式，是指当事人采取什么样的方法履行自己在合同中的义务。

**（七）违约责任**

违约责任是指合同当事人不履行或者不完全履行合同约定的义务所引起的法律后果，即应当承担的法律责任。

**（八）解决争议的方法**

解决争议的方法是指当事人之间在履行合同过程中发生争议之后，通过什么样的办法来处理这一争议。争议的解决方法有两种：一是诉讼解决；二是非诉讼解决。

## 二、签订旅游者个人保险

门市接待人员在与游客订立旅游合同时，应当推荐游客购买相关的旅游者个人保险。表 3-2-1 为短期健康保险和意外伤害保险被保险人清单。

表 3-2-1　短期健康保险和意外伤害保险被保险人清单（一式两联，第一联保险公司留存）

投保单位：　　　　投保单号：　　　　　本页人数：　人：共　页第　页

| 序号 | 被保险人姓名 | 身份证号 | 性别 | 年龄 | 险种 | | 险种 | | 险种 | | 险种 | | 保险合计 | 受益人 | 被保险人签章 | 职业及其它 |
|---|---|---|---|---|---|---|---|---|---|---|---|---|---|---|---|---|
| | | | | | 保额/份数 | 保费 | 保额/份数 | 保费 | 保额/份数 | 保费 | 保额/份数 | 保费 | | | | |
| | | | | | | | | | | | | | | | | |
| | | | | | | | | | | | | | | | | |
| | | | | | | | | | | | | | | | | |

业务员（代码）：　　　　制表人：　　　　制表日期：　年 月 日　投保单位盖章

### 三、收取费用

旅游咨询者一旦签好旅游合同后，门市服务人员就应该收取费用，并为旅游者开好发票。收取费用时一定要做到"三唱一复"。"三唱"即"唱价"（确认旅游咨询者所购旅游产品的价格）、"唱收"（确认所收旅游咨询者现款金额）、"唱付"（确认找给旅游咨询者余款金额）、"一复"即"复核"（确认所付旅游产品与收进费用相符）。表 3-2-2 为旅行社收款凭证。

表 3-2-2　旅行社收款凭证

| 收款时间 | 2015.1.26 | | 价格元／人 | 2480 | | 人数 | 26 |
|---|---|---|---|---|---|---|---|
| 游客姓名 | 负责人：刘建军 | | 合计金额（小写） | 64108 | | | |
| | | | 合计金额（大写） | 陆万肆千壹百零扒元 | | | |
| 旅游时间 | 2015.1.28—2015.2.1 | | 收款方式 | 支票 | | 现金 | \ |
| 旅游地点 | 海南 | | 备注 | | | | |
| 客户签字 | 刘名浩 | 联系电话 | 1892416×××× | | | | |
| 经办人 | 李莉 | 财务出纳 | 赵静 | 财务主管 | 陈欣 | | |

当开好的发票交到旅游咨询者手中时，门市服务人员应主动口头向旅游者表示感谢，赞扬旅游者的选择，并请其对该项旅游产品的质量和门市的服务放心，如图 3-2-2 所示。

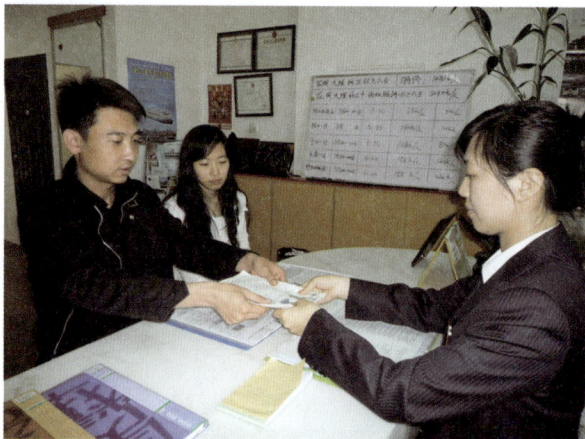

图 3-2-2　收取费用

## 四、发送出团通知

通常出发前三天，游客要到门市领取出团通知，同时门市服务人员还要告诉旅游者一些旅游注意事项。这都将使旅游者体验到门市是真心实意地为他们服务的，从而对门市留下美好的回忆，并起到良好的口碑宣传效果。下面是海南游的出团通知内容：

### 出 团 通 知

尊敬的游客：###、### 等

海南岛双飞五日游（挂四纯玩）

（2015 年 01 月 28—02 月 01 日）

| 中旅联系人 | 赵 *** | 联系电话 | 138********* |
|---|---|---|---|
| 去程航班 | CA1355 | 起飞时间 | 17:00 |
| 回程航班 | CA1356 | 起飞时间 | 21:30 |
| 北京集合时间 | 2015 年 01 月 28 日 16：00 | | |
| 北京集合地点 | 首都机场三号航站楼 4 层国内出发厅 (12 号门进入 ) 集合 | | |
| 机场送机人 | ### 13********* 150********* | | |
| | 举白底蓝字导游旗 "######" 集合 | | |
| 海口集合标志 | 举白底蓝字导游旗统一集合 | | |
| 海口紧急联系人：#### 0898-6******* 138******* 沈阳中旅联系电话：021—82165*** 87196*** | | | |
| 友情提示：请客人务必带好本人身份证原件（儿童带好户口本原件）如因客人原因未及时登机造成损失和费用由客人自负在旅途中如遇急需解决的问题请及时与组团社联系，我们将在最短时间内，处理问题，让您满意！ | | | |
| 温馨提示：海口温度：16 ~ 19℃左右 适宜穿：稍厚休闲外套、夏季衣裤三亚温度：22 ~ 28℃左右 适宜穿：短袖衫、牛仔裤、夏季衣裤 | | | |

## 海口挂四纯玩赠 2 晚特色酒店（海口往返）

【行程特色】含：天涯海角 / 分界洲岛 / 南山大小洞天 / 热带植物园 / 东方文化苑 / 亚龙湾中心广场等景点。

【特别安排】全程无购物，购物随客意；全程住挂牌四星酒店，特别升级入住 2 晚特色酒店。

【赠送项目】赠价值 80 元 / 人的定安文笔峰景区 + 海口"五公祠"门票门票。

| 日期 &#124; 行程 | 详 细 行 程 | 用 餐 | 住 宿 |
|---|---|---|---|
| 第一天 01.28 | 北京首都机场乘飞机（约 3.5 小时）飞往海口，导游举"民间假日"导游旗接机，乘车前往酒店休息入住 | / | 海口 |
| 第二天 01.29 | 海口—兴隆 早餐后，乘车前往五公祠（赠送），赴自然景观于一体的世界奇观 - 博鳌水城，参观亚洲人对话平台——亚洲论坛成立会址；远眺世界上分隔海与河流最狭长的天然海滩——玉带滩（船票自理），看三江交汇入海，定安文笔峰景区（赠送）；赴兴隆，参观国家 4A 级景区热带植物园，徜徉在拥有丰富氧负离子的空气之中感悟绿色天堂。晚上可自费欣赏最具异国风情的"芭蒂娅"红艺人艺术表演 | 早中晚 | 兴隆 |
| 第三天 01.30 | 兴隆—三亚 赴世外桃源灵秀小岛——分界洲岛，海水能见度达 5 ~ 10 m，适宜开展各种丰富多彩的海上娱乐项目（潜水等娱乐活动费用自理）。乘亚洲最长的索道前往南湾猴岛（自理），车览世界小姐选美主会场——美丽之冠外景、特色海滨风景——椰梦长廊；晚餐可于大东海畔自费品尝海南海鲜风味餐（自理 160 元 / 人） | 早中晚 | 三亚 |
| 第四天 01.31 | 三亚—三亚 早餐后，往 4A 级景区——天涯海角，观"天涯""海角""南天一柱"等石刻全景，观 800 年山海第一奇观——南山大小洞天；参观集中外园林、佛教文化于一体的福泽之地——南山风景区（自理），观 108 m 南山海上观音圣像风采 | 早中晚 | 陵水天朗酒店或三亚 |
| 第五天 02.01 | 陵水—海口 早餐后，前往被誉为东方"夏威夷"的 4A 景区——亚龙湾国家旅游区，欣赏亚龙湾象征性雕塑"图腾广场"——中心广场，看四大名螺齐集的贝壳馆，漫步亚龙湾沙滩，让"不是夏威夷，胜似夏威夷"的亚龙湾的美永存您记忆的底版！赴甘蔗岭原住民族文化保护区——槟榔园原始黎村（自理）；了解海南独特的黎苗少数民族文化；返海口，结束愉快旅行，送团 | 早中 | |

**接待标准：**

（1）用餐：4 早 7 正餐（10 人 1 桌，酒店内 8 菜 1 汤，其他 10 菜 1 汤，交通上不含餐）。

（2）住宿：全程挂牌四星酒店（赠 2 晚特色酒店，2 晚挂四）。

（3）交通：往返民航正班飞机经济舱，含往返机场建设费、燃油费；空调旅游车，优秀导游服务。

（4）门票：行程中所列景点首道大门票（自理景点不参加的需要在景区门口下车等候）。

60 岁以上老年人参散客团（不含老年团）+ 100 元 / 人；因行程报价为团体报价，团友持有导游证、军官证、老年证等门票费用一律不退。

（5）保险：旅行社责任险；基金：含海南政府调节基金。

（6）如果博鳌有会议不开放给游客参观，则该景区与同成本的景点互换，费用不退。

接待说明：

（1）以上行程时间仅作参考；在接待标准不变的情况下，住宿和景点前后有所调整。

（2）遇政策性调价或人力不可抗拒因素（航班延误等）所产生费用由客人自理。

（3）注：赠送项目因故不能赠送，恕不退款。

友情提示（海南旅游其他自选自费项目价格参考）：

浪漫天涯美秀 180 元 / 人　　　　　槟榔园原始黎村 168 元 / 人

人妖表演 150 元 / 人　　　　　　　鹿回头山顶公园 88 元 / 人

潜水 300 元 / 人起　　　　　　　　南山风景区 198 元 / 人

玉带滩 73 元 / 人　　　　　　　　海鲜风味大餐 160 元 / 人

鱼疗保健 195 元 / 人　　　　　　　南湾猴岛 138 元 / 人

如因游客自身原因放弃游景点及用餐，我社不予退门费及餐费。

## 相关知识与技能

### 一、旅游合同范本

旅行社与旅游者、供应商签订合同，提倡使用国家或者省发布的合同示范文本。旅行社使用自制旅游格式合同的，应当事先送当地工商行政管理部门审查。下面是山东旅游合同范本，以供参考。

山东省旅游合同（国内）

LTP-2001 － 003

合同编号：

甲方：

乙方（旅行社）：

根据《中华人民共和国合同法》和《旅行社管理条例》的有关规定，甲乙双方为明确权利义务，确保服务质量，经平等协商达成如下旅游协议：

第一条 报名与成团

甲方应详细了解咨询有关旅游事宜，乙方应全面翔实告之。

第二条 收费标准

成人应交旅游费__元 / 人，__人计__元。

高于 1.1 m 的儿童按成人收费标准收费；低于 1.1 m（含 1.1 m）的儿童由甲乙双方协商收费元 / 人，人计元。对未按成人标准交纳旅游费的儿童不提供__、__、__、__、__。

以上旅游费用总额为__元。

甲方在报名时应支付预付款为___元（预付款一般不低于旅游费总额的 30 %），余款于__年__月__日一次性付清。

第三条 旅游费用

一、旅游费包含的项目

1. 代办证件的手续费。

2.《旅游行程表》所列的交通费。

3.《旅游行程表》所列的酒店或同等级酒店的房费；单身报名或不能与其他人同住者所需单间费。

4.《旅游行程表》所列的游览景点的第一门票。

5. 《旅游行程表》所列的餐饮费（不含酒水）。

6. 导游服务费。

7. 机场建设费。

8. 甲乙双方约定的其他费用。

二、旅游费不包含的项目

1. 旅途中火车、轮船等城市间交通工具上的餐费。

2. 行李托运费。

3. 酒店内除房费以外的个人消费。

4. 甲方自行投保的保险费。

5. 寻回个人遗失物品的费用与报酬。

6. 个人行为造成的赔偿费用。

7. 《旅游行程表》以外的活动项目所需的一切费用。

第四条　旅游行程与标准

一、主要事项：

团号与团体人数：

行程观光景点：见《旅游行程表》

交通工具及标准：

餐饮标准：

住宿标准：

购物娱乐（次数／天）安排：

导游人员及服务内容：

特别说明：

二、《旅游行程表》经甲乙双方签字视为合同组成部分。

第五条　出发时间和地点

本次旅游活动＿＿＿年＿＿＿月＿＿＿日至＿＿＿月＿＿＿日，共计＿＿＿天＿＿＿夜。

出发时间、地点：

甲方未准时到约定地点集合，也未能中途加入旅游团的，视为甲方出发当日单方解除合同，适用本合同第八条之规定。

目的地接站时间、地点和方式：

乙方未在约定时间、地点或未采取约定方式接站的，视为乙方出发当日单方解除合同，适用本合同第八条之规定。

第六条　合同变更和转让

一、甲乙双方协商一致，以书面形式变更本合同。

二、经乙方同意，甲方可将其在本旅游合同中的权利义务转让给具有参加本次旅游条件的第三人，由此增减的费用由双方协商。

三、本团不能成行的，乙方应及时通知甲方。乙方在征得甲方书面同意并在不改变服务内容、不降低标准的条件下，可将甲方交由其他旅行社拼团，由此增加的费用由乙方承担。

第七条　双方义务

一、甲方的义务

1. 甲方应当按照本次旅游的要求真实有效地提供相关证件及资料。

2. 甲方应保证自身身体条件适合参加本次旅游，并有义务在签订合同时将自己健康状况如实告知乙方。

3. 甲方应妥善保管随身携带的行李物品，未委托乙方代管而丢失的，自行承担责任。

4. 甲方应当遵守团队纪律，配合导游完成旅游活动。

5. 甲方应尊重旅游地的宗教信仰、民族习俗和风土人情。

二、乙方的义务

1. 乙方应当按照《旅行社国内旅游服务质量要求》规定及合同的约定为甲方提供服务。

2. 乙方应当为甲方提供全程导游服务。

3. 乙方应严格按照合同约定次数安排甲方到定点单位购物、娱乐。

4. 乙方必须投保《旅行社投保旅行社责任保险》，并提醒甲方自愿投保其他旅游保险。

5. 未经本团全体游客同意，乙方不得接纳第三方游客。

第八条　违约和赔偿

一、甲方违约和赔偿

1. 甲方在出发当日的 7 天（含当天）前解除合同的，应赔偿乙方本合同金额 % 的违约金。

2. 出发当日的 6～4 天（含当天）前解除合同的，应赔偿甲方本合同金额__% 的违约金。

3. 出发当日的 3～2 天（含当天）前解除合同的，应赔偿甲方本合同金额__% 的违约金。

4. 出发当日解除合同的，应赔偿甲方本合同金额 % 的违约金。

二、乙方违约和赔偿

1. 乙方在出发当日的 7 天（含当天）前解除合同的，应赔偿甲方本合同金额__% 的违约金。

出发当日的 6～4 天（含当天）前解除合同的，应赔偿乙方本合同金额__% 的违约金。

出发当日的 3～2 天（含当天）前解除合同的，应赔偿乙方本合同金额__% 的违约金。

出发当日解除合同的，应赔偿乙方本合同金额__% 的违约金。

2. 乙方非因第九条原因造成行程延误，并造成服务项目减少和服务质量降低的，应承担因服务项目减少和服务质量降低给甲方造成损失的费用，支付本合同金额 % 的违约金。

3. 行程中，乙方无正当原因弃置甲方的，应退还未完成的旅游项目的费用，并承担未完成的旅游项目的费用一倍的违约金，还应承担甲方遭弃置期间支出的必要费用。

4. 因乙方原因致使甲方疾病不能继续旅游的，乙方应退还甲方旅游费余额；疾病情况处理依据《旅行社投保旅行社责任保险》有关规定。

第九条　不可抗力因素

甲乙双方因不可抗力不能履行合同的，全部或部分免除责任，但应及时通知对方，并提供有效的证明材料。法律另行规定的除外。

第十条　免责条款

1. 一切非人力不可抗力因素，所产生费用自理。

2. 旅行的安全及行李问题由各航空公司及其他有关旅运公司或大饭店直接对旅客

负责，如遇交通延误、行李损坏遗失、意外事件等情形，根据各该承办机构的规定解决。

第十一条本合同在履行中如发生争议，双方可协商解决；协商不成的，可向乙方所在地旅游投诉中心（旅游质量监督管理所）申诉；也可就争议申请仲裁或向

人民法院起诉。

第十二条未尽事宜和解决方式

未尽事宜：

解决方式：

附：旅游行程表

| 甲方： | 乙方： |
|---|---|
| 身份证（其他有效证件）号： | 法定代表人： |
| 委托代理人： | |
| 电话： | 电话： |
| 通信地址： | 通信地址： |
| | 签订合同时间：年月日 |

## 二、签订旅游合同的注意事项

（1）掌握合同的全部详细条款，并具备深入浅出地解释相应法律、法规知识的能力。

（2）明确合同关系中有关双方权利与义务的条款，特别要注意：哪些是旅行社要承担的义务、旅行社享有哪些权利、旅游者要承担哪些义务并享有哪些具体权利等细节。

（3）注意与旅游者的特殊约定，一定要写入补充条款或者协议条款中，并且表述明确、翔实。

（4）注意签约时加盖公司印章及签写上经办人姓名、旅游咨询者签名及有效证件号码和联系方式。

（5）旅游合同签订好后，如需要更改合同内容，一定要有文字记录和旅游者签名。

（6）熟悉国家旅游局的规范合同文本、当地旅游管理部门和工商管理部门制定的地方性旅游合同文本。例如，上海市、四川省等旅游合同文本与国家旅游局规范的旅游合同文本稍有不同。

## 三、保险

### （一）旅游意外保险的内容

1. 投保条件

（1）凡身体健康、能正常旅行的旅游者（含未成年人）和随团提供服务的导游、领队人员，均可作为被保险人。

（2）凡是组团旅游单位，均可作为投保人，为符合投保条件的参加出境（含中国香港、澳门、台湾地区）、入境或内地旅游团队的旅游者（含未成年人）和随团提供服务的导游、领队人员投保，但须经保险人同意，未成年人作为被保险人须经其父母或监护人同意。

（3）旅游意外保险合同的受益人可以是被保险人，也可以是由他们指定的第三人。如果他们没有指定受益人，那么他们的法定继承人就是受益人。

2. 保险的期限

所谓保险期限，亦称保险期间，是指保险合同的有效期限，即保险人（承担保险的保险公司）

依照约定承担保险责任的起讫期限。

（1）入境旅游的保险期限：自旅游者入境后参加旅行社安排的旅游行程时开始，直到本次旅游行程结束并办完出境手续、登上出境的交通工具为止。

（2）出境旅游和内地旅游的保险期限：自旅游者在约定时间由旅行社安排的交通工具开始，直到本次旅游行程结束并离开旅行社安排的交通工具为止。

（3）若旅游者自行终止旅行社安排的旅游行程，其保险期限至其终止旅游行程的时间为止。也就是说，无论是旅游者对旅行社所安排的行程不满，还是旅游者有特殊原因，不能继续随团活动，旅游者在终止与旅行社约定的旅游行程或终止后自行旅游的，旅行社为旅游者办理的旅游意外保险也随之自动终止。

3．保险的责任（赔偿范围）

根据《意外保险的暂行规定》第五条规定，旅行社办理的旅游意外保险的赔偿范围，应包括旅游者在旅游期间发生意外事故而引起的下列赔偿：

（1）人身伤亡、急性病死亡引起的赔偿，最高赔偿限额为人民币22万元。

（2）受伤和急性病治疗支出的医疗费，包括旅游者就医的出租汽车费、挂号费、住院费（不包括护理费、伙食费及营养费）、手术费、药费、化验费、透视费等。这些费用一般应由旅游者先行支出，陪同人员不宜先行垫付，因为不论医药费多少，保险公司承保的限额是人民币15 000元。

（3）死亡处理或遗体遣返所需的费用，最高赔偿额为人民币15 000元。

（4）旅游者所携带的行李物品丢失、损坏或被盗所需的赔偿。

旅游意外保险的上述各项赔偿的比例，由旅行社与承保保险公司商定。

由上述旅游意外保险范围可见，旅游意外保险主要包括人身、财物和第三责任险。但一些旅行社往往重视旅游者人身保险，忽视旅游者财物保险，如此一旦发生旅游者财物损失，如行李物品丢失、损坏、被盗等，就会出现索赔纠纷。导致以上现象的原因不外乎有两种：一是旅行社以承保保险公司不愿办理财物保险，只愿办理旅游者意外人身保险为借口；二是旅行社、保险公司以旅游者财物价值的真实性和客观性难以界定为由。无论是何种理由，不为旅游者按规定办理旅游意外保险，一旦发生事故，旅行社和旅游者将是直接受害者。因此，作为旅游业经营者的旅行社，应根据《意外保险的暂行规定》和《保险法》等有关法律、法规，与保险公司商定，依法为旅游者办理旅游意外保险。

4．保险责任免除

（1）对于因下列原因之一造成旅游者人身伤亡、残疾及医疗费用支出的，承保保险公司将不负有给付保险金的责任：

① 投保人、被保险人或受益人的故意行为。

② 被保险人的犯罪行为。

③ 被保险人吸毒、斗殴、醉酒、自杀、故意自伤身体的行为。

④ 被保险人因慢性病、流产、分娩、怀孕、整容及牙科疾病，以及因上述疾病而施行手术所致的死亡。

⑤ 被保险人驾驶无证或法律禁止的机动交通工具，及无照或酒后驾驶机动交通工具。

⑥ 公费医疗管理部门规定的自费项目和自费药品，及被保险人未遵医嘱，私自服用、注射药品。

⑦ 被保险人擅自离开指定旅游地点或不乘坐指定的交通工具。

⑧ 被保险人中止与旅行社约定的旅游行程自行旅游。

⑨ 投保人或被保险人未履行如实忠告的行为。

（2）对于属下列情况之一的行李物品丢失、损坏、被盗事故，保险公司不予赔偿。

① 首饰、现金、息票、信用卡票据、有价证券、邮票、文件账本、说明书、手稿及图文、计算机资料、飞机票、船票、车票、护照、动植物及标本。

② 假牙、假肢、隐形眼镜。

③ 金银、珠宝、古字画及古玩。

④ 行李物品的自然磨损、虫咬、变色、锈蚀或老化。

5. 保险金额和保险费

（1）保险金额：指保险人承担赔偿或给付保险金责任的最高限额，也是投保人为保险人实际投保的金额。《意外保险的暂行规定》第七条明确规定，"旅行社为旅游者办理的旅游意外保险金额不得低于以下基本标准：

① 入境旅游：每位旅游者 30 万元人民币。

② 出境旅游：每位旅游者 30 万元人民币。

③ 内地旅游：每位旅游者 10 万元人民币。

一日游（含入境旅游、出境旅游与内地旅游）：每位旅游者 3 万元人民币。

旅行社开展登山、狩猎、漂流、汽车及摩托车拉力赛等特种旅游项目，可在上述规定的旅游意外保险金额基本标准之上，按照该项目的风险程度，与保险公司商定保险金额。

作为旅行社，在经营过程中应尽量减少经营风险，严格按上述规定的保险金额为旅游者办理旅游意外保险。但在实际操作过程中，有些旅行社为了眼前利益，少缴保险费，抱着侥幸心理，为旅游者办理旅游意外保险时打折扣，甚至干脆不办，一旦发生意外事故，保险金额的空缺只能由旅行社支付，同时还要受到旅游行政管理部门的处罚。

（2）保险费：是指投保人代为被保险人向承保保险公司交付的每份保额所需的费用。不同保险公司的同类保险的保险费不尽相等，例如：甲旅行社与某保险公司所签定的旅游意外保险合同中规定，每一出境、入境旅游者保额为人民币 30 万元，保险费按每一旅游者每天人民币 9 元交付；乙旅行社与另一家保险公司所签定的旅游意外保险合同中规定，入境旅游的二日至五日游，每一旅游者的保额为人民币 30 万元，缴纳保险费为人民币 30 元。

### （二）旅游意外保险的办理程序

《意外保险的暂行规定》第十一条规定："旅游意外保险手续应由组团社负责一次性办理，接团旅行社不再重复投保。"具体办理程序如下：

1. 保险公司的选择

根据《意外保险的暂行规定》第九条规定："旅行社办理旅游意外保险，必须在境内保险公司办理。"所以，旅行社必须在中国境内选择保险业务信誉好、网络面广、无不良经营记录的保险公司。

2. 保险方式的确定

旅行社向保险公司办理旅游意外保险投保手续，主要有两种方式：一是每组织一个旅游团队，向保险公司办理一次保险手续，即一团一保；二是以上一年度组织旅游者的人数为基准，一次性向保险公司办理本年度的投保手续。旅行社可根据自身规模和业务量，来确定采取何种方式。一般而言，对于组团量大的旅行社，为减少工作量，宜采取一年一保的方式；对于组团量较小的旅行社，适合一团一保，这样便于控制付出和资金的周转。

3．签订旅游意外保险合同

（1）旅行社应与所选择的保险公司签订旅游意外保险合同。合同内容主要包括：保险期限、投保方式、保险范围、保险责任、保险费、赔付比例、保险金赔偿或给付办法、保险费结算办法等。

（2）旅行社应与旅游者签订合同。根据《意外保险的暂行规定》第十条规定："旅行社组织团队旅游，在与旅游者签订的合同中应当明确列明旅游意外保险条款。"旅游意外保险条款包括以下内容：

① 保险费。

② 保险金额。

③ 旅行社与承保保险公司商定的各项旅游意外事故的赔偿比例。

4．向旅游者收取保险费

根据（意外保险的暂行规定）第十六条规定："旅行社的销售价格中，应包含旅游意外保险费，在报价中，保险费可以单独立项。"旅行社依据此规定，可在预算报价时将保险费含内，并作说明，也可以将保险费单独列出并向旅游者收取。

5．投保确认

旅行社在填妥旅游团队旅游者旅游意外保险投保单后，应将投保单和被保险人名单传送给承保保险公司，以此作为投保依据，并取得承保保险公司出具的承保确认书。

6．投保更改

旅行社如有对旅游者名单、旅游线路及日程、保险费等内容的更正，应及时通知承保保险公司，并取得承保保险公司出具的确认书，保险责任方能生效。

### （三）旅游意外保险的赔付程序

《旅游意外保险合同》是旅行社和承保保险公司的合法契约，也是保护双方当事人合法权益的依据，它明确了旅行社、承保保险公司的权利和义务，同时也保护了旅游意外保险受益人的利益。一旦发生旅游意外事故，旅行社负有为旅游者办理理赔事宜的义务，承保保险公司负有向旅游意外保险受益人赔付保险金的责任。

索赔的期限一般为事故发生之日起 180 天之内。具体赔付程序如下：

1．取得有效凭证

（1）费用凭证的取得。当旅游者在保险有效期内发生保险责任范围内的事故时，保险公司按旅行社方所提供的索赔凭证，决定赔款外汇或人民币。因此，陪同或客人在用外汇支付车费、医药费、急需用品费等费用时，要索取外汇发票。

（2）有效凭证取得。旅行社除取得事故处理过程中所发生的费用凭证外，还必须及时取得事故发生地公安、医疗、承保保险公司或其分（支）公司等单位的有效凭证，并由组团社同承保保险公司办理理赔事宜。

2．事故通知

事故发生后，全陪应协助地陪在 24 小时内通知当地分（支）社和当地保险公司，并在三天内向组团社递交书面报告。若延迟通知，使承保保险公司增加的额外勘察和检验等费用，将从所给付的保险金中扣还，所扣部分则由组团社承担，但因不可抗拒因素所导致的延误除外。

3．事故核查

承保保险公司在接到旅行社报案后，进行调查核实，在核实期间，旅行社应做好协助工作，并向保险公司提供事故报告或出事地点当地政府的证明、县级以上（含县级）公立医院出具的被保险人"死亡证明"或法医的"死亡鉴定书"，县级以上（含县级）公立医院出具的"残废证明书"及当地医院抢救治疗费用单据等。

4．保险金的申请与赔付

（1）保险金的申请：

① 被保险人身故时，由身故保险金的受益人作为申请人，填写保险金赔付申请书，在旅行社的帮助下，凭下列证明和资料向承保保险公司申请赔付保险金：

- 投保单位证明。
- 受益人的户籍证明和身份证明。
- 保险费收据。
- 公安部门或县级以上（含县级）公立医院出具的被保险人死亡证明。
- 事故发生地公安部门出具的意外事故证明。
- 被保险人的户籍注销证明。
- 身故处理或遗体遣返费用的原始凭证。

② 被保险人残废，则由被保险人或其代理人作为申请人，在被保险人被确定残疾及程度后，填写保险金赔付申请书，并在旅行社的帮助下，凭下列证明和资料向承保保险公司申请赔付保险金：

- 投保单位证明。
- 被保险人的户籍证明和身份证明。
- 保险费收据。
- 为残疾人员提供医疗的医疗部门或由承保保险公司指定、认可的医疗部门出具的"残疾程度鉴定书"。
- 事故发生地公安部门出具的意外事故证明。
- 若代理人作为申请人，应提供授权委托书、身份证明等相关证明。

被保险人因意外伤害事故或突发急性病需救治时，由被保险人或其代理人作为申请人，在被保险人救治结束后，填写保险金赔付申请书，在旅行社帮助下，凭下列证明和资料向承保保险公司申请赔付保险金：

- 投保单位证明。
- 被保险人的户籍证明和身份证明。
- 保险费单据。
- 县级以上（含县级）医疗单位或由承保保险公司指定、认可的医疗单位出具的附有检查报告的医疗诊断书、病历和医疗费用原始凭证。
- 事故发生地的公安部门出具的意外事故证明。
- 护送交通费的原始凭证。
- 若代理人作为申请人，应提供授权委托书、身份证明等相关证明。

被保险人因行李物品错运、错发、丢失、损坏、被盗所造成损失的，由被保险人作为申请人，在事故处理结束后，填写保险金赔付申请书，由旅行社负责连同下列证明和资料一并寄给承保保险公司并申请赔付保险金：

- 如发生行李物品错运、错发事故后，经查确系因旅行社有关人员的疏忽，陪同人员应将有关情况做出书面说明，并经领导或有关分（支）社盖章连同再次托运的原始凭证（赔偿限额为人民币 1 000 元）和为被保险人购买必需生活用品的原始凭证（赔偿限额为人民币 100 元）一并寄给组团社，由组团社向保险公司索赔。

- 如发生行李丢失事故，陪同人员务必将行李托运卡拿到手，并请丢失行李者填写一份证明材料，写明所丢物品及金额；陪同人员还必须写一份情况说明，签字并经当地分（支）社盖章后，一并寄给组团社，由组团社负责向承保保险公司索赔。赔偿金额以人民币 5 000 元为限。

- 若发生行李损坏事故，陪同人员可掌握在人民币 100 元以内先行替旅游者修理或购买新的包装物，然后将原始发票寄给组团社，由组团社负责向承保保险公司索赔。

- 若发生行李物品被盗事故，陪同人员应首先向当地公安部门报案，并尽可能拿到证明材料；然后要求旅游者填写一份证明材料，列明所丢物品及金额；陪同人员还须写一份情况说明，签字并经当地分（支）社盖章后，寄给组团社，由组团社负责向承保保险公司索赔。赔偿金额以人民币 4 500 元为限。

（2）保险金的赔付

承保保险公司在收到保险金赔付申请和有关部门证明、资料后，经调查核实，造出赔款计算书并签署意见后寄给保险总公司，保险总公司在接到保险分（支）公司的意见和赔款计算书后，在 20～30 天内将赔款支付组团社或通知拒付。

若承保保险公司收到赔付保险金申请和有关证明、材料之日起 60 天内，对赔付保险金的数额难以确定，可根据已有证明和材料，按可以确定的最低数额先予以支付，等最终确定赔付保险金额后，再给付相应的差额部分。

对旅游者的小额行李物品丢失的赔偿，可由旅行社先行向旅游者垫付，旅行社凭理赔申请及损失证明，再与承保保险公司办理理赔事宜。

## 四、旅行社业务核算

由于不同的旅行社所经营的业务有所不同，其业务核算的内容也存在一定的差异，所以，各类旅行社的业务核算均有其各自的特点。旅行社业务核算主要分为组团业务核算和接待业务核算两大类型。其中一些旅行社以组团业务核算为主；另一些旅行社以接待业务核算为主；还有一些旅行社兼有组团业务核算和接待业务核算。

### （一）组团业务核算

组团业务核算主要包括审核报价、核算组团收入和核算组团成本等内容。由于组团业务对旅行社的客源起着十分重要的作用，而且组团业务能够为旅行社带来明显的经济效益，所以旅行社应高度重视对其核算。

1．审核报价

审核旅行社销售人员对外报价是组团业务核算的一项重要内容。旅行社的财务部门根据旅游团（者）的旅游活动日程、旅游团队的等级及其旅行的时间，对销售人员填制的报价单进行审核。审核的内容主要是报价的淡季、旺季价格是否正确；报价单上的各项价格是否准确、全面；报价在时间上、空间上是否一致等，如表 3-2-3 所示。

表 3-2-3 旅游团日程及报价单

旅游团代号： 旅游者人数： 价格等级： 报价日期： 年 月 日

| 天数 | 日期 | 离开城市 | 抵达城市 | 综合服务费 | 城市间交通费 | 各地房费 | 各地餐费 | 各地超公里费 | 各地特殊门票 | 游江游船费 | 合计 |
|---|---|---|---|---|---|---|---|---|---|---|---|
| 1 | 月日 | | | | | | | | | | |
| 2 | 月日 | | | | | | | | | | |
| 3 | 月日 | | | | | | | | | | |
| 4 | 月日 | | | | | | | | | | |
| 5 | 月日 | | | | | | | | | | |
| 6 | 月日 | | | | | | | | | | |
| 7 | 月日 | | | | | | | | | | |
| 8 | 月日 | | | | | | | | | | |
| 9 | 月日 | | | | | | | | | | |
| 10 | 月日 | | | | | | | | | | |
| 11 | 月日 | | | | | | | | | | |
| 12 | 月日 | | | | | | | | | | |
| 13 | 月日 | | | | | | | | | | |
| 14 | 月日 | | | | | | | | | | |
| 15 | 月日 | | | | | | | | | | |
| 16 | 月日 | | | | | | | | | | |
| 17 | 月日 | | | | | | | | | | |
| 18 | 月日 | | | | | | | | | | |
| 19 | 月日 | | | | | | | | | | |
| 20 | 月日 | | | | | | | | | | |
| 每人总包价 | | | | 元 | 折合美元 | 含全免 | 人 | | | | 其他 |
| 备注 | | | | | | | | | | | |

填表人： 部： 财务核算： 负责人：

2．组团收入核算

组团社通过招徕旅游团（者）和组织旅游团（者）进行旅游获得的收入称为组团营业收入，这种营业收入主要由综合服务费、房费、餐费、城市间交通费和专项附加费构成。

组团社分为旅游客源地组团社和旅游目的地组团社，二者的组团收入来源不同。旅游客源地组团社的组团收入主要来自旅游者及某些部门或企业。旅行社在接受旅游者的旅游要求时，必须坚持"先收费，后接待"的原则，要求旅游者在出发前的规定时间内交付全部旅行费用，否则取消其参加旅游团的资格。这是因为，客源地旅行社是在同旅游者个人打交道，对其无任何约束能力。如果旅行社允许旅游者先参加旅行社所组织的旅游活动，待旅游活动结束后再向旅游者收取旅游费用，有时会出现旅游者在参加旅游活动后拒绝付款或只付部分旅游费用的现象。一旦出现这种情况，旅行社向旅游者催讨欠款的成本将会很高，甚至有时会使旅行社无法收回欠款或所收回的欠款不足以抵消催款的费用，给旅行社造成较大的经济损失。

旅游目的地组团旅行社的情况则不同。它是在同客源产生地组团旅行社做生意，是旅行社之间的业务往来。由于旅游市场是买方市场，市场竞争十分激烈，各家旅行社都在千方百计寻找客源。在这种市场条件下，如果目的地组团旅行社坚持要求对方遵守"先收费，后接待"的原则，可能会导致客源地组团旅行社转而寻求其他合作伙伴，将其所招徕的旅游客源交给愿意向其提供商业信用的目的地的其他旅行社，从而使这家旅行社丧失部分甚至全部客源，造成重大经济损失。因此，旅游目的地组团旅行社，在同旅游客源地组团旅行社合作时，可以允许其在旅游团的旅行活动结束后再付款。然而，这样做虽然能够增加客源，却可能导致旅游目的地组团社的资金被占压的时间延长，并增加了坏账损失的风险。

无论旅游客源地组团旅行社，还是旅游目的地组团旅行社，在核算其组团收入时，都应该根据与旅游者或旅游客源地组团旅行社达成的旅游协议，认真审核其所付的旅游费用或付款承诺。如果发现其所付费用少于旅游协议上双方所同意的数目，应立即指出，要求对方将少付的旅游费用补上。

3．组团成本核算

组团成本核算是考核旅行社在经营中的成本开支，从中发现不合理的支出，并采取切实的措施予以纠正，以达到降低成本和增加企业经济效益的目的。组团成本中，绝大部分为旅行社从各旅游服务供应部门采购旅游服务的费用，亦称为营业成本或直接成本。旅行社在核算其组团成本时，检查重点为所采购的旅游服务是否按照采购合同上双方同意的价格进行结算。在实际工作中，为了便于操作，旅行社往往采用下面的方法来计算其营业成本：

$$营业成本 ＝ 营业收入 － 毛利$$
$$毛利 ＝ 旅游团（者）的人数 × 停留天数 × 人天计划毛利$$

旅行社在核算其组团成本时，还应该根据接待计划和全程陪同填写的各地支出情况，预先逐团列支，待各地接待社将结算单寄到后，再分别列入各结算单位的结算账户。旅行社的组团成本主要由组团外联成本、小包价成本、劳务成本和其他服务成本构成。营业成本的内容基本是与营业收入的内容相对应而发生的。

### （二）接待收入核算

1．审核结算通知单

结算通知单是接待旅行社向组团旅行社收取接待费用的凭证，由旅游者的全程陪同填写并由接待的地方陪同签字。如果旅游者没有配备全程陪同，则由接待该旅游者的地方陪同负责填写结算通知单。结算通知单转交给财务部门后，由财务部门根据接待计划、变更通知等有关文件，对结算通知单的内容进行逐项审核。审核的重点是组团社名称、计划号码、旅游者人数、等级、抵离时间、活动项目、计价标准等与接待计划和变更通知是否一致；各项费用计算是否正确；填写项目是否齐全；有无陪同人员的签字确认。

2．接待收入核算

核算接待收入是接待旅行社业务审核的一个重要内容。接待业务收入主要由综合服务费、房费、餐费、城市间交通费和专项附加费构成。接待旅行社在计算接待收入时，应根据同组团旅行社已经确定的结算方法计算出因接待组团社委托接待的旅游者应得到的综合服务费收入及其他各项收入。接待旅行社在计算各项费用时，应注意旅游团所属的等级和接待的季节，以避免出现诸如少算款项，错算旅游者接待标准、等级和季节差价，以及金额计算差错等。

3．成本费用核算

接待旅行社在审核其营业成本时应按照收入\支出配比的原则，认真进行成本核算，严格审核应付给饭店、餐馆、汽车公司、旅游景点等的款项，做到"分团结算，一团一清"，对盈利少的团要严格审核，对亏损的团要查出原因。在核算成本费用时，接待旅行社可根据自身业务的特点，采用单团成本核算、批量成本核算等方法。

### 五、旅行社收取旅游费用具体包括的项目

除双方另有约定以外，旅游费用主要包括下列项目：

（1）交通运输费：行程表所列的城市间交通费及每人一件行李的运费（其质量和尺寸以交通部门限定为准）。交通工具的等级标准以合同的约定为准。

（2）用膳费：按合同约定的用餐标准由旅行社安排的膳食费。

（3）住宿费：按行程表所列的酒店或同级酒店，旅行社按合同约定的住房等级档次安排的住宿费。

（4）游览费用：依照行程表所列的游览费用，主要是游览交通费、合同约定的景点和旅游项目第一道门票费。

（5）导游服务费：旅行社依照行程为游客提供导游服务的地陪、全陪费用。

（6）双方约定的其他费用。

### 六、门市结算业务

在旅行社行业中，除少数新建旅行社和部分信誉较差的旅行社，在向其他旅行社及各种旅游服务供应部门或企业采购旅游服务时，除必须采取现金支付的方式外，多数旅行社利用商业信用进行结算。因此，在旅行社之间和旅行社与其他旅游服务供应部门或企业之间，产生了大量因赊购或赊销而造成的应收账款和应付账款。旅行社结算业务，就是指对应收账款和应付账款的结算。

#### （一）正常情况的结算业务

旅行社之间的正常情况结算业务分为综合服务费和其他旅游费用两大部分。

1．综合服务费

综合服务费的结算业务包括审核结算内容和确定结算方式。

（1）审核结算内容。旅行社财务人员在审核综合服务费结算内容时，应对照旅游计划和陪同该旅游团（者）的导游员所填写的结算通知单，对所需结算的各项费用进行认真审查。旅行社之间结算所涉及的综合服务费一般包括市内交通费、杂费、领队减免费、地方导游费、接

待手续费和接待宣传费。其结算的方法是：

综合服务费 = 实际接待旅游者人数 x 实际接待天数 x 人天综合服务费价格

当旅游团内成年旅游者的人数达到 16 人时，应免收 1 人的综合服务费；旅游者所携带的 2 ～ 12 周岁（不含 12 周岁）的儿童，应按照成年旅游者标准的 50％ 收取综合服务费；12 周岁（含 12 周岁）以上的儿童、少年旅游者，按照成年旅游者标准收取综合服务费；2 周岁以下的儿童，在未发生费用的情况下，不收取综合服务费。如果发生费用，由携带儿童的旅游者现付。

（2）结算方式。旅游者在一地停留时间满 24 小时的，按 1 天的综合服务费结算；停留时间超过 24 小时，未满 48 小时的部分和停留时间未满 24 小时的，按照有关标准结算。目前，我国旅行社主要采用的结算方式有：中国国际旅行社的结算标准（简称国旅标准）；中国旅行社的结算标准（简称中旅标准）；中国青年旅行社的结算标准（简称青旅标准）。其具体结算标准如下：

① 国旅标准：采用的是按旅游者用餐地点划分综合服务费结算比例进行结算，具体做法如表 3-2-4 所示。

表 3-2-4 国 旅 标 准

| 地 点 | 综合服务费（扣除餐费） |
|---|---|
| 用早餐（7 时）地点 | 33% |
| 用午餐（12 时）地点 | 34% |
| 用晚餐（18 时）地点 | 33% |

② 中旅标准：采用的是按抵离时间分段划分综合服务费的结算办法，具体做法如表 3-2-5 所示。

表 3-2-5 中 旅 标 准

| 抵达当地时间 | 百 分 数 | 离开当地时间 | 百 分 数 |
|---|---|---|---|
| 0：01—9：00 | 100% | 0：01—9：00 | 20% |
| 9：01—11：00 | 85% | 9：01—11：00 | 30% |
| 11：01—13：30 | 70% | 11：01—13：30 | 60% |
| 13：31—17：00 | 45% | 13：31—17：00 | 80% |
| 17：01—19：30 | 35% | 17：01—19：30 | 100% |
| 19：31—24：00 | 15% | | |

③ 青旅标准：采用的是按照旅游者停留小时划分结算比例的标准进行综合服务费的结算，具体做法如表 3-2-6 所示。

表 3-2-6  青 旅 标 准

| 停留小时数 | 综合服务费（扣除餐费） |
|---|---|
| 4 小时以内 | 按 10 小时结算 |
| 4~10 小时 | 按 15 小时结算 |
| 11~18 小时 | 按 18 小时结算 |
| 18 小时以上 | 按实际停留小时结算 |
| 去外地一日游当天返回驻地的外地接待旅行社 | 按 16 小时结算 |

2．其他旅游费用

其他旅游费用包括旅游者的房费、餐费、城市间交通费、门票费和专项附加费，其中后三项费用统称为其他费用。

（1）房费

房费分自订房和代订房两种。自订房房费由订房单位或旅游者本人直接向饭店结算；代订房房费由接待旅行社结算。其结算公式为：

$$房费 = 实用房间数 \times 实际过夜数 \times 房价$$

在实际经营中，旅行社一般为旅游团队安排双人间，有时旅游团队因人数或性别原因可能出现自然单间。例如，某旅游团队共有 17 名旅游者，共需 9 间客房而非 8 间客房；又如，某旅游团队共有 20 名旅游者，内有 11 名妇女，需要 11 间客房而非 10 间客房。由此而产生的房费差额，可根据事先达成的协议由组团旅行社或接待旅行社承担。

旅行社应按照饭店的规定，在旅游团队（者）离开本地当天 12 时以前办理退房手续。凡因接待旅行社退房延误造成的损失由接待旅行社承担；如果旅游者要求延迟退房，则由旅游者直接向饭店现付房差费用。

（2）餐费：结算有两种形式。一种是将餐费（午、晚餐）纳入综合服务费一起结算；另一种是将餐费单列，根据用餐人数和次数结算。计算公式为：

$$餐费 = 用餐人数 \times 用餐次数 \times 用餐标准$$

（3）其他费用：指城市间交通费、门票费和专项附加费。在结算这些费用时，应根据双方事先达成的协议及有关的旅游服务供应企业和单位的收费标准处理。

3．付款方式

旅行社之间结算业务多采用汇付方式进行。汇付方式分为电汇、信汇和票汇三种类型。

（1）电汇：指组团旅行社要求其开户银行拍发加押电报或电传给接待旅行社所在地的开户银行，指示解付一定金额给接待旅行社的付款方式，是我国旅行社目前使用最多的一种汇款方式。

（2）信汇：指组团旅行社要求其开户银行将信汇委托书寄入接待旅行社的开户银行，授权解付一定金额给接待旅行社的汇款方式。现在，我国旅行社已很少使用这种汇款方式。

（3）票汇：指组团旅行社要求其开户银行代其开立以接待旅行社所在地开户银行为解付行的银行即期汇票，支付一定金额给接待旅行社的汇款方式。

#### （二）特殊情况的结算业务

旅行社在组团或接团过程中往往会遇到一些特殊的情况，并相应地反映到会计核算中。旅行社根据不同的情况分别加以妥善处理。

1. 跨季节的结算

我国的旅行社，多以每年的 12 月初至转年的 3 月底，作为旅游淡季；其余的月份，作为旅游旺季或平季。旅游者在一地停留的时间恰逢旅游淡季与旺季交替时，旅行社应按照旅游者在该地实际停留日期的季节价格标准分段结算。

2. 等级变化的结算

（1）因分团活动导致等级变化。旅游团在成行后，因某种特殊原因要求分团活动并因此导致旅游团等级发生变化时，应按分团后的等级收费和结算。结算的方式有两种：一种是由旅游者现付分团后新等级费用标准和原等级费用标准之间的差额；另一种是接待旅行社征得组团旅行社同意后按新等级标准向组团旅行社结算。

（2）因部分旅游者中途退团造成等级变化。参加团体包价旅游团的旅游者在旅行途中因特殊原因退团，造成旅游团队因退团后人数不足 10 人而发生等级变化时，原则上仍按旅游团的人数和等级标准收费和结算。退团的旅游者离团后的费用由旅游者自理。

3. 晚间抵达或清晨离开的旅游团队结算

包价旅游团队在晚餐后抵达或早餐后离开某地时，接待旅行社按照人数和等级标准向组团旅行社结算接送费用。其计算公式为：

$$接送费用 = 人数 \times 计价标准$$

### 七、门市服务人员提醒旅游者的注意事项

（1）请旅游者行前要注意健康情况，如健康情形欠佳，或患有急慢性疾病者，应先请教医生是否适宜外出旅行。出门在外，因生活环境变化，舟车劳顿，长途跋涉，患有疾病者容易在旅途中发作，因此需要保持身心健康，尤其是高龄的旅游者。

（2）请旅游者行前记住与旅行社确定出发时间与集合地点，并索取行程表，让旅游者及其家人清楚此次旅程的安排。

（3）请旅游者行前检查是否已携带有效身份证，车、船、机票，特别是未取得身份证的少年儿童，必须按规定携带有效身份证明，以免耽误行程。

### 八、签订旅游合同后旅游变更的处理方法

门市服务人员要告知旅游者：签订旅游合同以后，如果旅游者临时不能去旅游，应该尽快通知旅行社取消。依照合同约定，游客办理退团解约，应赔偿旅行社的费用因解约时间不同而有差异。越早通知，赔偿越少。

同时，门市服务人员要向旅游者解释，旅行社收取的赔偿费用，主要用于支付车、船、航空公司、住宿酒店、各地接待社等相关企业的解约违约金，如表 3-2-7 所示。

表 3-2-7 退团解约赔偿标准

| 旅游者通知退团解约的时间 | 旅游者赔偿旅行社的费用 |
|---|---|
| 旅游开始前第 5 日以前 | 全部旅游费用扣除旅行社已支出的必要费用后余额的 10% |
| 旅游开始前第 5~3 日 | 全部旅游费用扣除旅行社已支出的必要费用后余额的 20% |
| 旅游开始前第 3~1 日 | 全部旅游费用扣除旅行社已支出的必要费用后余额的 30% |
| 旅游开始前 1 日 | 全部旅游费用扣除旅行社已支出的必要费用后余额的 50% |
| 旅游开始前日或开始后通知到或未通知不参团 | 全部旅游费用扣除旅行社已支出的必要费用后余额的 100% |

## 技能训练

### 一、练习签订合同

训练方法：情境模拟法，角色扮演法。

（1）小组讨论，设计一个情境。

（2）每组派代表表演。可由一名同学扮演接待人员，两名同学扮演客人。

（3）学生轮流表演，并互换角色。

训练要求：

（1）合同签订准确、完整。

（2）字迹工整美观。

### 二、出团通知

根据上面的情境完成出团通知的练习。

### 三、业务结算

通过下面的例题，练习业务结算的方法。

例 1，某旅游团一行 12 人于 2015 年 3 月 30 日 16：05 抵达 C 城游览，并于 4 月 2 日 8：33 离开该城前往 J 市。该旅行社淡季团体包价旅游的综合服务费标准为每人天 95 元，平季和旺季综合服务费为每人天 105 元。那么，C 城的接待旅行社应收的综合服务费为：

$$95 元 \times（1 + 33\%）+ 105 元 \times（1 + 33\%）= 266（元）$$

例 2，F 市的一家旅行社接待一个马来西亚旅游团，全团共有成年旅游者 14 人，于 2015 年 6 月 21 日晚 21：30 抵达 B 市机场。该团在 F 市游览 1 天后，于 6 月 23 日清晨 5：25 未用早餐即乘飞机离开 F 市前往 T 市。该旅行社到飞机场的接送费为每人次 8 元，该旅游团的综合服务费为每人天 110 元。那么，这家旅行社应得的综合服务费为：

$$（110 元 \times 14 人）+（8 元 \times 2 次 \times 14 人）= 1764 元$$

## 完成任务

（一）小组练习

将班上学生分成小组，各小组选一位组长带领组员，设计一个国内游的线路，然后完成手续办理任务。

（二）小组评价

（1）国内游的手续办理分哪几个步骤。

（2）签订合同的方法。

（3）业务核算、结算。

（三）综合评价

综合评价包括小组之间的互评和老师对各小组工作的系统评价。主要评价项目如表 3-2-8 所示。

表 3-2-8　能力评价表

| 内　　　容 | | | 评　　价 | |
|---|---|---|---|---|
| 学习目标 | | 评价项目 | 小组评价 | 教师评价 |
| 知识 | 应知应会 | （1）国内游手续办理的步骤 | Yes/No | Yes/No |
| | | （2）业务核算 | Yes/No | Yes/No |
| | | （3）保险内容 | Yes/No | Yes/No |
| 专业能力 | （1）签订合同的能力<br>（2）业务核算、结算能力<br>（3）编制出团通知能力<br>（4）处理突发事件能力 | （1）合同签订 | Yes/No | Yes/No |
| | | （2）业务核算、结算 | Yes/No | Yes/No |
| | | （3）出团通知 | Yes/No | Yes/No |
| | | （4）签订合同后的旅游变更 | Yes/No | Yes/No |
| 通用能力 | 沟通能力 | | Yes/No | Yes/No |
| | 团队协作能力 | | Yes/No | Yes/No |
| | 组织能力 | | Yes/No | Yes/No |
| | 解决问题能力 | | Yes/No | Yes/No |
| | 自我管理能力 | | Yes/No | Yes/No |
| | 创新能力 | | Yes/No | Yes/No |
| 态度 | 敬业爱岗 | | Yes/No | Yes/No |
| | 态度认真 | | | |
| 个人努力方向与建议 | | | | |

### 思考与练习

（1）模拟练习内地游的手续办理。

（2）合同签订的方法。

（3）试述业务核算及结算的方法。

（4）出团通知的编制方法。

（5）签订合同后旅游变更的处理标准是什么？

## 任务三　出境游的手续办理

出境游是我国国际旅行社经营的业务，最普遍的经营方法是我国的国际旅行社根据内地出境旅游市场的需求，向境外的旅行社提出产品的内容与要求，由境外旅行社进行线路设计并提供报价。我国旅行社在此基础上加上自己的利润和旅游者往返交通票价，然后销售给旅游者，在成功地招徕了旅客成团后，交由目的地旅行社接待，我方派出领队监督计划落实情况。

### 任务描述

刘女士看到了某旅行社做的出境游广告，于是决定带着孩子参加该社组织的"日本经典六日游"，刘女士与旅行社签订了合同并交纳了两人的旅游费用，旅行社为刘女士打印了一份旅游行程，并为她办理了相关手续。

日本樱花节

日本富士山

### 任务分析

出境游的手续办理相对复杂一些，主要是申请护照（或旅行证件）和签证（或签注）办理需要一些时间。在签证（签注）办好之后，旅行社就开始预订机票、给境外的接待社发送接待计划，发送出团通知等。

办理出境游的手续通常要遵照以下六个步骤：

签订出境游合同→申请护照（或旅行游证件）→申请签证（签注）→预订机票→发团计划→发送出团通知

## 一、签订出境游合同

出境游合同与内地游合同略有不同，下面是辽宁省的出境游合同范本：

---

合同编号：

甲方：（旅游者或团体）＿＿＿＿＿ 24 小时联系电话：＿＿＿＿＿

乙方：（组团旅行社）＿＿＿＿＿ 24 小时联系电话：＿＿＿＿＿

甲方自愿购买乙方所销售的出境游旅游产品，为保障双方权利和履行义务，本着平等协商的原则，现就有关事项达成如下协议。

第一条基本条件

1. 甲方为我国法律、法规所规定的允许出境游的大陆公民或团体。

2. 乙方保证其具有国家认可的出境游组团资格。

第二条销售与成交

1. 乙方根据甲方要求结合具体情况提供甲方所需行程及价格。

2. 双方对日程、标准及费用等项目达成一致。

3. 双方签属合同，甲方按乙方要求提供必要的签证（或签注）所需的资料（必须要真实）。

4. 合同一经签署后，甲方向乙方交纳团费，乙方为甲方出具收款凭证。

第三条成交订单

1. 内容：

团号＿＿＿＿＿＿＿＿＿＿

人数＿＿＿＿＿＿＿＿＿＿

姓名＿＿＿＿＿＿＿＿＿＿（名单见附页）

性别＿＿＿＿年龄＿＿＿＿身份证号码＿＿＿＿＿＿＿＿

境外共计＿＿＿＿天

（航班、车、船、前往目的地及返境内时间包括在行程天数之内）

出发、返回地点＿＿＿＿＿＿＿＿＿＿＿＿＿＿＿＿＿＿＿

出发时间＿＿＿＿＿＿＿＿＿＿（详见出团通知）

行程路线＿＿＿＿＿＿＿＿＿＿＿＿＿＿＿＿＿＿＿＿＿＿＿

交通工具＿＿＿＿＿＿＿＿＿＿＿＿＿＿＿＿＿＿＿＿＿＿＿

住宿标准＿＿＿＿＿＿＿＿＿＿＿＿＿＿＿＿＿＿＿＿＿＿＿

用餐标准＿＿＿＿＿＿＿＿＿＿＿＿＿＿＿＿＿＿＿＿＿＿＿

保险项目＿＿＿＿＿＿＿＿＿＿＿＿＿＿＿＿＿＿＿＿＿＿＿

导游服务＿＿＿＿＿＿＿＿＿＿＿＿＿＿＿＿＿＿＿＿＿＿＿

注明：出境旅游未含的费用

＿＿＿＿＿＿＿＿＿＿＿＿＿＿＿＿＿＿＿＿＿＿＿＿＿＿＿＿＿

＿＿＿＿＿＿＿＿＿＿＿＿＿＿＿＿＿＿＿＿＿＿＿＿＿＿＿＿＿

2. 以上订单一经成交，甲乙双方应恪守约定，不得擅自更改。

3. 甲方在旅游产品提供期间应服从乙方的统一安排要求，乙方有权根据实际发生的情况进行调整。

第四条违约责任

---

---

1. 乙方在下列情形下承担赔偿责任
（1）因乙方过失或故意未达到合同规定内容，造成甲方直接经济损失。
（2）乙方旅游产品的提供未达到约定标准。
（3）因乙方违规操作，使甲方遭受损失的。
2. 甲方在下列情况下责任自负或承担赔偿责任
（1）甲方违约，自身损失责任自负，给乙方造成损失的，要承担赔偿责任。
（2）甲方违反我国或前往目的地国家（地区）的法律、法规，产生的后果由甲方自负。
（3）超出本合同约定的订单内容，进行个人活动而造成损失的，责任自负。
（4）合同签订后，甲方取消行程，甲方应承担乙方为甲方安排所发生的费用及相关损失费（如证照费、签证费、交通费、投保费、退房费、退餐费等损失）。
3. 不承担违约责任的情形
（1）因不可抗拒因素（例如：大雾、大风、地震、海啸等恶劣天气及交通延阻、罢工、航班取消或更改时间等人力不可抗拒的原因）造成甲、乙双方不能履约的情况。
（2）非甲、乙双方的责任导致的双方各自的损失的。
（3）本合同双方已经就可能出现的问题约定处理措施的。
（4）乙方在旅游质量问题出现前后已采取下列措施的，免除责任。
① 过失、非故意的违约。
② 对发生的违约已采取了预防性措施的。
③ 乙方进行善后处理措施的。
④ 由于甲方自身过错造成的质量问题的。
第五条 此合同适合于团队独立成团或1人至多人的散客拼团情况。
第六条 争议的解决
本合同在履行中如发生争议，双方应协商解决，也可向有管辖权的旅游质监所提出投诉和赔偿请求及向法院起诉。
第七条 本合同一式三份，合同双方各执一份，具有同等效力。
第八条 本合同自签订之日起生效。
第九条 未尽事宜双方友好协商解决。


甲方代表签字：                          乙方代表签字：
盖　章                                  盖　章
年　月　日                              年　月　日

## 二、申请护照（或旅行证件）

护照是一国主管机关发给本国公民出国或在国外居留的证件，证明其国籍和身份。护照分为外交护照、公务护照和普通护照。在中国，外交、公务护照由外事部门颁发，普通护照由公安部门颁发。中华人民共和国护照的有效期一般为5年，可延期2次，每次不超过5年。

随着出境旅游业务的开展，中国公民出境旅游的人数日趋增长，出境旅游的手续也日益简单。我国公民出境旅游可自行到当地公安部门申请普通护照（或旅行证件），也可由旅行社代办。当旅行社接受游客的委托，为其办理护照（或旅行证件）申请工作时应认真办理以下工作：

（1）请游客提交：本人身份证、户口本或其他户籍证明和两寸半身正面免冠照片等相关申办资料。由于顾客出入境的性质和目的的不同，申请出入境护照（或旅行证件）、签证（或签注）

等要求具备的文件资料各异，要求申请人资料皆以身份证户籍资料为准。

（2）在清点证明文件内容和数量确实无误后，旅行社工作人员应给顾客出具签收单作为责任凭证。

（3）将顾客所提供的证明文件等资料进行认真管理，建立专门档案予以妥善保管，如根据姓氏或旅游地区或国家分类编号，以便于迅速办理代办业务。

（4）制作"顾客卡"，列明顾客姓名、籍贯、出国事由、目的地、期限、证件资料名称、数量，以记录承办经过和办理时间等。同时，依凭这些资料作为日后顾客联系的凭卡。

（5）填写："中华人民共和国旅游护照（或旅行证件）申请表"，如表 3-3-1 所示。填写护照申请表时，无论中英文均须用正楷填写，英文姓名的填写以查对标准汉语字典发音为准。

表 3-3-1　中华人民共和国出入境通行证（或旅行证件）申请表

以下内容由申请人填写（请用正楷字及蓝黑色或黑色墨水水笔书写）：

| 身份证号码 | | | | |
|---|---|---|---|---|
| 姓 | 名 | | 性别 | |
| 拼音姓 | 拼音名 | | 民族 | |
| 出生日期 | 年 月 日 | 出生地 | 婚姻状况 | |
| 政治面貌 | 文化程度 | | 联系电话 | |
| 户口所在地址 | | 所属派出所 | | |
| 家庭现住址 | | 邮政编码 | | |
| 本人身份 | □国家工作人员　□国有大中型企业中层以上管理人员　□金融、保险系统人员　□国有控股、参股企业中的国有股权代表　□军人　□其他人员 | | | |
| 服务处所 | | 职务职称 | | |
| 服务处所地址 | | 联系电话 | | |
| 前往国家（或地区） | | 属第（　）次申请出入境通行证 | | |
| 出境事由 | □边境贸易　□边境旅游服务　□边境旅游　□替代种植、发展替代产业　□其他事由 | | | |
| 申请证件种类类别 | □申请一年多次出入境有效出入境通行证　□申请三个月一次出入境有效出入境通行证　□申请一年多次出入境有效出入境通行证补发　□其他 | | | |
| 原出入境通行证号码　签发地　有效期至　年 月 日 | | | | |

申请编号条形码

贴照片处
近期正面免冠半身
白色或淡蓝色背景彩色照片
照片大小：48X33mm
头部宽度：21～24mm
头部长度：28～33mm

特别声明：

（1）本人知道，凡属于登记备案的国家工作人员申办出入境通行证必须由单位出具意见，否则，由此造成的一切后果由本人承担；
（2）本申请表格所填

续表

| 家庭主要成员 | 称谓 | 姓名 | 年龄 | 工作单位、职务 | 家庭住址 |
|---|---|---|---|---|---|
| | | | | | |
| | | | | | |
| | | | | | |
| | | | | | |
| | | | | | |

内容正确无误，所提交的身份证明文件和照片真实有效。如有虚假将承担法律责任。

申请人签名：

　年　月　日

不满十六周岁的申请人，办理申请时，须由监护人陪同。监护人须做出如下声明：

本人是申请人的，依法拥有对申请人的监护权，同意申请人提出申请，本人的身份证件号码是：

| 本人简历 | |
|---|---|

| 邮寄地址及邮政编码 | | 收件人姓名 | 联系电话 |
|---|---|---|---|
| | | | |

监护人签名：
年　月　日

| 以下栏目由申请人所在单位组织人事部门填写 | |
|---|---|
| 属于登记备案的国家工作人员申办出入境通行证必须按干部管理权限出具单位意见并加盖主管部门公章 | 1. 单位全称：<br>2. 申请人　　　　（填写姓名）<br>　系单位的　　　　（填写职务或身份）<br>3. 申请人所填各项内容 □是/□否属实<br>4. 单位 □批准/□不批准该人申请<br><br>负责人签名：　　　　公　章<br>组织、人事部门联系人姓名：<br>联系电话：　　　年　月　日 |

| 以下栏目由公安机关出入境管理机构填写 | | | |
|---|---|---|---|
| 受理机构意见 | 受理民警签名：<br>受理机构初步审查意见：<br>□同意/□不同意签发出入境通行证<br>出具意见人签名：<br>受理日期：　年　月　日 | 审批机构意见 | 审批签发民警签名：<br>审批签发机构意见：<br>□同意/□不同意签发出入境通行证<br>审批人签名：<br>审批日期：　年　月　日 |

续表

| 户口簿复印件 | 身份证复印件 |
|---|---|
| 备 注 | 出入境通行证号码 |

申请护照（或旅行证件）后，申办人持户口所在地的公安局发放的体检表到指定卫生防疫站检疫所进行体检，做一次体检半年有效。

### 三、申请签证（或签注）

签证是一国主管机关在本国或外国公民所持的护照或其他旅行证件上签注、盖章，表示准其出入本国国境或过境的手续。签证和护照一样都有一定的有效期限，持证人必须在规定的期限内进入或离开签证国。没有按规定时限入境或出境，签证就意味着失效。签证失效后入境签证必须重新办理，出境签证则需要申请延期，有的还要受到一定的处罚。

出国旅游的公民在申请了护照之后，可委托旅行社统一申办签证。申办签证的程序因国而异。除了填写申请表，赴东南亚旅游只需提交护照和两张照片即可，而赴欧洲旅游则相对复杂一些，需要提交护照、身份证、房产证、户口本甚至银行存款证明等。一般来讲，申请签证需要经过下列几项程序：

（1）提交有效的中国护照。

（2）提交与申请事由相适应的各种证件，包括前往国入境许可和我国公证机关出具的各类有效证明。

（3）填写外国签证申请表（见表3-3-2）。

表 3-3-2 日本国签证申请表（团体旅游用）

申请人姓名（中文）_____

（英文）_____

出生年月日：___年___月___日 出生地：_____省/市

居民身份证号码：_____

性别：□男 □女

户籍所在地：中华人民共和国_____省/市_____市/区

现住所：中华人民共和国_____省/市_____市/区_____

住宅电话号码：_____ 移动电话：_____

工作单位（学校）：_____ 电话号码：_____

职位：_____

紧急联络人（中国国内亲属等）

姓名：_____ 与申请人的关系：_____

住址：_____ 电话号码：_____

护照签发地点：_____ 护照号码：_____

护照签发日期：___年___月___日 有效期至：___年___月___日

（照片）
二寸

犯罪记录　　□无　□有

报名旅行社：＿＿＿＿＿＿　报名日期：＿＿＿年＿＿月＿＿日

参团费用：＿＿＿＿＿＿　人民币

预定出发日：＿年＿月＿日　预定归国日：＿年＿月＿日

访问地点：＿＿＿＿＿＿＿＿＿＿＿

一同报名参加者（亲属、朋友、同事等）：＿＿＿＿＿＿＿＿＿＿＿

所持外币：□日元＿＿＿＿日元　□美元＿＿＿＿美元

出境记录：□无　□有　＿年＿月　停留＿日　国名：＿＿＿

在日亲属：□无　□有　在日亲属姓名：＿＿＿＿　关系：＿＿＿

职业：＿＿＿＿　住宅电话号码：＿＿＿＿＿＿

工作单位（学校）：＿＿＿＿＿＿＿

　　本人声明以上内容均为事实，并清楚地认识到本人的入境资格、居留期限将在本人到达日本时均由日本移民官员决定，本人清楚地认识到持有签证者在到达日本港口请求入境时，如被发现是属于禁止入境者时，则无权进入日本。

申请年月日：＿年＿月＿日　申请人签名：＿＿＿＿

　　大使馆或领事馆，将填妥的各种签证申请表和必要的证明材料，呈报国内主管部门审查批准后，即发给签证。

　　一国公民前往另一个国家，必须到前往国家驻所在国家的大使馆或者领事馆。

　　申请对方国家的入境签证，这已成为国际惯例。但现在也有一些例外，比如随着欧洲旅游的开发，各国实行互免签证，旅游者在欧洲可能参观十几个国家，但实际上根据组团社的安排，只申请其中一个国家的签证即可。例如，赴德国、法国、荷兰、比利时、卢森堡、芬兰六国旅游，只需申请芬兰的签证。

　　九人以上的旅游团可发给团体签证。团体签证一式三份，签发机关留一份，旅游团两份，一份用于入境，一份用于出境。我国旅游团在出国旅游时，通常持团体签证。因此，团员们必须统一行动，不能离团，否则无法入境或离境。

## 四、预订机票

　　在办理了上述手续后，旅行社的票务部门需要与航空公司联系，为团队预订机票。在给航空公司的订票单上要详细列明出发日期、航班、舱等、游客姓名、护照号码，有时还需要标明优惠折扣等。

　　由于交通是旅游团出游的根本保证之一，同时交通费用也直接影响到旅游团的最终报价，所以旅行社特别重视与各航空公司的合作，一来可以保证团队顺利出游，二来尽量争取更优惠的价格。

## 五、发团计划

　　订妥机票、确定了具体的出发日期，旅行社需要给境外的接待社发送接待计划。计划上要详细标明旅游团团号、人数、出入境时间、口岸、交通工具、旅游服务等级、旅游者的特殊要求、旅游行程、旅游名单以及组团社联系电话、E-mail、传真、联系人等。在双方旅行社业务联系的过程中，组团社应有境外旅行社落实计划的确认信息，并保留其书面记录。

　　旅行社在给境外的接待社发出接团计划的同时，也应该通知该团的领队，以便其做好服务准备工作。领队是经国家旅游行政管理部门批准的国际旅行社委派的出境旅游团队的专职服务人员，代表该旅行社全权负责旅游团在境外的旅游活动。在旅游过程中，领队起着沟通派出方旅行社和境外接待方旅行社、旅游者和旅游目的地国家导游人员桥梁的作用。在团队出发前，领队应做如下准备工作：

（1）研究旅游团情况。了解旅游团成员的职业、姓名、性别、年龄，以及旅游团中的重点旅游者、需要特殊照顾的对象和旅游团的特殊要求。

（2）核对各种票据、表格和旅行证件。核对旅游者护照（或旅行证件）和团队名单以及护照（或旅行证件）内的签证（或签注）；核对机票及行程；检查全团的预防注射情况；准备多份境外住店分配名单。

（3）做好物质准备。准备好领队证、已核实好的票据、证件和各种表格；准备好机场建设税及团队费用；准备好社旗、胸牌、行李标签等；准备好国内外重要联系单位的电话、传真、E-mail 地址等。

## 六、发送出团通知

下面以"日本经典六日"游为例进行说明。

### "日本经典六日"游出团通知

尊敬的客人您好：

欢迎您参加 2015 年 10 月 18 日前往日本 6 天旅行团，现将此团出发时间及注意事项告知如下：

| 出发日期 | 2015 年 10 月 18 日 |
|---|---|
| 集合时间 | 2015 年 10 月 18 日 06 时 30 分（准时） |
| 集合地点 | 沈阳桃仙国际机场二楼，国际出发处集合， |
| 集合标志 | "*** 假期"黄色导游旗 |
| 日本导游 | 佐藤## 080-3***-3*** |
| 领　队 | ### 136********* |
| 国内紧急联络电话 | ### 139****** |

| 日　期 | 城　市 | 交　通 | 行　　程 | 餐食 | 酒　店 |
|---|---|---|---|---|---|
| 10.18 | 沈　阳<br>大　阪 | CZ611<br>08：50<br>12：00 | 机场集合，乘国际航班前往日本关西第一大城市——大阪，抵达后入住酒店 | 晚：O | ××× 酒店<br>0724-69-1112 |
| 10.19 | 大　阪<br>京　都<br>名古屋 | 旅游车 | 早餐后参观大阪城公园、心斋桥，道顿堀商业街自由购物，乘坐高速列车 - 新干线（自费）前往京都，平安神宫，金阁寺，并在西阵织和服会馆了解传统和服制造工艺并观赏和服时装表演，乘车前往酒店。<br><br>自费项目：大阪 / 京都的新干线（260元 / 人） | 早：O<br>午：O<br>晚：O | ××× 酒店<br>0566-41-7171 |

| 日 期 | 城 市 | 交 通 | 行　　　程 | 餐 食 | 酒 店 |
|---|---|---|---|---|---|
| 10.20 | 名古屋<br>箱 根 | 旅游车 | 早餐后前往箱根国立公园，平和公园，游览芦之湖畔（不含游船），亲临原火山爆发处——烟雾缭绕的大涌谷地狱，当晚入住温泉旅馆。自费项目：富士五合目（RMB260元/人，如天气、时间允许可登） | 早：O<br>午：O<br>晚：O | ×××酒店<br>0555-87-2211 |
| 10.21 | 箱 根<br>横 滨<br>东 京 | 旅游车 | 早餐后游览中华街，山下公园，二十一世纪未来港，而后前往东京观光：游览台场海滨公园，台场丰田汽车会馆，秋叶原免税店，繁华的商业街银座，新宿，都厅展望大厅一览东京全景 | 早：O<br>午：O<br>晚：O | ×××酒店<br>04-7138-2111 |
| 10.22 | 东 京 | 旅游车 | 早餐后游览，皇居外苑（二重桥），游览浅草雷门观音寺，仲见世商业街感受日本传统文化，中途远眺东京港湾及富士电视塔，自费游览乐趣无穷的东京迪士尼乐园（600元/人）。 | 早：O<br>午：X<br>晚：X | ×××酒店<br>0476-35-5511 |
| 10.23 | 东 京<br>沈 阳 | CZ628<br>13：25<br>15：30 | 早餐后前往成田国际机场乘国际航班回国，抵达机场后散团，结束愉快的日本旅程 | 早：O | |

温馨提示：按照国际惯例，出境旅游，需付给境外司机和导游小费45元人民币/人·天，全程合计270元/人。（机场齐收）现提供日本手机租赁业务，价格优惠，有意者请提前预订！

自费项目参考：迪士尼乐园（600元/人）

大阪-京都新干线（260元/人）

富士五合目（260元/人）

## 赴日旅游注意事项

敬请各位参团贵宾特别留意：

（1）一切贵重物品（证件、机票、钱财、摄像机、照相机等）必须全程随身携带，请不要放在酒店房间、旅游车及托运行李中，否则如有遗失后果自负。

（2）在旅游活动中服从导游的安排，注意人身安全，日本政府严格规定团队必须整团进出日本，如不跟团队一起出境，按滞留不归处理，同时还规定在日本旅游期间禁止游客离团自由活动及从事一切商务活动。若私自离团产生的一切后果由游客自负。

（3）如遇大雪、大雾、雷雨等天气原因及飞机机械故障等不可抗拒原因，导致行程延误，造成的损失及增加的额外费用，由参团游客自行承担。

（4）每位客人可携带20 000元人民币或等值外币出境，在中国边检出入关时，大件电器必须向海关申报，可携带200支香烟、一瓶洋酒入境。手提行李每人携带一件，托运行李质量不超过20 kg，化妆品、液体物品及小刀、指甲刀等尖利物品必须放入托运行李中。

（5）日本境内人民币不流通，请备足日元。日本饮食主要为日本料理的定食和自助烧烤，比较简单，以蔬菜为主，肉类较少，饭量很小，口味清淡、请自备一些小菜和食品。

（6）日本的自来水可饮用。电压为 110 V，插座多数为扁头插座。

（7）酒店房间内部设施非常完备，请与导游确认使用及收费注意事项。切记：不要穿睡衣及拖鞋在酒店行走。

（8）日本时间比中国时间早一小时，到达境外时间以当地时间为准。

（9）日本车辆全部左侧通行，过马路时请您遵守交通信号，以保证安全。

（10）日本的气候相当于中国的上海，但富士山地区温差较大，请适当准备衣服。

（11）日本医疗费用很贵，请携带一些常用药品及本人所需药品。

（12）日本旅行车内部、大部分餐厅甚至部分路段等公众场所均禁止吸烟，请一定注意。

（13）是否能看到富士山根据当地的天气情况而定。

（14）我国手机在日本无法使用，在日本可购买电话卡拨打国内电话，电话拨打方法，以沈阳为例：001+010+86+24+ 电话号码。

（15）公共场合禁止大声喧哗。

※※※※※ 请您归国入境后将护照交与领队销签，谢谢合作！

祝您旅途顺畅，心情愉快！

## 相关知识与技能

### 一、出入境知识

中外游客出入我国边境，须持有效证件出入境，并至指定的口岸接受我国边防检查站（由公安、海关、卫生检疫三方面组成）的查验。

#### （一）出入境应持有的有效证件

与我国出入境有关的有效证件主要有：

1. 护照

护照是一国主管机关发给本国公民出国或在国外的证明，证明其国籍和身份，一般分为外交、公务和普通护照三种。在中国，外交、公务护照由政府外事部门颁发，普通护照由公安部门颁发。中华人民共和国护照（见图 3-1-1）的有效期一般为 10 年，可延期两次，华侨可在有效期满前向中国驻外领事馆或外交部授权的驻外机构提出延期申请。

2. 签证

签证是由被访问国家驻外国领事机构在持护照人申请去该国访问时，在申请人的护照上签注盖印，表示准许其出入该国国境或者过境的手续。华侨回国探亲、旅游无须办理签证。

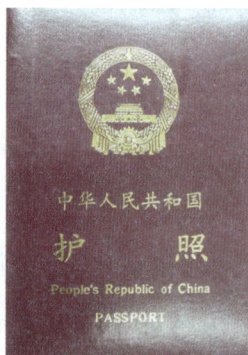

图 3-3-1 护照

签证的种类分为外交签证、礼遇签证、公务签证、普通签证；还可分为入境签证、出境签证和过境签证。在中国为 L 字签证（发给来中国旅游、探亲或因其他事务入境的人员）。签证上规定了持证人在中国停留的起止日期，获签证者必须在有效期内进入中国境内，超期不再有效。图 3-3-2 所示为日本签证。

希望进入中国的外国人须持有效护照向中国的外交代表机关、领事机关或外交部授权的其他驻外机关申请办理签证。但在特定情况下，例如事由紧急确实来不及在上述机关办理签证手续者，可向公安部授权的口岸签证机关申请办理签证。随着国际关系和旅游事业的发展，许多国家之间签订了互免签证的协议。

中国公安部授权的口岸签证机关有：北京、上海、天津、大连、福州、厦门、西安、桂林、杭州、昆明、广州（白云机场）、深圳（罗湖、蛇口）、珠海（拱北）等。

图 3-3-2　日本签证

持联程客票搭乘国际航班直接过境，在中国停留不超过 24 小时且不出机场的外国人，免办签证；要求临时离开机场的，需经边防检查机关批准。

港、澳、台地区是我国领土不可分割的一部分，按照行业习惯，港、澳、台旅游需要特殊的旅游证件，本书将港、澳、台列入境外游。

3．港、澳居民来往内地通行证

港、澳居民来往内地通行证（见图 3-3-3）是港、澳同胞来往于中国香港、澳门与内地之间的证件，由广东省公安厅签发，有效期为十年。另外，《出入境通行证》也由广东省公安厅签发，有效期为五年。

图 3-3-3　往来港澳通行证

4．台湾同胞旅行证明

台湾同胞旅行证明是台湾同胞来祖国大陆探亲、旅游的证件，经口岸边防检查站查验并加盖验讫章后，即可作为进出祖国大陆旅行的身份证明。该证由我国公安部委托香港中国旅行社签发，证明为一次性有效，出境时由口岸边防检查站收回。

## （二）出入境手续

办理出入境手续的部门一般设在口岸和旅客出入境的地点，如机场、车站、码头等。出入口岸的外国人可持有效证件在指定对外开放的口岸出入中国；华侨和台湾同胞可持有效证件在指定的口岸进出祖国大陆；香港、澳门同胞持证经深圳出入内地。

1．边防检查

边防检查主要是要求出入境者填写出入境登记卡片、交验护照（或旅行证件）、检查签证（或签注）等。卡片的内容包括姓名、性别、出生年月、国籍、民族、婚否、护照（或旅行证件）种类和号码、签证（或签注）种类和号码、有效期限、入境口岸、日期、逗留期限等。护照（或旅行证件）、签证（或签注）查验完毕加盖验讫章。

2．海关检查

海关检查一般是询问有无需要申报的物品，或填写旅客携带物品入境申报单。必要时海关有权开箱检查所携带的物品。各国对出入境物品的管理有各自不同的具体规定。一般烟、酒等物品按限额放行；文物、武器、毒品、动植物等为违禁品，非经特许不得出入境。

根据《中华人民共和国海关法》和《中华人民共和国海关对进出境旅客行李物品监管办法》的规定，进出境旅客行李物品必须通过设有海关的地点出境或入境，接受海关监管。

海关通道分为"红色通道"和"绿色通道"两种。

（1）红色通道：亦称"应税通道"。海外游客进入中国境内，一般须经"红色通道"，事先要填写"旅客行李申报单"向海关申报，经海关查验后放行。申报单上所列物品，海关加"△"号的，必须复带出境。申报单不得涂改，不得遗失，出境时要再交海关办理手续；申报单应据实填写，申报不实或隐匿不报者，一经查出，海关将依法处理。

（2）绿色通道：亦称"免税通道"。持有中国主管部门给予外交、礼遇签证护照的外籍人员及海关给予免检礼遇的人员，携带无须向海关申报物品的旅客，可选择"无申报"通道，但需向海关出示本人证件和按照规定填写申报单据。

3．入境卫生检疫

入境卫生检疫主要是交验"黄皮书"，即有关疾病的预防接种证书。为防止国际间某种传染病的流行，各国都有到本国旅行需进行预防接种的规定。有些国家有时免检，但对于发生疫情地区的检查特别严格，对未接种的旅客会采取隔离、强制接种等措施。根据疫情的分布，不同地区、不同时期对预防接种要求不同，办理接种手续前应做了解。各省、市、自治区卫生防疫站负责接种并发给黄皮书。

来自传染病疫区的人员应出示有效的有关疾病的预防接种证书；无证者，国境卫生检疫机关将从他离开感染环境时算起实施六日的留验。来自疫区传染病污染的物品或可能成为传染病传播媒介的物品，须接受卫生检查和必要的卫生处理。

4．安全检查

安全检查主要是为了禁止携带武器、凶器、爆炸物等。检查方式包括搜身、过安全门、用磁性探测器近身检查、红外线透视等。现在，登机旅客普遍须接受安全检查，而且检查手续日趋严格。

### （三）中国海关有关规定

1．烟酒

携带烟酒的规定如表 3-3-3 所示。

表 3-3-3　携带烟酒的规定

| 旅 客 类 别 | 免税烟草制品限量 | 免税 2° 以上酒精饮料限量 |
|---|---|---|
| 来往港澳地区的游客 | 香烟 200 支或雪茄 50 支或烟丝 250 g | 酒一瓶（不超过 0.75 L） |
| 当天往返或短期内多次来往港澳地区的游客 | 香烟 40 支或雪茄 5 支或烟丝 40 g | 不准免税带进 |
| 其他进境游客 | 香烟 400 支或雪茄 100 支或烟丝 500 g | 酒两瓶（不超过 1.5 L） |

2．旅行自用物品

非居民旅客及持有前往国家或地区再入境签证（或签注）的居民旅客，携带旅行自用物品限照相机、便携式收录音机、小型摄影机、手提式摄录机、手提式文字处理机每种一件。超出范围的需向海关如实申报，并办理有关手续。经海关放行的旅行自用物品，旅客应在回程时复带出境，如图 3-3-4 所示。

3．金、银及其制品

旅客携带金、银及其制品入境应以自用合理数量为限，其中超过 50 g 的应填写申报单，向海关申报；复带出境时，海关凭本次进境申报的数量核放。

携带或托运出境在中国境内购买的金、银及其制品（包括镶嵌饰品、器皿等新工艺品），海关凭中国人民银行制发的"特种发票"放行。

4．外汇

旅客携带外币、旅行支票、信用证等入境，数量不受限制。居民旅客携带 1 000 美元（非居民旅客 5 000 美元）以上或等值的其他外币现钞入境，须向海关如实申报；复带出境时，海关凭本次进境申报的数额核实。

5．人民币

旅客携带人民币进出境每人每次携带的人民币限额为 20 000 元。

6．文物（含已故现代著名书画家的作品）

旅客携带文物入境，如需复带出境，请向海关详细报明。

旅客携运出境的文物，须经中国文物行政管理部门鉴定。

携运文物出境时，必须向海关详细申报。对在境内商店购买的文物，海关凭中国文物行政管理部门盖的鉴定标志及文物外销发票查验放行；对在境内通过其他途径得到的文物，海关凭中国文物行政管理部门盖的鉴定标志及开具的许可出口证明查验放行；未经鉴定的文物，请不要携带出境。携带文物出境，不依据事实向海关申报的，海关将依法处理。

7．中药材、中成药

进境旅客出境时携带用外汇购买的、数量合理的自用中药材、中成药，海关凭有关发票和外汇兑换水单放行。

麝香及超出上述规定限值的中药材、中成药不准携带出境。

8．旅游商品

入境旅客出境时携带用外汇在我国境内购买的旅游纪念品、工艺品，除按国家规定应申领出口许可证或应征出口税的品种外，海关凭有关发票和外汇兑换水单放行。

图 3-3-4　旅游自用物品

## 二、货币知识

### （一）外汇

外汇是指以外币表示的可用于国际结算的一种支付手段，它包括外国货币、外币有价证券、外币支付凭证，以及其他外汇资金。

中国对外汇实行由国家集中管理、统一经营的方针。在中国境内，禁止外汇流通、使用、质押，禁止私自买卖外汇，禁止以任何形式进行套汇、炒汇、逃汇。外国游客来华带入的外汇没有限制，但入境时必须据实申报；在中国境内，游客可持外汇到中国银行及各兑换点兑换成人民币，并且要保存好银行出具的外汇兑换证明。

我国可以收兑的外币有：美元（USD）、欧元（EUR）、澳大利亚元（AUD）、加拿大元（CAD）、丹麦克朗（DKK）、日元（JPY）、马来西亚元（MYR）、挪威克朗（NOK）、新加坡元（SGD）、瑞典克朗（SEK）、瑞士法郎（CHF）、英镑（GBP），以及中国香港的港元（HKD）。泰国殊（THB）

和菲律宾比索（PHP）可以在侨乡的个别中国银行兑换。

台胞携入的台币（NTW），中国银行可通融兑换成人民币。

### （二）旅行支票

旅行支票是银行或旅行公司为了方便旅行者，在旅行者交存一定金额后签发的一种面额固定的、没有指定付款人和付款地点的定额票据。购买旅游支票时，旅行者要当场签字，作为预留印鉴；支取款项时必须当着付款单位的面在支票上签字；付款单位将两个签字核对无误后方可付款，以防假冒。

中国银行在收兑旅行支票时收取 7.5% 的贴息。

### （三）信用卡

信用卡是指银行或信用卡公司为提供消费信用而发给客户在指定地点支取现金、购买期货或支付劳务费用的信用凭证，实际上是一种分期付款的消费者信贷。信用卡上印有持卡者的姓名、持卡者的账号，以及每笔赊购的限额、签字有效期及防伪标志等内容。为了避免风险，发卡机构对其发行的信用卡规定的使用期限一般为 1～3 年，并规定一次取款或消费的最高限额。

我国目前受理的主要外国信用卡有七种：万事达卡、维萨卡、运通卡、大莱卡、JCB 卡、百万卡和发达卡。如图 3-3-5 所示。

图 3-3-5　中外信用卡

### 三、国际时差

国际上通常以经过英国格林尼治天文台的 0°经度线为标准，将地球划分为东西各 12 个时区，每个时区 15 个经度，两个时区间相差 1 小时，这就是各国的"地方时"。如果一个国家的地域横跨 2 个以上时区，该国可以确定以某一个时区的时间为全国标准时间。例如，中国跨了 5 个时区，就以北京所在的东八区时间作为全国的标准时间，叫北京时间。

当游客跨时区旅行时，为便于与当地时间同步，就涉及时差的调整问题。具体讲，欧洲地区实际时间比中国晚，所以欧洲客人到中国旅行，应将时间向后拨，如巴黎、柏林位于东一区，北京位于东八区，相差 7 个小时，当巴黎、柏林客人到中国后，就必须将时间向后拨 7 个小时；相反，时区比中国早的国家如日本、韩国、泰国客人到中国来旅行，就应该将时间向前拨。如东京、首尔和曼谷时间的 13 时，应是北京时间的 12 时。世界部分城市与北京时差如表 3-3-4 所示。

表 3-3-4　世界重要城市时差表

| 国　名 | 城　市 | 与北京时差 |
| --- | --- | --- |
| 美国 | 旧金山 | -16 |
| 墨西哥 | 墨西哥城 | -15 |
| 美国 | 纽约 | -13 |
| 巴拿马 | 巴拿马城 | -13 |
| 加拿大 | 蒙特利亚 | -13 |
| 古巴 | 哈瓦那 | -13 |
| 法国 | 巴黎 | -8 |
| 英国 | 伦敦 | -8 |
| 意大利 | 罗马 | -7 |
| 德国 | 柏林 | -7 |
| 波兰 | 华沙 | -7 |
| 瑞士 | 日内瓦 | -7 |
| 捷克 | 布拉格 | -7 |
| 匈牙利 | 布达佩斯 | -7 |
| 罗马尼亚 | 布加勒斯特 | -6 |
| 埃及 | 开罗 | -6 |
| 俄罗斯 | 莫斯科 | -5 |
| 印度 | 新德里 | -2.30 |
| 斯里兰卡 | 科伦城 | -2.30 |
| 新加坡 | 新加坡 | -0.30 |
| 印尼 | 雅加达 | -0.30 |
| 马来西亚 | 吉隆坡 | -0.30 |
| 菲律宾 | 马尼拉 | -0.30 |
| 朝鲜 | 平壤 | +1 |
| 日本 | 东京 | +1 |
| 澳大利亚 | 悉尼 | +2 |

## 四、国际礼宾通则

在人际交往时，必须注意施礼原则。概括来说，目前世界流行的接待通则主要有以下 12 条：

（1）维护形象。在交往活动中，每一名相关人员的一言一行，往往代表着一个国家、一个民族、一个地区、一个城市的形象。若对自我形象毫不修饰，则是对交往对象的不尊重，属失礼行为。

所以，在日常交往中，应时时刻刻注重个人言谈举止、服饰仪容，不可蓬头垢面、不修边幅。

（2）不卑不亢。这是事关国格、人格的大是大非问题，不卑不亢同等重要，不可偏废。既不畏惧自卑、低三下四，又不自大狂傲、放肆嚣张，而要堂堂正正、坦诚乐观、豁达开朗、从容不迫、落落大方。

（3）求同存异。求同就是遵守国际惯例，取得共识，便于沟通，避免周折；存异就是注意"个性"，了解具体交往对象的礼仪习俗禁忌，并予以尊重。

（4）入乡随俗。当自己身为东道主时，通常讲究"主随客便"；当自己充当旅游者时，则又讲究"客随主便"。接待人员必须充分了解交往对象的风俗习惯，无条件地加以尊重，不可少见多怪、妄加非议。

（5）信守约定。在一切公务接待活动中，都必须认真而严格地遵守自己的所有承诺，说话务必算数，许诺一定要兑现，约会必须准时。万一由于难以抗拒的因素而失约，必须尽早向有关各方通报，如实解释，郑重致歉，主动承担损失。

（6）热情有度。待人接物热情友好，但要注意分寸，过犹不及。

（7）不必过谦。在交往活动中涉及自我评价时，虽然不应该自吹自擂、自我标榜、一味抬高自己，但也不要妄自菲薄、自我贬低、自轻自贱、过度谦虚客套。

（8）不宜先为。在交往活动中，面对自己一时难以应付、举棋不定，或者不知道到底怎样做才好时，如有可能，最明智的做法是尽量不要急于采取行动，尤其不要急于冒昧行事。

（9）尊重隐私。凡涉及旅游者收入支出、年龄大小、恋爱婚姻、身体健康、家庭地址、个人经历、信仰政见、所忙何事等，皆属个人隐私，与对方交谈时要避免涉及这些"隐私"。

（10）女士优先。在一切社交场合，每一名成年男子，都有义务主动自觉地以自己的实际行动去尊重、照顾、体谅、关心、保护妇女，并且还要想方设法，尽心竭力地去为妇女排忧解难。这并不代表女性是弱者，而是像尊重母亲一样尊重女性。

（11）爱护环境。不可毁损自然环境，不可虐待动物，不可损坏公物，不可乱堆乱挂私人物品。不可乱扔乱丢废弃物品，不可随地吐痰，不可到处随意吸烟，不可任意制造噪声。

（12）以右为尊。在各种类型的对外交往中，大到政治磋商、商务往来、文化交流，小到私人接触、社交应酬，但凡有必要确定并排列主次尊卑时，"以右为尊"都是普遍适用的。以右为上、以左为下、以右为尊、以左为卑，就肯定不会失敬于人。

## 五、西餐礼仪

用西餐时，要注意坐姿，身体应与餐桌间保持适当距离，姿势端正。入席前每位旅游者面前放置餐巾，主要用来进食时避免弄脏衣服及用餐完毕时擦手和嘴角。进餐开始，主人拿起餐巾，这是准备进餐的信号，散席前收餐巾也以主人为先。餐巾放法：①在重要礼节场合将餐巾放于胸前。②在轻松场合将餐巾放于胸前的桌上，斜放，其中餐巾一角用自己的碗碟压住。③一般场合放在膝上。有事暂时离席，应折好餐巾搁在椅背上，若搁在桌上表明你不想再吃了，用餐结束后把餐巾放在桌上左边即可。餐巾保持外观整洁，脏迹应藏在餐巾内面，餐巾只能擦嘴和手。

餐刀和汤匙应放在餐盘的右边，餐叉放在餐盘的左边；吃点心用的小匙放在前面；餐盘前还需放两个不同的玻璃杯，分别为斟红葡萄酒和白葡萄酒备置的，还要外加一个斟水的玻璃杯。吃海鲜适合饮白葡萄酒；吃肉食、喝浓汤适合饮用红葡萄酒；用点心则配以甜葡萄酒或香槟酒。用餐时右手拿刀左手拿叉，对摆在面前的刀叉，要从外向里取用，这样的顺序正是每道菜上桌的顺序。刀叉以八字形平摆在盘边，表示用餐尚未完毕；刀叉朝自己并列排放，表示应该撤盘。舀汤时，勺子横拿，由内向外舀起。喝汤时，要由里向外舀起送入口中，避免出声。喝汤时不能用嘴吹，不能端起汤盘来喝。面包应切成小块放入口中，不应拿起整个面包嚼啃；吃面条、通心粉之类食物时，可用餐叉卷起送入口中，不可吸食。用刀在盘内将食物割成一块块（大小应能以一口吃下为宜），不能用刀挑起食物往嘴里送。叉挑起食物要适量，一次性放入口中，嘴唇只碰食物，不能咬叉，不能让刀叉在牙齿上或盘中发出声响；西餐桌上的食物一般都使用刀叉进食，但小萝卜、青果、水果、点心、炸土豆片、玉米粒、田鸡腿及面包等可用手取食。

西餐取菜不要太多，将食物剩在盘中是失礼的行为。吃东西应闭嘴咀嚼，不宜发出声音。用餐时，切勿大声喧哗影响别人，席间、饭后，不要当着大家的面剔牙，不要边走边剔牙，不得已剔牙时，要用手或餐巾挡住嘴巴。

西餐的上菜顺序为：开胃酒、汤、鱼、色拉和干酪、肉、甜点、水果、咖啡或茶。喝咖啡和红茶时，不要将咖啡匙或茶匙留在杯中，待放入的糖块溶解后，再稍搅动几下，然后将咖啡匙或茶匙放在底盘里，端起杯来慢慢品尝。

以翻译身份赴宴，要注意：不得喧宾夺主，不要自己向旅游者祝酒，不随意为旅游者布菜；嘴里不要放过大、过多、带刺的食物，要时刻准备完成翻译任务。席间不抽烟，除非女主人请大家抽烟；作为翻译赴宴，不得边翻译边吸烟。优雅大方、文质彬彬是用西餐时应有的风度。图 3-3-6 所示为西餐厅及用餐方式。

用餐时，左手持叉，右手持刀，将肉食切割成块

图 3-3-6　西餐厅及用餐方式

## 六、国际交往的见面礼节

### 1．鞠躬礼

鞠躬又称打躬，为弯身行礼以示恭敬，是我国、日本和朝鲜等国的传统礼节。行鞠躬礼时必须脱帽，用立正姿势，双目注视对方，脸带微笑，以身体上部向前倾斜约 15° 左右，如图 3-3-7 所示。

### 2．合十礼

合十礼又称合掌礼，即把两个手掌在胸前对合，掌尖和鼻尖齐高，手掌向外倾斜，头略低，兼含敬意和谢意的双重意义。合十礼多用于与南亚与东南亚信奉佛教的国家。在国家交往中，当对方用合十礼致礼时，我们也应以合十礼相还，如图 3-3-8 所示。

图 3-3-7　鞠躬礼

图 3-3-8　合十礼

### 3．拥抱礼

拥抱礼是欧美各国熟人、朋友之间表示亲密感情的一种礼节，通常与吻礼同时进行。在迎宾、祝贺、感谢等隆重场合，无论是官方或民间的仪式中经常采用。有时是热情的拥抱，有时则纯属礼节性。其方法是：两人相对而立，左手扶在对方右后腰，右手扶在对方左后肩，按各自的方位，先左侧拥抱，再右侧拥抱，再左侧拥抱后，礼毕，如图 3-3-9 所示。

图 3-3-9　拥抱礼

### 4．吻礼

吻礼多见于欧美国家，是各国上级对下级、长辈对晚辈，以及朋友、夫妻之间表示亲昵、爱抚的一种礼节。父母子女之间是亲脸、亲额头；兄弟姐妹平辈的亲友之间是贴面颊；亲人、熟人之间是拥抱、亲脸、贴面颊。在公共场合，关系亲近的妇女之间是亲脸；男女之间是贴面颊；

晚辈对长辈一般亲额头，如图 3-3-10 所示。

5．吻手礼

吻手礼是流行与欧美上层社会的一种礼节，起源于中世纪的欧洲。在社交场合中，同上层社会的贵族妇女见面时，如果女方先伸出手作下垂式，男方则可将其指尖轻轻提起吻之；若女方不伸手表示，则不可行吻手礼，如图 3-3-11 所示。

图 3-3-10　吻礼

图 3-3-11　吻手礼

## 七、国外礼俗

### （一）欧美一些国家（地区）的礼俗概况

1．英国

（1）风土人情（见图 3-3-12）。在交往中，情感极少得到表露，礼节受到极端的重视。人们见面称呼时，即使在熟人之间，大多数头衔也要被冠在名字的前面。最好的办法是先听别人是怎样称呼你的，然后仿之以称呼别人。交谈时，不要说有关君主制的闲话，也不要谈宗教。不能以"你是干什么的"作为谈论的开始，那被认为是个人私事，不宜进行讨论。

图 3-3-12　英国风情

（2）饮食习惯。英国人很会保养，早上一睁眼就先喝"被窝茶"。以它冲去睡意后，麦片、牛奶、果汁、黄油点心、三明治、煮鸡蛋等都被逐一享用。他们的午餐、晚餐一般为二菜一汤，牛肉、羊肉、鸡鸭、鱼等搭配使用，外加点心、水果和咖啡。一日三餐他们并不要求数量，但绝对讲求质量。要求清淡、鲜嫩、焦香、不要辣的，而且各种调味品一应俱全，自由挑选以配合自己的口味。除一日三餐外，英国人十分讲究"午后茶"。公司机关每天下午 4 点半，免费供应红茶，另加白糖、牛奶或少许点心。在上层社会，邀请朋友饮茶仅次于设宴，是一种社交方式。

（3）禁忌。绝大多数英国人除忌讳数字"13"外，还忌"3"；忌用人像作商品装潢和服饰图案，还忌用大象、孔雀图案；吃饭时忌刀叉与水杯相碰；忌送百合花，认为百合花意味着死亡。

2．法国

（1）风土人情（见图 3-3-13）。法国人一般比较拘泥于形式并且很保守，当地人对其他人所说的话语总持挑剔态度，在法国赴约要准时，不然会被认为是缺乏礼貌的表现。法国人极少上门做客，除非是在主人的盛情之下。如果去别人家做客，要为女主人带一些花或巧克力之类的小礼品，以示谢意。在法国，平时谈话时不要以个人、政治或钱作为话题，那样会引起别人的反感。

（2）饮食习惯。从 17 世纪起，所谓西餐一般都指的是法国菜。法国人喜欢吃肥嫩的猪、牛、羊肉和各种香肠、虾、鱼、蛋、禽、牡蛎、蜗牛，以及新鲜蔬菜。烹调中喜欢用大蒜、香草、丁香等为配料，花色品种繁多。他们和英国人一样爱喝清汤。法国是名酒白兰地、香槟的故乡。他们喝酒很讲究，一般吃肉类和家禽用舍利酒、麦台酒；野味用红酒；吃海味则饮白兰地；喝汤时配葡萄酒；各种水果和点心大都用甜酒。

（3）禁忌。和其他西方人一样，法国人也很忌讳"13"这个数字，认为"13"和"星期五"都是不吉利的。法国人把对老年妇女称呼"老太太"，视为一种侮辱的语言；交谈时忌问别人的隐私；忌讳墨绿色，因为第二次世界大战期间德国纳粹军服是墨绿色；忌送红玫瑰（情人的礼物）、黄色的花（不忠诚的象征）和菊花（葬礼用花）；忌黑桃图案，把仙鹤视为淫妇的象征，孔雀被看成是祸鸟，大象象征着笨汉；忌送香水和化妆品给女士，在法国这意味着求爱。

图 3-3-13　法国风情

3．意大利

（1）风土人情（见图 3-3-14）。意大利人在路上见面一般是握手或简单打个招呼，称呼大学毕业生要加上他们通用的头衔。进行商业会晤要提前安排，但不一定准时。因为在社会活动中，准时并不被认为是意大利人的美德。意大利人热情好客，如果你被人邀请，则不能拒绝，那样做是不礼貌的。午餐在一天中是最丰盛的一餐，时间一般持续两三个小时。在意大利，互相赠送商务性礼物也是很普遍的。意大利人交谈的话题一般有足球、家庭事务、公司事务，以及当地新闻等，避免谈美式足球和政治。

（2）饮食习惯。意大利饮食的一个主要特点是以各种面食类如葱卷、馄饨、通心粉、炒饭等作为菜用，而不当粮食食用。吃意大利通心粉的时候，千万不要用餐刀把通心粉割成小段食用，也不要用匙把通心粉送入口中。最合理的方法是用叉子把通心粉卷成团再吃。此外，值得一提的是意大利一种很有名气的面食 pizza 饼。它是用发酵的白面烤成的，上面带馅，其在意大利普遍的程度，就好像油条、麻花在中国一样。

（3）禁忌：意大利人也忌讳"13"和"星期五"；忌送菊花；忌讳以手帕为礼送人，认为手帕是亲人离别时擦泪水用的，是一种令人悲伤的东西；在与客人闲谈时，意大利人不喜欢议论有关政治方面的问题，以及美式橄榄球等话题。

图 3-3-14　意大利风情

**4．德国**

（1）风土人情（见图 3-3-15）。德国人见面打招呼互称头衔，如果对方不说，不要直呼其名，而且在接电话时要先通报你的姓。和德国人约会须准时，如果有事不能赴约，一定要用电话事先通知取消或推迟会晤。会晤一般要尽早安排。如果被邀请到德国人家做客，那就是一种特别的款待。不要忘了登门时送一束花给女主人，进门时去掉花的包装，在和女主人互致问候的时候送上，但不要送红玫瑰，它代表着浪漫。和德国人谈话可谈德国的乡村风光、个人爱好或体育运动，但不要谈论棒球、篮球或美式足球。

图 3-3-15　德国风情

（2）饮食习惯。德国人用餐大概最符合营养学家关于"早吃好，午吃饱，晚吃少"的建议。他们一向对早餐、午餐较重视，晚餐较简单。像其他欧洲国家一样，德国人喜欢吃猪肉、牛肉、鸡鸭和野味，以及蛋糕、甜点心和各种水果，尤其爱喝啤酒。慕尼黑是世界闻名的"啤酒城"。然而，德国人不大吃鱼、虾及海味，而且有一种吃鱼时不说话的风俗。他们也不喜欢过于肥浓、辛辣的食品，更忌食核桃。德国人在吃晚餐时喜欢关掉电灯，只点几根小蜡烛。

（3）禁忌。德国人也忌讳"13"和"星期五"；德国人对颜色忌讳较多，他们忌茶色、深蓝色，对红色及掺有红色或红黑色相间的颜色都不感兴趣；服饰和其他商品包装上忌用纳粹标志"卐"；德国人忌讳他人询问自己的年龄、工资、信仰、婚姻状况等问题。

5．俄罗斯

（1）风土人情（见图3-3-16）。俄罗斯人性格开朗、豪放、有修养，见面时总是先问好，再握手致意，朋友间则拥抱和亲吻面颊。称呼俄罗斯人要称本人名和父名，不能只称其姓。他们尊重女性，在社交场合，男性帮助女性拉门、脱大衣，餐桌上为女性分菜等。男子外出活动时，十分注仪容仪表，一定要把胡子刮净。应邀去俄罗斯人家做客时，可带上鲜花或烈性酒，送艺术品或图书作礼品也很受欢迎。俄罗斯人对马怀有特殊的感情，认为马能驱邪，会给人带来好的运气。偏爱"7"，认为"7"是成功，美满的预兆。喜欢红色，视其为美丽和吉祥的化身。

（2）饮食习惯。饮食上喜欢土豆、黑面包、生冷蔬菜、肉类、牛奶，喜爱喝酒。俄罗斯人还有喝茶的习惯，大都喝红茶，往往要多加奶和糖。

（3）禁忌。俄罗斯人也忌讳"13"和"星期五"，认为它们是个凶险和预示灾难的数字；忌讳黑色；不能在背后议论第三者，更不能说他们小气；忌问女子的年龄和衣饰的价格；俄罗斯人对兔子的印象很坏，认为兔子是一种怯弱的动物，若从自己眼前跑过，那便是一种不祥的兆头。

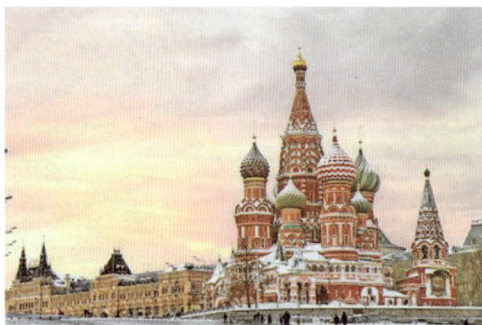

图3-3-16　俄罗斯风情

6．美国

（1）风土人情（见图3-3-17）。从历史的角度来讲，美国是个年轻的国家，也是一个开放度高且充满现代意识的国家。美国人的特点：性格外露、坦率、真挚、热情、自信，办事比较干脆利落；善于长谈，谈锋甚健，并不断地发表自己的见解；注重实际，追求物质上的实际利益。美国人自信而善于施展策略，同时又十分欣赏那些精于讨价还价的洽谈对手。由于美国的经济实力及谈判方式，美国人对一揽子交易兴趣十足，并在气势上咄咄逼人。美国人在谈判中分工具体、职责明确，一旦条件符合即能迅速拍板，因而决策的速度很快。美国人工作节奏较快，谈判过程中常常在短时间内做好一笔大生意，有时甚至会从口袋里拿出一份早已拟好的协议让你签约成交。他们在谈判中的期望值较高，但耐心不足。

（2）饮食习惯。由于历史原因，美国和英国的饮食习惯接近，而且美国人也很讲求质量，不要求数量。美国人一般不在厨房中用调料，而像英国人一样把各种调料一股脑儿放在餐桌上请君自便。美国人也是很讲究味道的，要清淡不腻，咸中有甜，蒜及酸辣食品一概不食，更不吃肥肉、清蒸和红烧食品，忌食动物内脏。除此之外，美国人爱喝矿泉水、可口可乐、啤酒等饮料，而威士忌、白兰地等酒类平时则当茶喝，这和英国人不同。美国人十分讲求时间和效率，因此，快餐业便应运而生。美国快餐中最受欢迎的食品是"热狗"、汉堡包和炸面包圈等。

（3）禁忌。美国人对"13"这个数字最为忌讳；讨厌蝙蝠，忌用蝙蝠作图案的商品、包装品，认为它是吸血鬼和凶神的象征；忌讳黑色。此外，美国人还有三大忌：一是忌有人问他的年龄；二是忌问他买东西的价钱；三是忌在见面时说"你长胖了"，因为在美国有"瘦富胖穷"的观念，一般富人有钱游山玩水，身体练得结实，容貌普遍消瘦；而胖人没多少钱，更无闲去锻炼。

图 3-3-17　美国风情

7．加拿大

（1）风土人情（见图 3-3-18）。加拿大人比美国人要保守些，他们见面与分手时的适当举止是握手，在加拿大的大部分地区都要准时赴约。大多数的款待都在饭店或俱乐部举行，如果在私人家里受到款待，可以给女主人送去鲜花。加拿大人说话坦率，热情冲动。非常守时，对时间非常吝啬。不要谈论民族问题。

图 3-3-18　加拿大风情

（2）饮食习惯。加拿大人的早餐与英国相似，午餐以快餐为主，晚餐最为丰盛。喜欢咸中带甜的菜肴，口味清淡；重视营养，爱吃海味和蔬菜；偏爱蛙肉和火鸡；饭后喜欢喝咖啡或茶。

（3）禁忌。交谈时忌讳谈及死亡、灾难、性等方面的话题；要避免把法裔和加拿大人截然分开，加拿大人为自己的国家感到自豪，对将他们的国家与美国作过分的比较十分反感；忌食各种动物的内脏，也不爱吃肥肉；忌送白色的百合花，因为加拿大人只有在葬礼上才使用这种花；一般也不喜欢黑色和紫色。

**（二）亚太一些国家（地区）的礼俗概况**

亚洲人很注重礼貌问题。在大多数国家，尤其是在东南亚国家，刚坐下来就开始谈生意是不礼貌的举止。虽然从他们的表情上得不到任何暗示或信息，但可以肯定，你的亚洲朋友正在注意你的表情、举止、服装，以及你所用的书写工具等。不管发生了什么事，都不要让对方丢脸，那样既不会被忘记，也不会被原谅。在亚太地区进行会晤要提前安排，遵守已定计划，并且准时到达。当然，如果别人迟到，不必觉得受了侮辱。在亚太地区，英语是通用语，你的名片要一面印英文，另一面用当地文字印刷。商务人员会发现，在访问那里的每一个国家时，都要用大量的名片。

**1. 日本**

（1）风土人情（见图3-3-19）。日本人的一般问候形式是鞠躬而不是握手，要互换名片。不能用名来称呼日本人，只有家人和非常亲密的朋友才能这样做。称呼"某某先生"要使用他的姓，也就是在姓的后面加上一个"样"（发音"桑"）。不管是商务会谈，还是社交聚会，都要准时到达。日本人很少在个人家中款待旅游者，若被邀请到日本人家中做客，要在过厅摘掉帽子与手套，然后脱鞋。习惯上不为女主人带花，要带一盒蛋糕或糖果。如果某位日本人向你送礼，你要表示感谢，但要等他再提一、两次后再接受。日本人喜欢送礼品。礼品要用淡色礼品纸包装，不系蝴蝶结，他们特别喜欢白兰地和冻牛排。如果礼品的数目是2的倍数，表示能带来好运。成套的链扣、钢笔和铅笔是很好的礼品。

图3-3-19　日本风情

（2）饮食习惯。当今日本的饮食方式有三种：传统饭菜（又称和食）、中国饭菜（又称中华料理）和西餐（又称洋食）。早餐他们喜欢喝粥、牛奶，再配上面包。午餐和晚餐的主食则为米饭。他们喜欢吃瘦猪肉、牛肉、羊肉、鸡、蛋、笋、豆腐和各种新鲜蔬菜。日本人对鱼、虾、蟹、蛎、海带等海味都格外青睐，尤其是生蛎肉、生鱼片。日本人的饭桌上有两样菜是餐餐必备的，一个是泡菜，一个是大酱汤。在用餐中，日本人对筷子的用法很讲究，有"忌八筷"之说，忌舔筷、忌迷筷、忌移筷、忌扭筷、忌插筷、忌跨筷、忌掏筷、忌剔筷。在同日本旅游者进餐时，要用公用筷子给大家夹菜，切忌把筷子垂直插在饭菜中。日本人一般饭前要喝杯清茶，他们十分重视茶道、茶礼。由于茶道的仪式十分烦琐，精于茶道便被认为是身份、修养的绝好表现。

（3）禁忌。送礼时一般送基数，因为传统习惯以奇数表示"阳""吉"，偶数表示"阴""凶"，忌 4、6、9、42 等不吉利的数字；忌绿色、忌荷花图案；讨厌金银眼的猫；忌三人并排合影；忌讳赠送梳子，因为"梳子"的发音与"苦死同音。"

2. 泰国

（1）风土人情（见图 3-3-20）。泰国人见面时不握手，而是双手合十为礼。双手抬得越高，越表示对客人的尊重，但双手的高度不超过双眼。泰国人不用姓氏而用名字称呼，如"宝强先生""秀兰小姐"等。进入泰国人住家，按习俗要脱鞋，不要踩在门槛上，按泰国人的传统说法，门槛下有神灵栖居。

图 3-3-20　泰国风情

（2）饮食习惯。泰国人早餐喜欢吃猪油糕、甜面包、水饺、沙丁鱼、汤面、西式点心、多士煎蛋，喝鸡粥、牛奶或咖啡。日常生活中以米为主食，爱吃鱼类，但不吃海参，喜欢喝葡萄酒、橘子汁。他们对我国的川菜及粤菜都有兴趣。

（3）禁忌。泰国人有"重头轻脚"的讲究。泰国人非常重视头部，他们认为头是人的智慧所在，是神圣不可侵犯的，除了和尚之外，任何人都不能随便触摸别人的头部；泰国人认为脚是低下的，就座时，最忌跷腿，把鞋底对着别人；和泰国人交谈时应回避有关政治和宗教方面的话题；严禁用左手与别人握手，并忌讳用左手传递东西。

3. 韩国

（1）风土人情（见图 3-3-21）。在任何情况下，在韩国都要避免大声说话或大声笑。在韩国，进出门时，均是男人走在前面，进屋后，妇女要帮助男人脱大衣。当着别人的面擤鼻涕被认为是不好的行为。男人在互致问候时，稍稍弯下腰鞠躬，合并双手或用右手握手，妇女通常不握手。韩国人姓在名的前面，这点与西方不同。在韩国很难将男人名字与妇女名字区分开；安排会晤要提前。如果被邀请到韩国人家里做客，可带花或一些小礼物。要记住，送礼时要用双手，接受礼物不应当着送礼人的面打开。

（2）饮食习惯。以大米为主食，喜欢中国的川菜，口味偏辣，爱吃牛肉、瘦猪肉、海味、狗肉和卷心菜等。"韩国烧烤"很有特色。在宴会上，一般不把菜夹到旅游者盘里，而由女服务员替旅游者夹菜。各道菜陆续端上，每道菜都须尝一尝才会使主人高兴。

（3）禁忌。韩国人不喜欢双数，尤其是"4"，"4"在韩语中的发音、拼音与"死"字完全相同；与韩国人交谈，要避免议论有关社会政治等问题，也不要批评他们的政府；韩国人不习惯在别人面前谈论金钱。

图 3-3-21　韩国风情

4．澳大利亚

（1）风土人情（见图 3-3-22）。澳大利亚人坦率，在穿戴方面较英国人随便，但在讲究形式与礼貌方面毫不逊色。那里的人喜欢充满热情地握手，并直呼其名。在澳大利亚，时间问题极受重视，有必要提前安排会晤时间。若被人邀请吃饭，可为女主人带花，或带一瓶酒。

（2）饮食习惯。澳大利亚人的早餐食品通常是牛奶、麦片粥、油煎鸡蛋、涂果酱或黄油的面包片，间或有火腿、咸肉、熏鱼等。午餐在下午 1～2 点之间，工作人员一般在快餐店用餐，以炸薯片、汉堡包、热狗、三明治等为主，即使在家用餐也比较简单。晚餐是正餐，最为丰盛，一般至少三道菜，常见的主菜有牛肉、鱼类、火腿、土豆泥、蔬菜沙拉等。澳大利亚人喜爱甜酸味，不喜太咸，注重营养，讲究新鲜，健康食品很受欢迎。

（3）禁忌：澳大利亚人与西方国家的一些忌讳相似，如忌讳"13"，认为"13"会给人们到来不幸和灾难；澳大利亚人忌讳自谦的客套语言，认为这是虚伪、无能或看不起人的表现；他们对兔子特别忌讳，认为兔子是一种不吉祥的动物。

图 3-3-22　澳大利亚

（三）中东地区的礼俗概况

（1）风土人情（见图 3-3-23）。在中东，异性间适当的着装及得体的举止如同遵守民法条文一样重要。当地的一些人喜欢祈祷。当然，你不必同当地主人一样下跪，但在主人这样做时，你不得干扰他，更不能表现出不耐烦。当祈祷结束时，要尊重当地的斋月。在斋月里，午后不能做任何工作。在坐着的时候，不能以鞋底冲着当地的东道主，那是侮辱人的举止。在外面，人们一般以握手表示问候，但当你到当地人家访问时，主人可能会亲吻你的双颊表示欢迎，你要以同样的形式进行回报。出门要带充足的名片，最好一面是英语，另一面是当地语。即使某位阿拉伯人邀请你到他家，你也可能见不到他的妻子（或妻子们），尽管她（们）可能就在厨房监督饭菜的准备，询问她（们）是不礼貌的举止。如果真的见到她，态度要热情而又适度，如她不采取主动，就不要同她握手。这些国家的人一般不喝含酒精的饮料，不吃猪肉。书写用具在这些国家是很好的礼物。中东国家的人们都喜欢有金色外表、书写流畅的钢笔。到阿拉伯人家吃饭，有必要先饿一顿，这样你就可以吃很多，以表示你很喜欢主人家的饭菜。阿拉伯人是很豪爽大方的，不要太热情地赞赏他的某样物品，否则他会坚持将那东西送给你，而你可能只得被迫接受。

（2）饮食习惯。在信奉伊斯兰教的国家，明文规定，凡是死物、血、猪肉等为禁食物。

（3）禁忌。在阿拉伯国家，送礼是很受欢迎的，但不是必需的。送的礼物不能是酒，也不能是诸如女人像片和雕像之类的东西。吃饭时忌讳用左手，给旅游者端水、递茶也绝对不能用左手，否则会被认为是对旅游者的污辱。

图 3-3-23　中东风情

### （四）非洲地区的礼俗概况

（1）风土人情（见图 3-3-24）。一般地说，北非国家遵循阿拉伯的礼仪、规则及行为准则，采用阿拉伯的手势语言及礼貌习惯；中非国家沿袭的是非洲的多种文化的特点；而南非在很大程度上受荷兰及英国影响。

图 3-3-24　埃及风情

在埃及，每周的工作日是从星期六到星期四，星期五是穆斯林的休息日。所有的人，要进入清真寺，都必须脱鞋子。如果被邀请到埃及人家吃饭，习惯上带花或巧克力作为礼品，在送礼或受礼时，一定要用双手或右手去接，千万不能只用左手。款待埃及人，要用不含酒精的饮料。埃及的社会活动开始的时间一般比其他地方晚，晚宴一般要 22：30 或更晚些才开始。在利比亚安排会晤要尽量提前，并准时到达。但利比亚人对时间的运用很灵活，他们并不很遵守时间表上的安排。邀请吃饭或参加招待会是一般的款待形式。制定有严厉的禁酒法律条文。若被邀请到利比亚人家吃饭，只有男人能参加，而且要为男主人带礼物，不能为他的妻子带礼物。谈话时避免谈政治、宗教及其他有争议的问题。

在南非，存在严格的有关种族与肤色的习俗和社会成规，在这方面，最好效仿东道主行事。在南非很难避免谈到当地政治，尤其是种族隔离政策。可以发现，当地人对这个问题看法不一。多数南非人会说两种语言，即英语和南非公用语（来源于 17 世纪的荷兰语），其风土人情如图 3-3-25 所示。

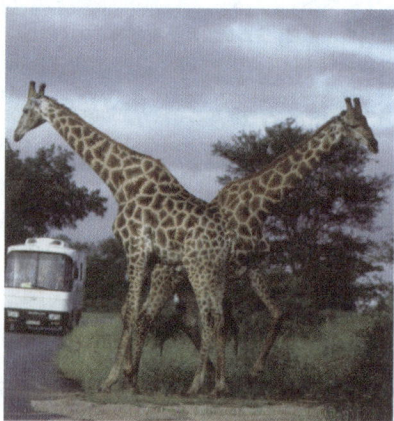

图 3-3-25　南非风情

（2）饮食习惯。由于历史的原因，非洲一些国家的饮食习俗和他们原来的宗主国十分相似。他们很喜欢西欧菜式，爱吃龙虾、牛肉、猪肉、鱼、鸡、花生等；爱喝咖啡和可可，口味较清淡。在非洲有些国家还有饮生水、吃生肉的习俗。典型的要属埃塞俄比亚，每逢节日或婚丧嫁娶，他们都要举办生肉宴。对于非洲饮食中的这些习俗，我们可以不参与，但不要流露出不尊重、看不惯的表情。

（3）禁忌。埃及人忌蓝色和黄色；忌熊猫；针在埃及是贬义词，每日下午 3 时至 5 时是严禁买针和卖针。南非最为忌讳"13"；忌讳外人对其祖先在言行举止上表现出失敬；南非人与对方进行交谈时，过分地委婉或者兜圈子，是不受欢迎的。

### 🔧 技能训练

（1）准备办理护照及签证的相关证件，并练习填写护照申请表及签证表。

（2）练习出境游的合同填写。

训练方法：情境模拟法，角色扮演法。

① 小组讨论，设计一个情境。

② 每组派代表表演。可由一名同学扮演接待人员，两名同学扮演客人。

③ 学生轮流表演，并互换角色。

训练要求：

① 合同签订准确、完整。

② 字迹工整美观。

③ 能合理解释客人的疑问。

（3）练习出境游出团通知的编写。

根据上面的情境完成出境游出团通知的练习。

## 完成任务

（一）小组练习

将班上学生分成小组，各小组选一位组长带领组员，设计一个出境游的旅游线路，然后完成其手续办理任务。

（二）小组评价

（1）出境游的手续办理分哪几个步骤。

（2）出入境知识。

（3）国外礼俗。

（三）综合评价

综合评价包括小组之间的互评和老师对各小组工作的系统评价。主要评价项目如表 3-3-5 所示。

表 3-3-5　能力评价表

| 内　　容 | | 评　价 | |
|---|---|---|---|
| 学习目标 | 评价项目 | 小组评价 | 教师评价 |
| 知识 | 应知应会 | （1）出境游手续办理的步骤 | Yes/No | Yes/No |
| | | （2）出入境知识 | Yes/No | Yes/No |
| | | （3）国外礼俗 | Yes/No | Yes/No |
| 专业能力 | （1）办理护照能力<br>（2）申请签证能力<br>（3）编写出团通知能力<br>（4）西餐礼仪<br>（5）明确国际时差的能力 | （1）护照办理 | Yes/No | Yes/No |
| | | （2）申请签证 | Yes/No | Yes/No |
| | | （3）出团通知 | Yes/No | Yes/No |
| | | （4）西餐就餐礼仪 | Yes/No | Yes/No |
| | | （5）国际时差 | Yes/No | Yes/No |
| 通用能力 | 沟通能力 | | Yes/No | Yes/No |
| | 团队协作能力 | | Yes/No | Yes/No |
| | 组织能力 | | Yes/No | Yes/No |
| | 解决问题能力 | | Yes/No | Yes/No |
| | 自我管理能力 | | Yes/No | Yes/No |
| | 创新能力 | | Yes/No | Yes/No |
| 态度 | 敬业爱岗 | | Yes/No | Yes/No |
| | 态度认真 | | | |
| 个人努力方向与建议 | | | | |

思考与练习

（1）模拟练习出境游的手续办理。

（2）在出入境方面应掌握哪些知识？

（3）出团通知的编写方法。

（4）国际礼宾通则包括哪些内容？

（5）了解国外的基本礼俗。

# 单元四 售后服务

售后服务是指旅游者结束旅游之后，由旅行社向客人继续提供的服务，其目的是主动解决客人遇到的问题并加强同客人的联系。售后服务是旅行社门市非常重要的一个服务环节，为了争取每一位顾客，门市通常要采取多种多样的售后服务形式，征询旅游者对旅行社接待服务质量的真实感受，并且主动向旅游者介绍旅行社的各种信息。及时的售后服务，可以使旅游者感受到旅行社对他们的真正关心和负责任的态度，又可以使他们进一步体会到旅行社的优质服务，从而提高对旅行社的满意程度。

学习目标
● 掌握回访客户的方式
● 掌握客户的维护方式
● 掌握投诉的处理方法

## 任务一　客户的回访

客户回访是企业用来进行产品或服务满意度调查、客户消费行为调查、进行客户维系的常用方法，由于客户回访往往会与客户进行比较多的互动沟通，所以它是企业完善客户数据库，进一步促进交叉销售，为向上销售做准备的有效方法。

### 任务描述

ZL 旅行社门市决定从 8 月 2 日—8 月 15 日举行"客户大回访"活动。该门市总共有 200 多家客户，业务量和信用状况各不相同，于是部门经理对客户进行了分类，对重要客户要求实行上门回访。

### 任务分析

客户回访一般有三个目的：①了解顾客对旅游活动的满意程度；②为了建立顾客档案，延伸服务项目，增强企业在顾客思维中的记忆与提高企业在顾客思维中的认知度、美誉度；③与顾客建立文化情感关系。特别是在社会中，有一定影响力的顾客是重点回访对象。回访的方式可以采用电话、书信、电子邮件、QQ 等现代通信方式回访，对于重要顾客可以上门回访，特别是对企业提出意见或建议的顾客，一定要上门回访。客户回访是一项很烦琐的工作：选择客户、查找客户资料、安排回访时间、内容、途径、交流的问题、携带的礼品和应注意的礼仪等，并设计客户回访备忘录和分析要点。回访工作人员的语言行为、形体行为必须要体现企业文化，必须要诚实、可信，并且对企业负责，对顾客负责。

通常情况下，重要客户的上门回访分以下六个步骤：

> 确定回访对象和回访计划→电话预约并上门回访客户→客户意见、建议的处理→跟踪了解处理结果→记录回访情况和处理结果，并录入客户档案→撰写报告并呈报公司领导

### 一、确定回访对象和回访计划

在回访之前，客户服务人员要选择需要回访的客户，查询到该客户的购买记录，从而更好地与客户交流。然后，制订回访计划，并详细设计回访内容，如图 4-1-1 所示。

图 4-1-1　制定回访计划

## 二、电话预约并上门回访客户

电话预约时（见图 4-1-2），要直接向客户说明回访的事由，大致需要的时间，让受访客户在第一时间就能了解回访的目的。尤其是拨打客户的手机号码时，更应如此。通常的语言是"*** 先生（女士），您好！我是 ** 旅行社门市的客户代表，想请您对我们的服务做一下评价，可以吗？我想与您面谈这件事，可不可以定在 * 月 * 日，是否 * 月 * 日对您更合适？上午 * 点好不好？或者在下午 * 点钟对您更方便？盼望着能与您见面。"在对客户进行回访时（见图 4-1-3）要注意自己的仪容仪表、语言艺术，要主动征求客户意见，了解客户需求等。

图 4-1-2　电话预约

图 4-1-3　上门回访

## 三、客户意见、建议的处理

回访过程（见图 4-1-4）中要详细记录有关回访信息，处理回访中了解的客户投诉、举报、建议或其他意见，重要内容应及时向有关部门反馈，并向领导报告。

图 4-1-4　意见收集

## 四、跟踪了解处理结果

对于要处理的问题要及时跟进了解，以确保问题在最短时间内解决，如图 4−1−5 所示。

图 4−1−5　处理结果

## 五、记录回访情况和处理结果，并录入客户档案

建立重要客户档案，将回访情况和处理结果等有关重要客户的回访信息录入该档案，如表 4−1−1 所示。

表 4−1−1　客户回访记录

| 客户名称 | |
|---|---|
| 回访方式 | □实地　　　□电话 |
| 接待人员 | |
| 回访时间 | |
| 回访内容 | |
| 意见及建议 | |
| 客户满意度 | □好　　　□中　　　□差 |
| 客户签名 | |

## 六、撰写报告并呈报公司领导

根据收集到的重要客户的回访信息，撰写并向企业领导呈报回访报告。该报告应重点分析客户抱怨、潜在需求和服务改进建议等内容。经领导同意后，可将该报告送交有关部门。下面是 ZL 旅行社 2014 年 8 月客户回访报告。

# ZL 旅行社 2014 年 8 月客户回访报告

第一部分：调查目的

为了更加全面地了解旅行社的旅游产品和服务状况，客服部在 2015 年 2 月 10 日进行了客户回访调查。

第二部分：调查对象

此次抽查对象为 2014 年 5 月份参加我社豪华游的 5 位客户，有 4 位客户接受了回访调查，回访成功率为 80%。

第三部分：调查内容及结果

调查内容包括：总体服务评价、服务态度、服务效率、专业水平、信息反馈、客户来源、客户忠诚度和新产品推荐途径等八方面。

详细结果如表 4-1-2 所示。

表 4-1-2 调查结果

| 服务情况 \ 项目结果 | 项 目 | 结 果 | | | | | |
|---|---|---|---|---|---|---|---|
| | | 10 | 8 | 6 | 4 | 2 | 平均分 |
| 总体服务评价 | 对我们工作的总体满意程度 | 50% | 50% | 0% | 0% | 0% | 9 |
| 服务态度 | 我们的服务态度如何 | 50% | 50% | 0% | 0% | 0% | 9 |
| 服务效率 | 我们的服务效率如何 | 50% | 50% | 0% | 0% | 0% | 9 |
| 专业水平 | 工作人员的专业程度 | 50% | 50% | 0% | 0% | 0% | 9 |
| 信息反馈 | 对我们信息反馈的满意程度 | 25% | 75% | 0% | 0% | 0% | 8.5 |
| 客户来源 | 何种途径了解我社 | 自己了解—25%　　朋友介绍—55%　　广告宣传—20% | | | | | |
| 忠诚度 | 是否会向亲友推荐我社 | 是—100%　　否—0%　　未表态—0% | | | | | |
| 新产品推荐途径 | 若有新产品，希望以电话或短信方式通知 | 短信—25%　　电话—0%　　两者皆可—75%　　未表态—0%　　不需要—0% | | | | | |

用分数表示满意程度：很满意—10；满意—8；一般—6；不满意—4；很不满意—2

第四部分：客户的表扬、意见或建议等

在此次回访中，得到客户表扬的同事有：刘某、王某、孙某。

客户提出意见或建议的方面有：旅游途中二次收费不明确，一些细节上缺乏沟通。

第五部分：调查结果分析

（1）总体来说，客户是比较满意的，分数也给得相对较高，但在回访过程中我们也发现一些问题。

（2）服务态度、服务效率、专业水平方面，从此次回访反馈的信息来看，所有客户都还是比较满意的，平均得分均为 9 分。

（3）信息反馈方面，平均得分 8.5 分。主要问题是出团通知上面的自费项目标注与实际旅游过程中的二次收费价格上有出入，而且事先、事后都没有人给予解释。

（4）客户来源方面，以朋友介绍为主。

（5）客户忠诚度方面，均表示会推荐。

（6）调查结果显示所有客户都愿意接收公司新产品的信息。

第六部分：工作建议

（1）加强旅游产品中自费项目的收费管理，对旅游中的二次收费要提前说明解释。

（2）在旅游产品的质量上还要多下功夫，在降价不降质的前提下开展业务。

## 相关知识与技能

### 一、客户回访报告的撰写方式

（1）回访率分析（其中包含未成功回访原因分析报表，如：电话无人接听、号码错误、客户原因等）。

（2）客户满意度分析。

（3）客户不满意原因分析，如对服务不满意、产品不满意、价格等原因进行分析。

（4）客户流量统计（新增客户、流失客户等）。

（5）改进措施

### 二、售后服务的作用

#### （一）提高旅游者的满意度

旅行社在旅游接待完成后，采取各种售后服务的措施，征询旅游者对旅行社接待服务质量的真实感受，并且主动向旅游者介绍旅行社的各种信息。通过售后服务，旅游者既能够感受到旅行社对他们的真正关心和负责任的态度，又使他们进一步体会到旅行社的优质服务质量，从而提高他们对旅行社及其服务的满意程度。

#### （二）保持和扩大市场份额

售后服务对旅行社的促销起着至关重要的作用。通过良好的售后服务，旅行社能够与现有客源保持较稳定的联系，增加他们对旅行社品牌的忠诚度，成为旅行社的稳定客源。同时，旅行社还可以通过现有客源的介绍，扩大旅行社的知名度，吸引更多的新客源，从而扩大其在旅游市场上的份额。据统计，每100个满意顾客会带来25个新的顾客，而维持一个老顾客所需的成本也比争取一个新顾客所需成本要小得多，通常情况下是获得一个新顾客成本的1/6。因此，西方国家的旅行社都极为重视售后服务。

美国《旅游代理人》杂志曾经就一些旅行社的常客不再光顾原旅行社的原因作过一次系统的市场调查分析，其市场调查的结果（见表4-1-3）值得我们借鉴和思考。

表4-1-3　旅游者不再光顾原旅行社的原因

| 旅游者不再光顾原旅行社的原因 | 所占比例/% |
| --- | --- |
| 客人投诉没有得到处理或没有得到令人满意的处理 | 14 |
| 其他旅行社提供了价格更低、服务更好的旅游 | 9 |
| 经朋友建议，转而订购其他旅行社组织旅游 | 5 |
| 居住地迁移 | 3 |

续表

| 旅游者不再光顾原旅行社的原因 | 所占比例 /% |
|---|---|
| 由于年老多病、丧偶等原因而放弃旅游 | 1 |
| 旅行社缺乏售后服务，顾客觉得是否订购该旅行社的旅行对旅行社来说是无所谓的 | 68 |

从调查结果可以得知，总共有82%的游客是因为旅行社投诉处理不当和缺乏良好售后服务的原因，而离开原来的旅行社转而寻找新的旅行社购买旅游产品。旅行社售后服务的重要性在此已得到充分的印证。

### （三）增强旅行社的竞争力

旅行社向旅游者提供售后服务，还能够增强其竞争力，使其在激烈的竞争中求得生存与发展。由于旅行社的产品具有较强的预约性，旅游者无法在购买前对其进行试用和检验，所以，往往产生一种害怕上当的恐惧心理。这种恐惧心理，导致许多旅游者为了减少购买旅游服务的风险，十分钟情于熟悉的旅行社。因此，旅行社向旅游者提供售后服务，既有助于使旅游者加深对旅行社及其产品的了解和熟悉，减轻恐惧心理，又使旅游者在头脑中长期保留上次旅游活动的美好记忆，逐渐形成对旅行社的良好印象和品牌忠诚。这种良好印象和品牌忠诚，将成为旅行社的竞争力优势，在旅游市场上有利于其生存和发展。

## 三、售后服务的内容

### （一）问候电话

问候电话是指旅行社在旅游活动结束、旅游者返回后的第二天，立即向旅游者打电话，进行问候的一种售后服务形式。这种做法，能够使旅行社达到以下三项目的：

（1）产生亲切感。旅行社及时通过电话向旅游者进行问候，可以使旅游者感到旅行社非常关心他们，从而对旅行社产生亲切感和良好的印象。

（2）了解情况。旅行社及时与旅游者通电话，可以直接从旅游者那里了解旅游接待服务质量的真实水平和旅游者对旅行社服务质量的评价，从而获得宝贵的服务质量信息。这种售后服务方式，有利于旅行社切实了解导游员及相关旅游服务部门的工作情况。

（3）消除不满情绪。旅行社还能够通过问候电话，及时掌握旅途中发生的麻烦及旅游者可能提出的投诉。旅游者对于旅途中遇到的不便及由此产生的不满情绪，一般采用两种态度。其中，一部分旅游者采取消极抗议的态度，不向旅行社或旅游行政管理部门提出投诉，但是今后也不再光顾这家旅行社；另一部分旅游者则可能采取比较激烈的方式，向旅行社、旅游行政管理部门、消费者协会等提出投诉，甚至采取法律诉讼的方式来发泄他们的不满情绪。旅行社及时给他们打电话，进行问候，可以在一定程度上消除误解或缓解旅游者的不满情绪，并且通过及时而有效的意见沟通与纠纷处理，避免旅游者采取转向其竞争对手或采取激烈对抗手段，给旅行社造成更大的声誉和经济损失。

### （二）意见征询表

旅行社可以采用寄送意见征询表的方式，向旅游者提供售后服务。在意见征询表里，应该以总经理的名义向旅游者表示问候，并且请他（她）对刚刚结束的旅游接待服务发表意见。

旅行社应注重意见征询表的设计，内容应繁简适当，不应占用旅游者过多的时间；条目必须清楚，便于旅游者填写；印制应精美，给旅游者一种郑重其事的印象；应附有回寄信封，并预付邮资，以提高回收率。

寄送意见征询表的方式具有成本较低和意见比较客观的优点，既达到了向旅游者表示旅行社对其关怀的目的，又能够为旅行社提供有关旅游接待服务质量的第一手资料，是一种一举数得的售后服务方式。

### （三）信函／明信片

旅行社可以通过向顾客定期寄送问候性明信片或写亲笔信的方式，保持与顾客的交往，使旅游者感到自己被关心和重视，从而激发他们出游的愿望。

（1）亲笔信。旅行社可以向经过挑选的旅游者寄送总经理的亲笔信。这种方式，突出了旅行社总经理个人与旅游者的直接交往，容易使对方感到亲切。

（2）问候性明信片。向旅游者寄送问候性明信片，也是旅行社的一种售后服务形式。与亲笔信相比，问候性明信片更加省事。明信片上应附有旅行社的社徽、地址、电话号码等内容，并由旅行社工作人员亲笔写上欢迎光顾或祝贺旅游成功，希望旅游者能给旅行社来信或来电话等语句。

（3）促销性明信片。旅行社可向一些老顾客寄送有关旅游胜地的明信片和报纸影印材料，以及关于旅游的趣味性的消息和文章等，在与顾客保持联络的同时还促销了旅游目的地。

（4）节日／生日贺卡。旅行社可以通过对客户档案的查询，在客人生日或节日之时，向客人发去贺卡以示祝贺。这些祝贺常使客人在惊喜之余，觉得旅行社与他个人的关系很亲近，从而乐意购买该旅行社的产品。

### （四）旅游者招待会

旅行社可通过在社内或旅馆内举办风景点幻灯片和照片欣赏介绍活动，以及旅游者招待会等方式，来与顾客进行直接的面对面接触。这些活动不仅能使旅行社同顾客的联系更加密切，还能提高旅行社的知名度和威信。这些直接进行接触的做法使得顾客同旅行社的联系犹如一个家庭的联系那样自然、轻松、愉快，从而给旅行社的推销工作带来诸多益处。

### （五）旅行社开放日

为密切和顾客的关系，旅行社可以举行旅行社开放日活动，有针对性地邀请一些顾客到旅行社参观及观看录像、光盘等，并向他们介绍有名望的顾客、旅游专家、飞机机长、旅游新闻工作者或旅游题材的作家。通过这些活动，可以让顾客了解旅行社的各种设备及社会关系，从而使顾客坚信这家旅行社完全有能力为他们提供旅游咨询服务，以及为他们安排好旅游活动。这样，顾客就会乐意继续订购该旅行社的旅游产品。

## 四、旅游服务质量反馈表

每一次旅游活动结束之后，都要征求旅游者对本次活动的意见，填写旅游服务质量反馈表，例样如表4-1-4所示。

表 4-1-4　旅游服务质量反馈表

尊敬的游客朋友：

为了更好地为您服务，敬请您对本次活动提出您的宝贵意见。谢谢！

导游人员填写：　　　　　　　　　　　团号：

| 全陪姓名 | | 地陪姓名 | | 领队姓名 | | 司机姓名 | |
|---|---|---|---|---|---|---|---|
| 游客来自 | | 游客成人人数 | | | | 儿童人数 | |
| 旅游起始时间 | | 游览地点 | | | | | |
| 入住宾馆名称 | | 餐厅名称 | | | | | |
| 豪华团 | | 标准团 | | 经济团 | | 自带车 | 非自带车 |

游客填写：

（请在您所选择的选项中画"√"）

| 姓名 | | | | 联系电话 | | | |
|---|---|---|---|---|---|---|---|
| 您对导游的评价： | | | | 您对车辆的评价： | | | |
| | 满意 | 一般 | 不满意 | | 满意 | 一般 | 不满意 |
| 服务态度 | | | | 司机态度 | | | |
| 讲解水平 | | | | 驾驶技术 | | | |
| 导游知识 | | | | 车况卫生 | | | |
| 仪容仪表 | | | | 仪容仪表 | | | |
| 您对所入住的酒店的评价： | | | | 您对餐饮的评价： | | | |
| | 满意 | 一般 | 不满意 | | 满意 | 一般 | 不满意 |
| 酒店环境 | | | | 服务态度 | | | |
| 服务态度 | | | | 出菜速度 | | | |
| 客房设施 | | | | 饭菜质量 | | | |
| 卫生状况 | | | | 口　味 | | | |
| 您满意请告诉您的朋友<br>您不满意请告诉我们： | | | | | | | |

## 五、客户电话回访用语

### （一）目的明确

电话回访客户时要目的明确，不要希望一次获得所有的信息。不要期望在一次通话中，既要推广企业形象、收集客户反馈，又要同时采集客户信息、甚至进行营销推广。过多的目的只会带来不成功的回访。

## （二）回访目标

如果需要在一次回访中完成两个以上的目标，就需要认真考虑话务脚本的顺序。不同的顺序有可能会带来完全不同的效果。

## （三）业务回访用语

（1）对于做客户一般回访时

① 开场白：

"您好，请问您是 \*\*\* 先生（女士）吗？"

（客户询问什么事情）"您好！我是 \*\* 旅行社门市的客户代表，想请您对我们的服务做一个评价，可以吗？

（若客户同意后）"请问怎么称呼您呢？"……

② 客户不愿意做回访时：

"对不起，打扰您了，再见！"

③ 客户配合做了回访工作后：

"非常感谢您对我们工作的支持，打扰您了，谢谢！再见！"

（2）回复投诉时

① 开场白：

"您好，请问您是 \*\*\* 先生（女士）吗？

② 联系到投诉人时：

"您好！我是 \*\* 门市的客户代表，您曾经向我们反映的 \*\*\* 问题（投诉内容），我们进行了仔细的核查，我想给您解释一下，（或者：我把核查的结果给您说一下好吗？"

③ 客户对回复认可时：

"好的，您还有什么其他问题吗？（若有，继续处理）

（若没有了）"如果您还有什么意见或建议，欢迎你拨打客户服务热线 \*\*\*\* 号，我们会及时为您处理，打扰您了。谢谢！再见！

④ 客户对回复不认可时：

"很抱歉，您看这样好吗 / 我们再核查一下，尽快回复您，可以吗？"

（若客户同意）"我们会尽快给您答复的，谢谢！再见！"

⑤ 若客户不同意时，要求立即答复时"很抱歉，对于您反映的问题我们必须通过相关部门进行核查以后，才能回复您，希望您能体谅！我们会尽快给你一个答复的，好吗？

（3）介绍业务时

① 在给用户介绍业务时，对方不是很了解的情况下："请问您清楚了吗？"

（若客户不清楚）"很抱歉，是我没有给您说清楚，我再给您解释一下，好吗？"（重新解释，直到客户明白为止）。

（若客户听不懂普通话，需要用方言解释时）您看这样好吗？我再给您解释一下（可以再用方言再做一次解释）。

② 解释过后客户没有任何反应时：

"先生（女士），您还有什么不清楚的地方吗？"（若客户没有回应，再重复问一遍后）"先生（女士），我听不见您的声音，我重新给您打过来，好吗？"（等待 2 秒后，没有反应可挂断，

再给客户打过去 )。

③ 回复客户出错时：

"不好意思，刚才的问题我再给您说明一下，好吗？"

④ 没有回复完整时：

"不好意思，刚才的问题我再给补充一下，好吗？"

⑤ 与客户交谈期间出现意外情况时 ( 打喷嚏 )：

( 先立即按下"静音键"或是用手捂住话筒，再快速恢复 )"很抱歉，打断您的说话，请您继续说，好吗？" ( 若客户追问当时情况，可直接告诉客户刚才发生的意外情况 )

⑥ 遇到客户表扬工作人员时：

"不用谢，这是我们应该做的，感谢您对我们工作的支持，谢谢！"

（或者）"请您不必客气，这是我们应该做的，感谢您对我们工作的支持，谢谢！"

⑦ 遇到客户给客服人员表示歉意时：

"没有关系，请不要介意"

（或者）"没有关系，请您不要放在心上。"

⑧ 遇到客户抱怨客户代表或其他工作人员声音太小听不清楚时：

"对不起，（稍微提高音量）很高兴为您服务！"

⑨ 遇到客户提出的要求超出服务范围时：

"很抱歉，恐怕我不能帮助您！"

（或者）"很抱歉，这超出了我们的服务范围，恐怕我不能帮助您！请您谅解，好吗？"

## （四）禁用语

① 您是谁？

② 有什么事？

③ 不行。

④ 那不是我的工作。

⑤ 不是我受理的。

⑥ 我现在很忙。

⑦ 我也没办法。

⑧ 你必须出示 ** 证件才能办理。

⑨ 我不知道。

⑩ 我知道了，我清楚了，你不用再讲了。

⑪ 你错了，事实不是这样的。

⑫ 你说得对，这个部门 / 门市 / 服务人员的表现真的很差。

⑬ 知道没有？

⑭ 懂了没有啊？你听不懂吗？

⑮ 你应该冷静一下。

⑯ 门市规定就是这样，没有办法。

⑰ 你要办就办，不办就算了。

⑱ 你去投诉吧，随便你。

⑲ 门市是绝对不会出错的。

⑳ 不行就是不行。

## 六、客户回访技巧

### （一）面带微笑服务

我们每天重复做同样的工作,产生心理疲劳、缺乏兴奋点是在所难免的。精神上不亢奋,在工作上就会懒散,表情上就会显得淡漠。在这种情况下,笑从何谈起?门市不可能为了员工兴奋,而频繁更换员工的工作岗位,如果每个岗位上都是生手操作,必然造成工作质量的下降。所以,每一个员工都应该明白惟有调整好心态,高高兴兴地去对待每一天的工作。打个比喻,"与一位从未谋面的客户打电话,通过声音可以想象对方此时此刻的心情。"这是因为人都有通过声音去想象别人容貌的习惯。如果我们说话时没有微笑,听筒另一边的客户即使没有看见,也同样可以感觉得到。因此,我们进行回访工作也必须要面带微笑地去说话。

### （二）话术规范服务

话术规范服务是服务人员在为服务对象提供服务过程中所应达到的要求和质量的标准,话术规范服务是体现一个门市的服务品质,也能突破性地提高服务质量,减少客户投诉,缩短与其他旅行社服务水平的差距。

### （三）因人而异、对症下药

1. 对冲动型客户莫"冲动"

在回访过程中,常常会碰到性急而暴躁的客户,一时性急而说出气话,所以我们只当未听见,仍以温和友好的态度和他谈。只要他能够平静下来,这类客户往往很果断决定自己的所需。回访工作人员对这类客户必须做到用温和的语气交谈。

2. 对寡断型客户"果断"地下决心

这类客户表现优柔寡断、三心二意,常常是被人左右而又拿不定主意。应付这类客户须花很多时间,必须用坚定和自信的语气消除客户忧虑,耐心地引导其购买旅游产品。

3. 对满足型客户"欲望"送一个巧妙台阶

对这类客户要采用夸赞性语言满足其自尊心理。客户的抱怨,其实并不是什么了不得的问题。只不过是他原来就有不满情绪,正好借题发挥或小题大做。他发泄的目的主要是找机会倾吐一番。对这样的客户,也不可对其失礼。不妨请他把话讲完,同样征求他对问题应如何解决所持有的意见,满足他的讲话欲望,使他的自尊心不受伤害,这样不需要采取更多的措施,也能把问题解决。

## 七、客户回访注意事项

### （一）注重客户细分工作

在客户回访之前,要对客户进行细分。客户细分的方法很多,门市可以根据自己的具体情况进行划分。客户细分完成以后,对不同类别的客户制定不同的服务策略。例如,有的企业把要回访的客户划分为：高效客户（市值较大）、高贡献客户（成交量比较大）、一般客户、休眠客户等；有的企业从客户购买产品的周期角度判断客户的价值类别，如高价值（月）、一般价值（季度/半年）、低价值（一年以上）。对客户进行细分也可以按照客户的来源分类，例如定义客户的来源包括：电话邀请、自主开发、广告宣传、老客户推荐等；也可将客户按其属性划分类型，如合作伙伴、供应商、直接客户等；还可以按客户的地域进行分类，如国外、国内，再按省份，再往下可以按地区或者城市分；也可以按客户的拥有者的关系进行管理，如公司的客户、某个业务员的客户，等等。

客户回访前，一定要对客户做出详细的分类，并针对分类拿出不同的服务方法，增强客户服务的效率。总之，回访就是为更好地为客户服务。

### （二）明确客户需求

确定了客户的类别以后，明确客户的需求才能更好地满足客户。特别是最好在客户需要找你之前，进行客户回访，才更能体现对客户的关怀，让客户感动。

很多单位都有定期回访制度，其目的是了解客户对旅游产品的满意度，对我们单位有什么想法，继续合作的可能性有多大。回访的意义是要体现我们的服务，维护好老客户，了解客户想什么，要什么，最需要什么，是要我们的售后服务再多一些，还是觉得我们的旅游产品应该再改进一些。实际上我们需要客户的配合来提高自己的服务能力，这样才会发展得越来越好。

### （三）确定合适的客户回访方式

客户回访有电话回访、电子邮件回访及当面回访等不同形式。从实际的操作效果看，电话回访结合当面回访是最有效的方式。

按销售周期看，回访的方式主要有：

（1）定期做回访。这样可以让客户感觉到贵单位的诚信与责任。定期回访的时间要有合理性，如以旅游产品销售出一周、一个月、三个月、六个月……为时间段进行定期的电话回访。

（2）提供了售后服务之后的回访。这样可以让客户感觉贵单位的专业化。特别是在回访时发现了问题，一定要及时给出解决方案。最好在当天或第二天到现场进行问题处理，将用户的抱怨消灭在最小的范围内。

（3）节日回访。在平时的一些节日回访客户，同时送上一些祝福的话语，以此加深与客户的联系。这样不仅可以起到亲和的作用，还可以让客户感觉到一些优越感。

### （四）抓住客户回访的机会

客户回访过程中要了解客户在旅游活动中有何不满意之处，找出问题；了解客户对本门市的系列建议；有效处理回访资料，从中改进工作、改进产品、改进服务；准备好对已回访客户的二次回访。通过客户回访不仅解决问题，而且可以改进门市形象和加深客户关系。

### （五）利用客户回访促进重复销售或交叉销售

最好的客户回访是通过提供超出客户期望的服务来提高客户对企业或产品的美誉度和忠诚度，从而创造新的销售可能。客户关怀是持之以恒的，销售也是持之以恒的，通过客户回访等售后关怀来增值产品和企业行为，借助老客户的口碑来提升销售量，这是客户开发成本最低也是最有效的方式之一。开发一个新客户的成本大约是维护一个老客户成本的 6 倍，可见维护老客户是如何重要。

企业建立客户回访制度，很重要的方法就是建立和运用数据库系统，例如利用客户关系管理 (CRM) 中的客户服务系统来完成回访的管理。将所有客户资料输入数据库，如果可能，还要尽量想办法收集未成交客户的资料，并进行归类。无论是成交客户还是未成交客户，都需要回访，这是提高业绩的捷径。制订回访计划，何时对何类客户作何回访及回访的次数，其中的核心是"做何回访"。不断地更新数据库，并记录详细的回访内容，如此循环便使客户回访制度化。日积月累的客户回访将导致单位的销售业绩得以提升。

### （六）正确对待客户抱怨

客户回访过程中遇到客户抱怨是正常的，正确对待客户抱怨，不仅要平息客户的抱怨，更要了解抱怨的原因，把被动转化为主动。建议单位在服务部门设立意见搜集中心，收集更多的客户抱怨，并对抱怨进行分类，例如抱怨来自产品质量的不满意、来自服务人员的不满意等方面。通过解决客户抱怨，不仅可以总结服务过程，提升服务能力，还可以了解并解决产品相关的问题，提高产品质量，更好地满足客户需求。

## 技能训练

### 一、设计情境

进行客户回访并练习撰写客户回访报告。

### 二、电话回访练习

训练方法：情境模拟法，角色扮演法。
（1）小组讨论，设计一个回访客户的情境。
（2）每组派代表表演。可由一名同学扮演接待人员，一名同学扮演客人。
（3）学生轮流表演，并互换角色。
训练要求：
（1）能够抓住主要客人进行回访，设计问题巧妙，能够达到回访目的。
（2）使用礼貌用语，恰当、规范。
（3）讲究电话礼仪。

## 完成任务

（一）小组练习
将班上学生分成小组，各小组选一位组长带领组员，设计情境，完成客户的回访工作。
（二）小组评价
1. 客户回访的步骤是怎样的？
2. 客户回访的技巧。
（三）综合评价
综合评价包括小组之间的互评和老师对各小组工作的系统评价。主要评价项目如表 4-1-5 所示。

表 4-1-5　能力评价表

| 内　　　容 | | | 评　价 | |
|---|---|---|---|---|
| 学 习 目 标 | | 评 价 项 目 | 小组评价 | 教师评价 |
| 知识 | 应知应会 | （1）客户回访的步骤 | Yes/No | Yes/No |
| | | （2）售后服务的内容 | Yes/No | Yes/No |
| 专业能力 | （1）客户上门回访的能力<br>（2）客户回访报告的撰写能力<br>（3）客户电话回访的能力<br>（4）回访的技巧<br>（5）回访的礼仪标准 | （1）客户上门回访 | Yes/No | Yes/No |
| | | （2）客户回访报告的撰写 | Yes/No | Yes/No |
| | | （3）客户电话回访 | Yes/No | Yes/No |
| | | （4）回访技巧 | Yes/No | Yes/No |
| | | （5）回访的礼仪 | Yes/No | Yes/No |
| 通用能力 | 沟通能力 | | Yes/No | Yes/No |
| | 团队协作能力 | | Yes/No | Yes/No |
| | 组织能力 | | Yes/No | Yes/No |
| | 解决问题能力 | | Yes/No | Yes/No |
| | 自我管理能力 | | Yes/No | Yes/No |
| | 创新能力 | | Yes/No | Yes/No |
| 态度 | 敬业爱岗 | | Yes/No | Yes/No |
| | 态度认真 | | | |
| 个人努力方向与建议 | | | | |

### 思考与练习

（1）模拟练习上门回访客户。

（2）练习客户回访报告的撰写。

（3）售后服务的内容都包括什么？

（4）电话回访应如何使用礼貌用语？

（5）试述客户回访的技巧和应注意的问题。

## 任务二　投诉的处理

　　旅游投诉是指旅游者、海外旅行商、国内旅游经营者为维护自身和他人的合法权益，对损害其合法权益的旅游经营者和有关服务单位，以书面或口头形式向旅游行政管理部门提出投诉、请求处理的行为。

## 任务描述

2014年5月28日，游客倪某和董某两人报名参加南京某旅行社（以下称南京组团社）组织的张家界双飞四日游（5月31日—6月3日），单价为1 580元/人。双方约定：南京组团社不派全陪，飞机抵张家界后，由张家界某旅行社（以下称张家界地接社）负责接待。5月31日，倪、董二人由南京组团社送至禄口机场后从南京乘飞机飞往张家界，并于晚6点50分准时抵达张家界荷花机场。在机场等候2个多小时，一直未见到张家界地接社接站人员。其间，游客多次拨打合同上提供的南京组团社电话号码，却一直无人接听。至晚9点多，游客乘坐出租车，经当地人介绍自行住店，并另外报名参加了当地一家旅行社"张家界、杨家界、天子山、茅岩河漂流"三日游，又支付每人1 250元的旅游费。6月1日早，南京组团社、张家界地接社分别打电话向游客道歉：由于工作失误当地接待社将时间搞错，未能接到游客。希望游客能继续参加其游程。游客则表示已自行参加了其他团队。

返程后，游客投诉至南京旅游质监所，认为因旅行社原因终止游程，属弃团，应当按合同第十六条"弃团"条款赔偿每位游客3 500元，共计7 000元。南京组团社辩称：

（1）地接社漏接，系工作失误，不属弃团，并提供接站导游一份情况说明及机场值班经理的证明。

（2）虽然旅行社漏接，但游客不应该在机场等候2小时后就单方擅自离团。按合同第十七条"中途离团"条款，旅行社不承担任何责任。

（3）游客在张家界参加的是豪华团，行程与原合同不同，费用远高于原合同标准。

南京市旅游质监所经调查分析，认为旅行社不存在弃团行为，游客也并非擅自离团，这是一起因旅行社工作失误造成漏接而导致游程终止的旅游纠纷，应按照一般违约赔偿方式处理。可游客一直坚持旅行社弃团的观点，使得第一次调解没有任何结果。后又经南京旅游质监所工作人员多次沟通，最终促成双方达成了一致意见：旅行社承担违约责任，在赔偿上适当让步，赔偿游客在张家界的一切额外支出，即两人的多支出的旅游费2 500元及200元出租车费、住宿费，共2 700元。

## ⚙ 任务分析

本案系一起因旅行社漏接导致行程终止的旅游纠纷。根据民法、合同法有关规定，旅行社应当承担相应的违约责任。按照《合同法》第一百一十三条第一款"当事人一方履行合同义务或者履行合同义务不符合约定，给对方造成损失的，损失赔偿额应当相当于因违约所造成的损失，包括合同履行后可以获得的利益，但不得超过违反合同一方订立合同时预见到或者应当预见到的因违反合同可能造成的损失。"旅行社应当赔偿因自身工作严重失误造成游客额外支出的合理的旅游费和 5 月 31 日的出租车费及住宿费。但本案游客在张家界当地参团系豪华团，标准远远高于游客与南京旅行社签定的游览标准，旅行社在理赔时可适当考虑扣除超出的旅游费用（主要指普通等变成了豪华等）。

在处理这种投诉事件时，首先要认真倾听客人的意见，询问情况、核查事实，然后进行相应的处理。本案旅行社存在严重的工作失误。地接社失误漏接，这毫无疑问，但组团社也有不可推卸的责任。虽然该团不派全陪，但从确保服务质量上来说，组团社仍应当通过电话对游客的行程进行全程跟踪服务。尤其对一些重要环节，更应随时关注，便于及时处理合同履行中的一些问题。对接站事宜，组团社应做到：①向游客提供当地旅行社的电话号码；②向当地旅行社提供游客的手机号码；③提供给游客的电话应做到 24 小时有效；④及时核实当地旅行社是否接到游客。只要做到其中一点，就不会出现漏接的情况。

对于投诉的处理，通常要按照以下六个步骤：

倾听投诉→询问情况→调查事实→进行处理→答复处理结果→记录存档

### 一、倾听投诉

旅游投诉分书面投诉和口头投诉两种形式。旅行社管理者在接到旅游者的书面投诉时，应仔细阅读其来信，总结出投诉的要点。在接待提出口头投诉的旅游者时，管理者应耐心倾听旅游者讲述的意见。倾听旅游者投诉时，应做到：①端正态度。旅行社管理者在倾听投诉时应态度严肃，给旅游者一种认真对待其投诉的印象，切不可面带微笑，使投诉者误认为管理者没有把他的意见放在心上，或产生被嘲笑的感觉。②认真倾听。旅行社管理者在倾听旅游者投诉时不应打断旅游者的叙述，无论旅游者的投诉理由是否正当，都必须让他把话讲完，必要时还要引导他将埋藏在内心的怨气和不满全部发泄出来。③头脑冷静。管理者在接待旅游者投诉时必须保持冷静的头脑，不管旅游者的态度如何激烈，都不得同其争吵或对其进行指责，如图 4-2-1 所示。

### 二、询问情况

旅行社管理者在倾听旅游者的投诉后，应首先表示对其遭遇的同情，使旅游者感到管理者通情达理，愿意解决其所投诉的问题，得到心理上的安慰。然后，管理者应就旅游者投诉中尚未讲清楚的关键情节进行询问，以便了解旅游者投诉的事实，如图 4-2-2 所示。最后，管理者应就旅游者能够坦诚地向旅行社反映情况表示感谢，指出这是对旅行社的信任和爱护，并答应尽快对旅游者所提出投诉的事实进行调查和处理，并将处理结果反馈给旅游者。

图 4-2-1　倾听投诉

图 4-2-2　询问情况

### 三、调查事实

旅行社管理者应立即着手对旅游者投诉所涉及的人员和事情经过进行调查核实。在弄清事实的基础上，采取适当的方法进行处理，如图 4-2-3 所示。

### 四、进行处理

旅行社管理者在对旅游者投诉的事实调查清楚的基础上，应根据具体情况对旅游投诉进行妥善处理。对于涉及旅行社员工的投诉，如果经过调查，发现旅游者的投诉与事实相符，应立即采取适当的措施，按照旅行社的有关制度和规定对当事人进行批评教育；情节严重并造成严重影响或经济损失的，还应根据错误的严重性和造成的后果给予扣发奖金、暂停接待工作、赔偿经济损失、通报批评、行政记过、留社察看、解聘或开除等处分，如图 4-2-4 所示。

对于涉及其他旅游服务供应企业的投诉，经过调查证明确属该企业责任的，应通过适当渠道向该企业的有关领导反映。如果发现该企业屡次出现旅游者因同类情况进行投诉，旅行社则应减少直至停止与其合作，不再采购其服务或其他旅游产品。

图 4-2-3　调查事实

图 4-2-4　投诉处理

### 五、答复处理结果

旅行社管理者在完成对旅游投诉的处理之后，应及时将处理结果以口头或书面形式通知旅游者。在答复时应诚恳地向旅游者表示歉意，希望能够得到其谅解，并愿意继续为其提供优质服务。如果处理结果涉及经济赔偿，旅行社还应征求旅游者的意见，以适当的渠道和方式进行赔偿。如果经过调查发现旅游者的投诉与事实出入较大，属于旅游者的误会，旅行社管理者则应向旅游者做实事求是的解释，并欢迎他（她）在今后继续关心和监督旅行社的服务质量，如图 4-2-5 所示。

**图 4-2-5 答复处理结果**

旅游投诉得到妥善处理后，旅行社管理者应将旅游者投诉的原因和处理结果向旅行社的有关部门和人员公布，以提高员工们对服务质量重要性的认识。同时，管理者还应根据旅游者的投诉，对出现问题的地方进行检查，以提高服务质量。

## 六、记录存档

旅行社应将旅游投诉的内容和处理经过做详细真实的记录（见图 4-2-6），并存入档案，以备不时之需。客户投诉处理记录表如表 4-2-1 所示。

**图 4-2-6 记录存档**

**表 4-2-1 客户投诉处理记录表**

编号：

| 投诉人 | | | | | 受理人 | |
|---|---|---|---|---|---|---|
| 栋房号 | | 投诉方式： | ☐ | 一般投诉 | ☐ | 来电 |
| 联系电话 | | | ☐ | 来信 | ☐ | 其他 |
| 投诉性质 | | ☐ 一般投诉 | | ☐ 重大投诉 | | |
| 回访形式 | 上门☐ | 电话☐ | 信函☐ | 电子邮件☐ | 其他☐ | |
| | | | （用"√"表示）： | | | |
| 投诉内容（简述） | | | | | | |
| 受理人： | | | | | | |
| 责任部门（单位） | | 责任人 | | 处理时限 | | |
| 原因分析及纠正措施： | | | | | | |
| 部门（班组）责任人： | | | | | | |
| 是否解决： | | 签名： | 如未解决，是否向对方解释原因 | | | |
| ☐是 ☐否 | | | ☐是 | ☐否 | | |
| 处理结果回复： | | | | | | |
| ☐满意 | ☐不满意 | | 验证记录人： | | | |
| 领导意见： | | | | | | |

## 相关知识与技能

### 一、旅游投诉产生的原因

旅游投诉是由于旅游者或旅游中间商对旅行社所提供的服务感到不满或失望，而向旅行社提出的批评意见。旅行社对于旅游者或旅游中间商的投诉必须十分重视。因此，旅行社经营者应首先了解造成旅游投诉的原因。在正常的旅行社经营过程中，造成旅游投诉的原因包括旅游服务部门的原因和旅行社自身的原因两种类型。

#### （一）旅游服务部门的原因

在旅游者提出的投诉中，有相当一部分投诉涉及旅行社之外的其他旅游服务部门或企业，如旅游交通、住宿与餐饮、游览景点、娱乐场所、购物商店等。虽然这些投诉并非由旅行社自身的原因所引起，但是旅行社如果处理不当，同样会使旅游者感到不满，给旅行社造成声誉上的恶劣影响。因此，旅行社必须重视这类投诉，并妥善加以解决。

旅游服务部门造成旅游者投诉的原因主要来自以下几方面：

1. 旅游交通方面

旅游交通是旅行社产品的重要组成部分，对旅游者在旅游过程中能否顺利进入和离开旅游目的地起着至关重要的作用。旅游者在旅游过程中能否乘坐上旅游合同中规定的交通工具，其服务是否安全、准时、规范，对于旅游活动能否取得成功具有重大影响。当旅游者乘坐上干净舒适的交通工具，既安全又准时地抵达或离开旅游目的地时，当旅游者享受着司乘人员的优质服务时，他们往往会对整个旅程增添几分满意的感觉。相反，如果旅游者面对肮脏破旧的交通工具，提心吊胆地在颠簸的路面上或空中旅行，而司乘人员的态度又十分恶劣，则旅游者的游兴将会被彻底破坏。近年来，一些旅行社经常由于旅游交通方面的原因遭到旅游者的投诉，给旅行社造成严重的声誉和经济损失。旅游者向旅行社提出关于旅游交通服务部门的投诉主要涉及以下三种情况：

（1）抵离时间不准时。交通工具抵离时间不准时会给旅游者的旅游活动造成不便甚至严重损失。例如，由于旅游者所乘坐的飞机、火车未能按照航班时刻表、列车时刻表等准时起飞或发车，造成旅游者无法按预定计划抵达或离开旅游目的地，或造成旅游者被迫延长在旅游目的地的某一个城市的停留时间及缩短在另一个城市的停留时间，有时甚至被迫取消对某个城市或地区的旅游计划。又如，某些旅游汽车公司不按照事先与旅行社达成的合同规定时间发车，造成旅游者花费大量的时间等候，影响了旅游者的旅游情绪，有时甚至迫使旅行社改变整个旅行计划。这种现象严重地损害了旅游者的利益，经常招致旅游者的投诉。

（2）途中服务质量低劣。有些交通部门、企业或司乘人员认为其任务就是简单地将旅游者按照计划或合同按时运送到目的地，不重视提高服务质量，在服务过程中态度生硬粗暴或懒懒散散，对于旅游者提出的合理要求熟视无睹，不闻不问，造成旅游者的不满和投诉。

（3）忽视安全因素。安全是旅游者在旅行期间十分关心的一个因素。旅游者往往对于那些不重视交通安全的旅游交通部门、企业或司乘人员深恶痛绝。因此，运输安全是旅游者的旅游活动顺利进行的重要保证。然而，有些交通部门、企业或司乘人员只关心本部门、本企业的经济利益，忽视飞行安全或行车安全，给旅游者的生命财产造成损失，是旅游者投诉的一个重要原因。

2. 旅游住宿服务方面

旅游住宿服务质量不尽如人意也是旅游者向旅行社提出投诉的一个重要原因。在旅游过程中，旅游者需要在一天的游览参观活动结束后，能够回到所下榻的饭店或旅馆得到充分的休息，以便保持旺盛的精力，圆满完成全部旅游活动。因此，饭店、旅馆等旅游住宿服务设施能否向旅游者提供优质服务是旅游者旅游活动成功与否的重要条件之一。有些旅游住宿服务设施未能按照同旅行社签订的合同提供相应的服务，是导致旅游者向旅行社提出关于旅游住宿服务方面投诉的主要原因。一般来说，以下四方面服务的缺陷是造成旅游者对旅游住宿服务方面投诉的主要原因：

（1）设施设备条件差。有些饭店或旅馆的设施设备比较陈旧，维护保养差，给旅游者的休息带来诸多不便。例如，在客房里，洗手间里马桶跑水，影响旅游者的夜间睡眠；淋浴设备缺乏维修，造成旅游者在淋浴时水流不均匀，时冷时热；空调设备制冷性能差，在炎热的夏季不能使客房里保持适当的温度；在楼道里，地毯陈旧破损，致使旅游者绊倒摔伤；客用电梯因维修不当，导致电梯时开时停。这些情况都会招致旅游者的投诉。

（2）服务技能差。服务技能差也是造成旅游者对饭店或旅馆不满的一个原因。有些饭店或旅馆对服务人员的服务技能培训缺乏足够的重视，或者贪图一时的经济利益而大量雇用没有经过正规服务技能培训的临时工或实习生，并让这些人单独上岗为客人服务。由于这些人缺乏服务经验，服务技能差，无法向旅游者提供符合规范的服务，导致旅游者的不满和投诉。例如，前台服务员因不熟悉饭店预订系统的操作程序，无法迅速为入住的旅游者办理好入住手续，使旅游者在前台长时间等候。又如，在旅游者办理离店手续时，前台结账员因缺乏足够的财务知识，无法及时为旅游者办理结账手续，致使旅游者因等候结账而耽误了航班。

（3）服务态度差。服务态度差是导致旅游者投诉饭店、旅馆等旅游住宿服务设施的又一个原因。一些饭店、旅馆的服务人员缺乏职业道德，不尊重顾客，对旅游者态度生硬，说话时要么怠慢，要么出言不逊，甚至为了一点小事就与旅游者大吵大闹。还有的服务人员在向旅游者提供服务时敷衍搪塞，不负责任。旅游者由于无法忍受他们的恶劣态度，于是向旅行社提出投诉。

（4）卫生条件差。卫生条件差往往是由于饭店管理不善，忽视对有关部门和员工的教育，不重视维护饭店、旅馆的卫生环境而造成的。有些饭店、旅馆的经营者片面强调经营效益的重要性，为了降低经营成本，大量裁减承担客房、公共卫生区、餐厅等处卫生工作的人员，使得卫生工作难以正常进行。还有的饭店、旅馆经营者热衷于轰轰烈烈的面上卫生，忽视平常人们不容易注意到的地方，结果导致这些地方成了卫生死角，变成藏污纳垢的地方。而正是这些角落里滋生的蚊蝇、蟑螂等爬进旅游者下榻的客房或出现在餐厅里，使旅游者感到无法忍受，提出投诉。

3. 旅游餐饮服务设施方面

旅游餐饮服务设施包括接待旅游者的饭店、旅馆里的各种餐厅和各种社会餐馆。旅游者在餐饮服务设施就餐时通常希望这些设施能够提供优雅的就餐环境、可口的美味佳肴和规范的餐厅服务。然而，有些时候，某些餐厅或餐馆由于各种主观或客观原因，未能向旅游者提供其所期望的全部或部分餐饮服务内容，招致旅游者的不满，并向旅行社提出投诉。造成旅游者投诉旅游餐饮服务设施的主要原因是：

（1）菜肴质量低劣。造成菜肴质量差的原因主要有三种：一是厨师没有按照菜谱上规定的主、辅料配比进行烹调，造成菜肴的质量下降；二是厨师的烹饪技术差，做出的菜肴口味与规定不符；三是菜肴的分量不足，引起旅游者的不满。

（2）就餐环境恶劣。有些餐馆或餐厅的就餐环境比较差，如餐厅里摆放的餐桌、餐椅已经损坏，餐厅未加修理仍让客人使用；餐厅里的卫生条价差，出现蚊蝇、蟑螂等害虫；餐具没有清洗干净；厨房与餐厅隔离较差，导致厨房里烹饪的气味飘进餐厅里，影响客人就餐的情绪等。

（3）服务态度差。餐厅或餐馆的服务人员服务态度差主要表现在：

① 对待客人冷若冰霜，对客人提出的要求不予理睬或寻找借口不予办理。

② 服务时懒懒散散，不主动向客人介绍本餐厅的特色产品，客人询问时，表现出不耐烦的神情。

③ 服务态度恶劣，与客人大吵大闹。

④ 对待客人不能一视同仁，对某些客人曲意逢迎，而对另一些客人则置之不理。

（4）服务技能差。有些餐厅为了节省员工工资开支，大量雇用未经专业培训、服务技能较差的实习生或临时工，并让他们单独为旅游者服务。尽管在这些人当中不乏热心为旅游者服务的人员，但是由于缺乏必要的专业训练，他们往往无法提供规范的餐厅服务，有的甚至给旅游者造成损失，如将菜汁溅到旅游者身上、将旅游者点的菜肴上错桌等，招致旅游者的不满和投诉。

4．其他旅游服务部门方面

除了上述部门或企业引起服务欠佳造成旅游者投诉外，其他一些旅游服务部门如游览景点、娱乐场所、购物商店等也会因服务质量低下，造成旅游者向旅行社提出投诉。

（二）旅行社自身的原因

旅游者除了因旅游服务部门服务质量不佳向旅行社提出投诉外，有时还会因旅行社自身服务质量不高而向旅行社管理人员提出投诉。由于旅行社自身原因造成旅游者投诉主要出现在以下两方面：

1．旅游活动日程安排不当

旅行社在安排旅游者的活动日程时应注意松紧适度，劳逸结合，游览参观项目应注意多样性，尽量照顾到多数旅游者的游览要求。然而，有些旅行社在制定活动日程时，不注意旅游者的实际需要，只根据以往的经验或为了照顾旅行社自身的利益，安排旅游者的活动。由于活动日程未能满足旅游者的期望，招致旅游者的不满。

旅行社往往在以下几方面对旅游活动安排不当：

（1）活动内容重复。有些旅行社在安排旅游者的活动日程时只考虑本地区的特色，而没有综合考虑整条旅游线路上各地的旅游景点情况，造成旅游活动内容重复的现象。例如，某旅行社在接待一个来自北美地区的旅游团时，不顾该旅游团已经在我国境内旅游的前几站参观过多处庙宇的情况，仍安排旅游团在本地参观两个寺庙，结果招致旅游者的不满。旅游者向该旅行社经理投诉时不无讽刺地说："我们是来旅游的，不是来改变宗教信仰的。"

（2）活动日程过紧。活动日程过紧是旅游者向旅行社投诉的原因之一。有些旅行社接待人员在安排旅游者的活动日程时，不顾旅游者年龄偏大的特点，将旅游活动日程安排过紧，有时甚至安排旅游者一天参观三四个规模较大的游览景点，结果造成旅游者要么疲劳不堪，要么走马观花，无暇欣赏。

（3）活动日程过松。活动日程过松也是旅游者向旅行社提出投诉的一个原因。有些旅行社在安排活动日程时，过分强调了旅游者年龄偏大的特点，将活动日程安排得稀稀松松，往往是早上很晚才出发，下午很早就将旅游者送回饭店，使旅游者感到旅行社不负责任，浪费旅游者的时间和金钱。

（4）购物时间过多。有的旅行社只顾本旅行社的经济效益，将游览景点的时间安排得很紧，挤出较多的时间安排旅游者多次到本旅行社定点商店购物，结果造成旅游者的不满。

2．接待人员工作失误

旅行社接待人员的工作失误是造成旅游者投诉的另一个重要原因。旅行社接待人员在接待旅游者的过程中由于服务态度差或服务技能差使旅游者产生不满，向旅行社提出投诉的事情往往在旅游者的投诉中所占的比例最大，应当引起旅行社管理者的高度重视。

旅行社接待人员的工作失误主要有以下几种：

（1）擅自改变活动日程。有些旅行社的接待人员在接待过程中，未经与旅游者或领队商量并征得同意，也未向旅行社有关领导请示，便擅自将活动日程作较大的变动，如减少旅游计划中规定的部分游览项目，擅自增加购物时间或将旅游者带到非定点商店购物，使旅游者因购买假冒伪劣商品或高价购买了低价商品而蒙受损失等。

（2）不提供导游服务。有些导游员将旅游者领到游览景点后，不是按照旅游合同的规定向旅游者提供导游讲解服务，而是游而不导，或只做简单的介绍之后便不再理睬旅游者，或者在前往游览景点及从游览景点参观结束返回饭店的途中，与司机聊天或打瞌睡，不进行沿途导游讲解。

（3）造成各种责任事故。有些旅行社接待人员工作责任心不强，麻痹大意，遇事敷衍搪塞，造成漏接、误机、误车、误船、行李丢失或损坏等责任事故，给旅游者的旅游活动带来不便和损失。

（4）服务态度恶劣。有些旅行社接待人员不尊重旅游者，在接待过程中不热情，态度生硬，经常顶撞旅游者或与旅游者大吵大闹。还有的接待人员在接待过程中厚此薄彼，对旅游者不能做到一视同仁，使部分旅游者产生受歧视的感觉。

## 二、旅游投诉的预防

旅游投诉是旅游者对旅行社所提供的旅游服务或其产品中所包含的其他旅游服务部门或企业服务感到不满的一种反映，对于旅行社的声誉和经营效果均有一定的损害。因此，旅行社应该尽量设法避免旅游者的投诉，把可能引起旅游者投诉的各种因素加以化解，使旅游者对旅行社及其产品的投诉率降至最低限度。一般来说，旅行社为降低旅游投诉率应从加强质量管理和加强员工教育两方面入手。

### （一）旅行社质量管理

抓好质量管理是旅行社降低旅游者的投诉率，提高旅行社及其产品在旅游市场上的声誉和竞争力的有力保证。旅行社应该努力提高其产品和服务质量。由于旅行社向旅游者提供的服务涉及旅行社产品设计、开发与销售，旅游服务采购和旅游接待服务等多个环节，所以旅行社的质量管理必须是全方位的管理，即产品质量管理、采购质量管理和接待质量管理。

### 1．产品质量方面

旅行社产品质量管理是保证旅行社在旅游接待过程中能够使旅游者感到满意的前提。旅行社的管理者在产品质量管理的过程中应重点抓好产品的设计、促销和销售这三个环节的质量管理。

（1）产品设计质量管理。旅行社的产品质量，一般是指旅游线路和旅游节目设计安排的质量。产品设计的质量管理应侧重于下列几方面。

① 旅游线路安排是否合理。旅行社在产品方面应注意避免旅游线路中出现不必要的重复或往返，减少旅游者因过多的线路重复或往返产生厌烦情绪。若发现确实存在不必要的重复或往返，应设法加以适当调整。

② 产品内容是否符合旅游者的需要。旅行社所设计的旅游线路和节目中的各个项目必须真正符合旅游者的需要。

③ 交通工具能否得到切实保障。旅行社在检查其产品设计时，应注意所安排的交通工具是否能够得到切实的保障。鉴于我国目前的交通状况，旅行社管理者在对产品设计进行质量管理时应特别加以注意。一般来说，根据我国多数地区的交通条件，旅游者乘坐的交通工具不应安排为过路列车或航次较少的民航航班，以避免在旅游旺季时因火车票或飞机票供应紧张而不能保证旅游者按计划抵离。

④ 游览项目有无雷同。游览项目雷同是旅行社产品设计的大忌，必须设法避免。旅行社管理者应认真核对旅游线路中的各地方节目安排，一旦发现雷同节目，应及时加以改正。

（2）产品销售质量管理。产品销售质量管理是为了避免在日后的接待过程中旅游者因对旅行社产品价格产生疑义而造成投诉。旅行社管理者在产品销售质量管理方面应着重了解产品的销售价格是否合理，有无价实不符的情况。如果发现旅行社产品价格与实际服务内容之间存在较大的偏离，应设法予以适当的调整。

（3）产品促销质量管理。产品促销质量管理是指对旅行社的广告等宣传促销内容的管理。旅行社必须实事求是地促销，如实地向旅游者介绍产品的内容。尽管一些旅行社采用夸大其词的广告宣传等促销手段招来一些旅游者，但是旅游者在旅游过程中往往能够轻而易举地发现受骗上当，并对旅行社产生强烈的不信任感。因此，旅行社管理者若发现本旅行社的促销中存在任何与事实不符的宣传内容，应坚决予以剔除。

### 2．采购质量管理

采购质量管理是指旅行社对饭店、餐馆、交通部门、游览景点、娱乐场所、购物商店、接待旅行社等单位的服务质量实施监督和管理。旅行社必须通过实地考察、旅游者信息反馈等方式确定能够为旅游者提供高质量服务的旅游服务供应部门或企业，并将他们确定为长期的协作伙伴。旅行社采购质量管理的主要内容如下：

（1）服务设施。采购质量管理的第一项内容是检查旅游服务供应单位的服务设施情况。良好的服务设施是提供优质服务的首要条件。任何旅游服务都不可能脱离一定的设施条件而存在。因此，旅行社管理者应经常到一些主要的旅游服务供应单位实地考察，了解它们的设施设备情况。如果发现某个旅游服务供应单位的设施设备不具备接待旅游者的条件，应坚决将其从旅游服务采购名单中删除，不能向其采购任何旅游服务项目，以保证旅游接待质量。

（2）服务质量。旅游服务供应单位提供的服务是否符合国家、行业的标准，能否达到旅行社产品的要求和满足旅游者的期望是旅行社采购质量管理的第二项重要内容。旅行社管理者应通过导游员、旅游者的反馈意见和实地考察，检查各个旅游服务供应单位的服务质量。对于那些服务质量好的单位，旅行社应该加强与他们的合作，建立长期的供销关系。对于那些服务质量存在一定差距的单位，应向其指出其服务上的差距，并提出改进的要求。经过一段时间的考察，发现确实改正，服务质量明显提高并已达到有关标准的，旅行社可以同其建立合作关系。对于那些服务质量较差，经指出后仍不改正或改进程度较小，无法达到有关标准和不能满足旅游者要求的单位，旅行社应断绝同他们的合作关系，不再从那些单位采购服务产品。

3．接待质量管理

旅游接待是旅行社产品消费的实际过程，也是旅游者评价旅行社及其产品的主要依据。旅游接待由旅行社直接控制，其质量的优劣直接体现了旅行社的管理水平。因此，接待质量管理是旅行社质量管理的重点。

旅行社对接待质量的管理主要集中在以下三方面：

（1）服务态度的管理。旅行社接待质量管理应首先从端正接待人员尤其是导游人员服务态度入手。良好的服务态度能够对旅游者产生一种强烈的吸引力，而低劣的服务态度则会对旅游者产生一种排斥力。旅行社管理者应通过现场抽查、向旅游者调查等方式考察和了解接待人员的服务态度。对于那些服务态度热情，受到广大旅游者喜爱的接待人员应给予适当的表扬和奖励，鼓励他们继续努力，为旅游者提供热情周到的服务；对于那些服务态度较差的接待人员，应向他们提出严肃的批评，要求他们立即改正；对于少数服务态度恶劣，屡教不改的接待人员，则应坚决将其撤离接待岗位。

（2）导游讲解水平的管理。导游讲解是旅游接待业务的核心，其水平高低直接影响旅游者对旅行社服务质量的评价。旅行社管理者通常采取现场抽查的方式检查导游员的导游讲解水平。旅行社通过对导游人员导游讲解水平的监督和管理，发现其中可能存在的不足并加以纠正，以确保旅游者享受到高质量的旅游接待服务。

（3）业务能力的管理。旅游接待人员的业务能力包括独立实施日常旅游接待的能力和处理各种突发事件的能力，是旅游接待业务顺利完成的重要保证。旅行社管理者应通过日常的观察和定期考核，检验接待人员的业务能力，并做出适当的评价，以便量才使用。在接待任务的安排上，对业务能力强的人员授予比较重要和比较复杂的接待任务，而将比较容易的接待任务交给那些业务能力相对比较弱的人员。同时，旅行社管理者还应注意不断地对具有不同业务能力的人员进行具有针对性的业务培训，使业务能力较强的人得到进一步的提高，并使那些业务能力较弱的人经过一段时间的培训和锻炼，逐步胜任更加复杂和重要的接待任务。

（二）旅行社质量教育

旅行社质量教育包括质量意识教育、职业道德教育、法制教育和业务知识教育四方面。

1．质量意识教育

强烈的质量意识是确保旅行社员工提供高质量旅游服务的先决条件。在质量意识教育中，应使旅行社全体员工提高对服务质量的认识程度、重视程度和自觉程度，树立保证质量的责任感、使命感和紧迫感。

旅行社进行质量意识教育，还应从员工们自身利益的角度向他们阐明服务质量与企业和员工个人利益之间的关系，使他们了解其个人利益与旅行社的生存和发展密切相关，而旅行社的生存与发展则依赖其向旅游者提供的服务质量。良好的服务质量是旅行社在旅游市场上建立竞争优势的最重要资源，是旅行社经营取得成功的关键，决定着旅行社的生死存亡，同时关系到每一位旅行社员工的切身利益。通过质量意识教育使员工们确立服务就是旅游资源，就是企业的生命和经济效益的观念，自觉树立"质量第一"和"旅游者至上"的服务思想。

2．职业道德教育

旅行社应加强职业道德教育，使员工们树立起正确的职业道德观念。通过职业道德教育，使员工们更加热爱旅游服务工作，在旅游接待工作中顾全大局，相互协作，坚持文明服务，礼貌待客，向旅游者提供优质的旅游接待服务。

3．法制教育

法制教育是旅行社质量教育的一个重要方面。旅行社应强化员工的法制观念，使他们熟悉和掌握国家发布的《消费者权益保护法》《旅行社管理条例》等法律法规，明确旅行社的职责和旅游者的权利，自觉地树立遵纪守法的观念和依法维护旅游者合法权益的观念。通过法制教育，使员工能够在旅游接待过程中，运用法律武器保护旅游者的合法权益，制止各种侵害旅游者合法权益的行为，切实保障旅游服务质量。

4．业务知识教育

旅行社业务是知识和技能的服务，其质量的高低同提供这种服务的员工是否拥有丰富的业务知识和服务技能之间存在着必然联系。因此，旅行社应通过业务知识教育，提高员工的知识水平和业务能力，使他们能够在旅游服务过程中向旅游者提供高质量的服务。旅行社管理者在业务知识教育中应着重培养和提高员工的文化素养和服务技能，使他们具有较为丰富的历史、地理、文学、美学、旅游学、心理学等方面的知识，并使他们熟练地掌握旅行社的专业业务知识和接待技能，成为具有渊博业务知识和熟练的服务技能、能够为旅游者提供高质量高水平服务的优秀接待人员。

### 三、旅游者投诉的心理

#### （一）要求尊重的心理

有些旅游者向旅行社提出投诉是因为他们认为没有受到旅游接待人员或其他旅游服务人员的尊重，或尊重得不够，所以向旅行社管理者提出投诉以维护其尊严。这种旅游者多属事业上取得了一定成就或拥有一定社会地位的人士。他们往往十分看重别人对待他们的态度。如果旅游接待人员或其他旅游服务人员对他们表示出较高的尊重态度，他们通常就会从心理上感到满足，而一旦有人有意或无意地表现出对他们的不尊重，他们就会感到格外委屈，难以容忍。

具有要求尊重心理的旅游者在投诉时的目的主要是通过投诉获得其所希望得到的尊重，而对于经济补偿则不大重视，也不关心旅行社管理者是否会严肃处理被投诉的有关人员。有时候，当投诉者从旅行社管理者那里得到尊重的表示后，甚至会请求不要惩罚被投诉者。旅行社管理者应针对这种旅游投诉者的心理特征，在处理其投诉时主动表示对其遭遇的同情，并对其表示较大的敬意，使其感到旅行社确实尊重他们，以平息他们的怨气。

### （二）要求发泄的心理

要求发泄是另外一些旅游者投诉时的心理状态。他们因对旅游接待人员或其他旅游服务人员的服务感到不满，觉得受了委屈或虐待，希望向别人诉说其心中的不快。这种人在投诉时或喋喋不休，反复诉说其不幸遭遇，或态度激动，使用激烈的语言对被投诉者进行指责。

具有要求发泄心理的旅游者提出投诉的主要目的是向旅行社管理者发泄其胸中的不满和怨气。当他们的怨气发泄完毕，并得到某种安慰后，往往会感到心理上的满足，而不再提起赔偿的要求。有些旅游者甚至还会对其在投诉时使用的激烈语言感到后悔和歉意。旅行社管理者在接待这种旅游投诉者时，应针对其心理特点，耐心地倾听其投诉，不要急于安抚对方，也不要为了急于弄清事情的真相而打断对方。当投诉者将所要说的话全部讲完后，旅行社管理者应给予适当的安慰。一般情况下，旅游者会对这种处理方法感到比较满意。

### （三）要求补偿的心理

还有一些旅游者，其提出投诉的主要动机是要求得到一定的补偿。这种要求补偿的心理可能是物质性的，如希望旅行社向其退还部分旅游费用；也可能是精神性的，如希望旅行社管理者向其表示道歉。

旅行社管理者在处理这类投诉时，应根据对其投诉心理的分析和掌握，加以适当的处理。如果确实因旅行社接待服务的失误给旅游者造成经济损失或精神损失的，可以适当给予一定的经济补偿或赔礼道歉。如果旅游者因误会而向旅行社投诉的，则可以婉转地加以解释，以消除误会。同时，旅行社还可以向其赠送一些小礼品，以满足其要求补偿的心理。

### （四）提供帮助的心理

有些旅游者提出投诉的动机是为了帮助旅行社或者相关旅游企业或其他部门改进工作，以便能够更好地为旅游者提供优质服务。例如，认为旅行社的价格不合理，相关企业的工作或者服务需要进一步改进；在提出投诉的同时，提供一些改进的意见或方案。

## 四、处理投诉的注意事项

### （一）高度重视

无论顾客投诉问题的大与小，都应给以足够的重视，因为在顾客看来，只要投诉便不是一般的小问题。据统计，每收到一次顾客投诉，就意味着有 20 名同感的顾客，因此旅行社对每一次投诉都必须认真对待。

### （二）尊重顾客的感觉

顾客进行了投诉，说明有什么地方肯定做得不对或者不好。所以，必须强调对顾客的理解，要让他们觉得是在自己的旅行社消费，他们享有充分的自由，他们是主人。特别是顾客在消费过程中受到了来自经济和时间等压力时，我们应尽量认同顾客的感觉，这种默许的方式有助于缓和顾客的烦躁和不满，为下一步圆满地处理问题打下良好的感情基础。

### （三）不能与顾客争执

我们的目的是为了倾听事实，进而寻求解决之道，争论只会妨碍我们聆听顾客的观点，不利于缓和顾客的不良情绪。权威人士指出："98%～99%的顾客都确信自己的批评是正确的。"因此，争论谁对谁错那将毫无疑义，其结果只会激化矛盾，让已经不满意的顾客更加不满意，而我们的职责是拉回那些已经产生不满的顾客。专家统计分析得出：寻求顾客的满意甚至对顾客进行必要的赔偿，所带来的收益将是补偿成本的数倍。

### （四）处理的时间越早，效果越好

服务失误发生后，应该在第一时间处理，时间越长，对顾客的伤害就越大，顾客的忠诚度就会受到严重的考验。所以，必须制定相应的制度，以加强我们的管理。这方面，三星奥克斯空调的"四制"办事原则给我们树立了榜样，即"一般性问题，必须三天内答复制；复杂性问题，必须一星期内答复制；未予解决的，书面答复制；延误日期的，20元一天罚款制。"事实证明，这样做的好处是很大的。曾获美国服务企业质量管理奖的瑞兹酒店，其总裁创造了所谓的"1－10－100"服务法则，意思是服务失误出现后，企业当场解决只需支出一美元，但到第二天处理费用是10美元，再以后则会上升到100美元。

### （五）记录在案

对客人投诉的内容及旅行社的处理办法等都应记录在案，以备必要时核查和总结。

## 五、处理客户投诉用语

（1）客户说话时，认真听取和记录客户反应的问题，不要随时打断客户说话，在聆听和记录的时候要对客户有所回应，表示对客户的尊敬。常用的礼貌词有：恩、对、是、好的等肯定的词语。

（2）客户说完以后：

① "很抱歉，先生（女士），因为我们的工作给您带来不便，非常感谢您反映的情况。"

② "您所反应的具体情况我已经了解了，并且做好了记录，我想再给您确认一下，好吗？"（复述客户所说的内容）"请问您还有一些补充的吗？"（若没有补充）"您反映的问题，我们会立刻转给相关部门核查，并给您一个满意的答复，好吗？"

③ 对于业务类的投诉："您反映的问题，我们会尽快向上级部门反映，并在2天内给您答复，好吗？"

④ 对于服务态度方面的投诉："很抱歉，我理解您现在的心情，我代表我们公司给您道歉，我们会对您反映的情况进行核查，最后给您一个答复，好吗？"

## 六、突发事件的处理

### （一）旅游计划或活动日程变更的处理

1．旅游计划变更的原因和情况

（1）旅游计划变更的原因。旅游过程中，由于客观情况发生变化，如天气突变、自然灾害或公路塌方、航班取消、交通故障等不可预料的因素的影响，迫使旅游计划、线路和活动日程也要发生变更。此外，由于导游工作出现差错和失误等主观原因，如导游员疏忽大意导致误机、误车等，也会出现旅游计划不得不更改的情况。

需要指出的是，如果是旅游团（者）主观要求改变旅游计划，提出变更路线和活动日程的要求，导游员原则上应按照合同执行。如果游客有非常特殊的情况，应上报组团社，按照组团社的指示做好工作。

（2）旅游计划变更的情况。旅游计划的变更大致有三种情况：一是缩短或取消在某地的游览；二是延长在某地的游览时间；三是在某地的游览时间不变，但旅游活动项目被迫更改，用一种旅游活动项目取代另一种旅游活动项目。

2．应对旅游计划变更的措施

（1）需延长旅游时间。应通知旅行社有关部门，按调整后的计划和日程重新安排团队用餐、用房和用车事宜，并请旅行社将团队计划变更情况通报给下一站旅行社，以便对方做出相应调整。

在活动日程上，应延长在主要景点的游览时间，适当增加旅游内容或安排一些丰富多彩的旅游活动，尽量使游客感到充实有趣。

（2）需缩短游览时间。应尽早通知旅行社有关部门办理退餐、退房和退车事宜。

由于游览时间缩短，部分游览项目可能被取消，部分景点的游览时间可能被缩短，如果处理不好，会招致游客反感甚至投诉。应慎重行事，尽量抓紧时间，将计划内的游览项目安排完成；若确有困难，可将本地重要景点、特色景点介绍给客人，使他们尽可能少地带着遗憾离去。

（3）被迫改变部分计划。可能取消个别景点或某项活动，代之以另一景点或另一活动，也可能只取消而不替代。改变原则上应由组团旅行社做出决定或经组团旅行社同意。应对替代景点客观公正地加以介绍，既不夸大其词，又要能激起游客的兴趣，使游客最终接受旅行社的安排。

**（二）漏接、错接、空接事故的预防和处理**

1．漏接事故

漏接事故是指旅游团队抵达后无导游人员接站。漏接的原因很多，并不全是导游员的责任；但对游客而言，无论是什么原因造成的漏接都是令人不快的，他们会对导游员不满、发火甚至投诉。导游员应设法尽快消除游客的不满情绪，及时分析原因，向游客解释清楚并请求谅解，以挽回影响。

（1）漏接的原因

客观原因如下：

① 原定班次或车次变更，旅游团提前到达，但本站接待社有关部门没有接到上一站旅行社的通知。

② 本站接待社有关部门虽接到关于旅游团提前抵达的通知，但没有及时通知该团的导游员，导致旅游团到达后无人接站。

③ 交通部门的原因，如国际航班提前抵达，致使旅游团提前抵达。

导游员的主观原因如下：

① 导游员未按规定的时间提前抵达接站地点。

② 导游员由于工作疏忽，将接站地点搞错。

③ 新旧时刻表交替，导游员没有查对新时刻表，仍按旧时刻表去接站，造成漏接。

④ 由于某种原因，班次变更，旅游团提前到达，接待社有关部门已在接待计划（或电话记录、传真）上注明，但导游员没有认真阅读变更通知，仍按原计划接站。

（2）漏接的预防：

① 导游员在接受任务后，应认真了解旅游团抵达的日期、时间和地点。

② 导游员在接站当日，再次与旅行社有关部门核实并通知司机做好接站准备。必要时可直接向组团旅行社核实，或向机场、车站了解游客所乘交通工具的准确抵达时间。

③ 导游员要熟悉最近本地区的交通情况，准确计算接站的时间，与司机商定好出发时间，保证按规定提前 30 min 到达约定地点接站，以确保接站工作顺利进行。

（3）漏接的处理：

① 首先如实地向旅游者说明原委，诚恳地赔礼道歉，然后积极主动地工作，争取用热情周到的服务赢得游客的信任。

② 有些漏接事故虽然不完全是导游人员的责任，但考虑到漏接事故对游客造成了一定程度的损害，导游员也应该主动代表旅行社表示歉意。

2．错接事故

错接事故是指导游员在接站时未认真核实，接了本不该由自己接的旅游团。错接属于责任事故。

（1）错接的原因：造成错接事故的原因是导游员责任心不强，接团时没有认真核实对方旅行社的名称、团号、人数和领队姓名，糊里糊涂地接了本不该自己接的团队。

（2）错接的预防：

① 接站前，导游员要认真细致地阅读接待计划，充分掌握所接旅游团的详细情况。

② 导游员应提前到达接站地点迎接旅游团。

③ 最重要的是导游员接团时应认真核实。导游员要加强责任心，接到团队后，要认真地逐一核实旅游客源地旅行社的名称，旅游目的地接待社的名称，旅游团的代号、人数、领队的姓名（无领队的旅游团要核实游客的姓名）、下榻的饭店等，确认无误后再接走。

（3）错接的处理：

① 若错接其他旅行社的团队，导游员应立即向旅行社报告，尽快设法交还，同时要向游客说明情况，赔礼道歉。

② 如果自己应接的团队还在机场、车站无人迎接，应赶快报告旅行社安排接站。

③ 若错接的是本旅行社其他团队，经旅行社领导批准，地陪可以将错就错，不再交换旅游团。如果是地陪兼全陪，则应立即交换旅游团并向游客道歉。

3．空接事故

空接是指导游员按原定计划接站却没有接到旅游团。

（1）空接的原因：

① 由于某种原因，旅游团仍滞留在上一站或途中，不能准时到达，而全陪或领队又无去及时通知接待旅行社。

② 班次变更后，旅游团推迟到达，上一站旅行社未将变更通知下一站；或虽然通知了，但接待社因工作疏忽，未能及时通知导游员。

③ 由于游客本身的原因，如临时有急事、生病等，临时取消旅游活动。

（2）空接预防：导游员应该加强工作的积极性和主动性，主动与有关部门和人员联系，以避免空接。

（3）处理办法：① 发生空接后，导游员应立即报请旅行社查明原因。

② 如推迟时间不长，可就地等候；推迟时间较长，可返回旅行社并对部分需要调整的接团事宜另作安排（包括推迟或取消一些已预订的餐饮、住宿项目）。

③ 当途中滞留的游客姗姗到来时，导游人员应热情欢迎并向游客道声问候，让游客感受到旅行社对他们的关心和企盼，有一种"终于回家了"的感觉，这可以增强游客对旅行社和导游人员的好感。

### （三）误机（车、船）事故的预防和处理

1．误机（车、船）事故的原因和不良影响

（1）误机（车、船）的原因：

① 客观原因。由于游客方面原因或途中交通事故、严重堵车、汽车发生故障等突发情况造成迟误。

② 主观原因。由于导游人员粗心大意，没有认真核实乘机（车、船）时间、地点从而造成延误；导游安排行程不当，游客无法赶在规定时间内乘坐既定的交通工具到达；旅行社为团队购买的航班或车船班次比原计划提前而没有通知导游员。

（2）误机（车、船）的不良影响：

误机（车、船）事故会带来一系列严重后果，甚至影响到游客的顺利出境。发生误机（车、船）事故后，旅行社可能被迫延长游客逗留本地的时间，或被迫取消在本地的其他行程，或花更多的钱租用其他交通工具送走游客。误机（车、船）事故一旦处理不好，很容易引发游客的怨气甚至投诉，进而损坏旅行社的声誉。因此，导游人员必须以高度负责的态度，严防此类事故的发生。

2．误机（车、船）事故的预防和处理

（1）误机（车、船）事故的预防：

① 导游员应提前做好游客离站交通票据的落实工作，并认真核实日程、班次、时间、目的地等。带团期间要随时与旅行社有关部门进行联系，了解交通票据是否落实、班次有无变化，核实交通工具离开的时间。

② 团队离开本地前不要安排自由活动，以防止游客走散。

③ 安排充裕的时间去机场（车站、码头），足够的时间办理离境手续。

（2）误机（车、船）事故的处理：

① 立即向旅行社报告；同时安抚游客，稳定游客情绪。

② 与机场或车站、码头联系，争取让游客改乘最近的班次离开；必要时可采用包机、包车、包船的方式或改乘其他交通工具。

③ 如果团队被迫滞留，旅行社负责人应出面向客人赔礼道歉，同时安排好滞留期间的团队住宿、游览事宜；导游员应及时通知下一站，以便对方调整日程。

④ 查清事故原因和责任，事故责任人应承担经济损失并接受纪律处分。

### （四）游客丢失证件、物品的预防和处理

旅游期间游客丢失证件、物品也是比较常见的现象，这不仅会给游客本人造成不便，也给导游员带来不少麻烦，甚至可能影响团队行程。

1．游客丢失证件、行李、钱物的预防

（1）多做提醒工作。如入住饭店后，导游应提醒客人将贵重物品存放到饭店保管室；离开饭店时，提醒客人清点好行李物品和旅游证件；参观游览期间，尤其在人多拥挤的场所，时时提醒游客保管好随身钱物。

（2）切实做好行李的清点、交接工作。

（3）导游人员原则上不要替游客保管证件和财物。工作中需要游客证件时，应由领队收取，用后立即归还。

（4）每次游客下车后，提醒司机清车，关好门窗。

2．游客丢失证件的处理

游客丢失证件时，导游人员应先请客人冷静回忆，确认是否真正丢失，提醒客人是否将证件放于其他地方或是否交给他人代管；如确已丢失，应详细了解丢失情况，尽量协助寻找，确信无法找到时，报告旅行社，请旅行社出具证明，协助游客到有关部门补办手续。

（1）丢失护照和签证：

① 失主应持旅行社证明、本人照片到当地公安局报失。

② 公安局出具证明，游客可持证明到本国驻华使馆、领馆补办护照。

③ 再持新护照到公安局外国人出入境管理处申请签证。

（2）丢失补办团队签证：

如丢失团队签证，在补办时必须持签证副本和团队成员护照、名单，重新填写申请表格，然后到公安局进行补办。

（3）华侨、港澳台同胞丢失证件：

① 华侨丢失护照和签证，失主持旅行社证明和本人照片到省市区公安局或其授权机构申请办理新护照，再凭新护照到所在侨居国使领馆办理签证。

② 港澳居民丢失来往内地通行证，失主持旅行社证明向当地公安机关报失，经查实后由公安机关出入境管理部门签发一次性有效的《中华人民共和国出境通行证》。

③ 台湾同胞丢失旅行证明，失主向所在地户口管理部门、中国旅行社或华侨办报失，经核实后发给一次性有效的出入境通行证。

（4）中国居民丢失身份证：

由旅行社出具证明，失主向当地公安部门报失，由公安部门给予临时身份证明，游客返回本地后可申请补办身份证。

3．游客丢失财物的处理

游客丢失财物，导游员应详细了解失物的形状、特征、价值，分析物品丢失的可能时间、地点并积极帮助寻找。如果到游客离开时仍未找到，可留下游客的通信地址和联系电话，以备今后找到时送还。

如果丢失的是贵重物品，或是入境时已登记必须带出境的物品，接待旅行社应协助失主到当地公安局开具遗失证明，以备游客出境时交海关查验或向保险公司索赔。

4．游客丢失行李的处理

国内游客行李较为简单，一般由客人自行携带，置于旅行车座下或行李箱中，不专派行李车和行李员。国外游客，尤其是一些大型团队，可视情况派出行李车或行李员为游客运送行李。行李丢失，主要发生于行李运送或交接过程中，其处理方法如下：

（1）游客到达本地前行李丢失：责任不在本地导游，但地陪应积极帮助游客寻找并办理失物丢失登记手续。

① 首先带失主到机场失物登记处办理行李丢失和认领手续，失主应出示机票和行李牌，说明行李件数及外形特征，同时留下联系电话，以便机场方面找到后及时送还。

② 导游员也应记住有关航空公司办事处的地址和电话，以及登机处的电话和联系人。

③ 游客离开本地前行李仍未找到，导游员可将游客下一站将抵达的地址、电话通报给航空公司，或协助游客向航空公司索赔。

（2）行李在本地丢失

行李在本地丢失，一般发生在从机场到客房这一时间段内，责任主要是运输部门或行李员。导游应急游客之所急，积极主动地帮助寻找。

① 首先在机场交接行李时应认真清点，避免出差错。

② 如果团队入住饭店后找不到行李，则问题出在运送途中或由于饭店行李员误送。可会同全陪、领队或饭店行李员在团队内寻找，实在找不到，应向旅行社报告。

③ 向失主表示歉意，帮助他解决因行李丢失带来的生活方面的困难。

④ 如果行李找回，应及时归还给失主；如果确系丢失，则请旅行社领导出面向游客说明情况，表示歉意，并协助失主索赔。

⑤ 事后写出书面报告。

**（五）游客走失的预防和处理**

游客走失，有时候导游人员要负一定的责任，如地陪到景区后放任游客自行游览，自己在一旁等候；地陪只顾讲解，没有注意到游客已经掉队；地陪安排的游览时间太匆忙，致使个别游客因摄影、上厕所、购物等原因而掉队，最终造成走失，等等。有的游客走失，尤其是自由活动时游客的走失，导游人员可能没有直接的责任，但游客走失事故，往往会影响团队日程和团队气氛，还可能造成严重后果，所以不管是责任事故还是非责任事故，导游人员都应竭力避免。

1．游客走失的预防措施

（1）游览活动中，导游人员应在每天早晨及时向游客通报一天的日程，包括参观游览的地点、用餐地点等，让游客对全天的安排心中有数，增强自觉性，即使掉队，也可能自己找到团队。

（2）到达景点后，要求游客记住旅游车的特征、车号、停车地点及上车时间，并在景点导游图前介绍游览路线。

（3）游览过程中，应时时留意游客的动向，防止走失，一般由地陪负责景点讲解，领队或全陪断后，及时提醒团员跟上团队。

（4）自由活动时，地陪应提醒游客不要走得太远，不要回饭店太晚，不去社会秩序混乱的地方。游客单独外出，地陪应请他带上下榻饭店的店徽或联系电话。

2．游客走失的处理

（1）游客在游览活动中走失

在游览活动中发生游客走失的事件，导游人员应首先了解走失的有关情况，判断走失的时间和可能的方向，然后组织人力分头寻找。如果有两位以上的导游在场，可留下一人照管其他客人，其余导游沿来路或可能走失的路线寻找；在现场没有找到走失游客，应请景区派出所或管理部门协助寻找；可与饭店服务台联系，看游客是否已自己返回了饭店。

采取上述措施后若仍找不到走失游客，就应向旅行社报告，请旅行社来人处理，导游员则带团继续旅行。找到走失者后，应查清事故原因，如属导游员的责任，导游员应赔礼道歉；如果责任在游客，也不要过分责怪游客，可善意地提出批评，提请以后注意，避免再发生类似事件；对于严重走失事故，导游人员应在事后写出书面报告，并将有关情况记录在案。

（2）游客在自由活动中走失

游客在自由活动中走失，导游人员应立即报告旅行社，必要时要向所在地的公安局或派出所报告，提供走失者的特征，请求帮助。游客返回后，导游人员要多安慰、提醒，不要过多指责。

### （六）游客患病、死亡的预防和处理

由于长途旅行的劳累及气候、水土不服，难免有部分游客会在旅途中突发疾病或旧病复发，处理不及时则个别严重者可能导致死亡。因此，导游人员除了出色地完成导游、讲解任务外，还应时时刻刻关心游客的身体状况，注意劳逸结合，避免因人为原因致使游客生病。

1．游客患病的预防

（1）导游人员应了解团队成员的健康状况，对体质不好的游客，应提醒他们不要太劳累，同时还要随时察言观色，及早发现突发急病的征兆，并督促游客尽早就医。

（2）导游人员在制订计划和日程时，要做到劳逸结合；团队到高原缺氧地区旅行时，导游员要提醒有心脏病史的旅游者量力而行，或者携带必要的救生设备以防不测。

（3）导游人员要充分注意游客的饮食卫生，不能带游客到卫生条件差的餐馆就餐；经常提醒游客，不喝生水和不洁的水，不吃小摊小贩的食品，注意个人卫生。

2．游客患一般疾病的处理

游客患一般性疾病，导游员应劝其及早就医。在疾病恢复期间，最好请患者留在饭店休息，以避免病情加重；导游员还应经常问候生病游客，必要时可请饭店或餐厅做一些可口的饭菜、食品或为其提供送餐服务。

游客患病，医疗所需费用由游客自理。由于导游不是医生，没有处方权，因此，任何导游人员不得擅自给患者用药。

3．游客突患重病的处理

游客突患重病，有条件时应当立即抢救，并尽快与就近医院联系，争取以最快的速度将病人送去救治。具体要求如下：

（1）当病人严重不适时，导游人员不要擅自给病人用药，可询问病人是否带有对症的自救药物（尤其是心脑血管疾病患者，往往有自备药），如有则请病人立即服下。

（2）如果病人病情危急，导游应视条件或请附近的急救站、医院派救护车接走游客，或拦车将病人送往就近医院救治；必要时可以暂时中断旅行，让旅行车先将病人送往医院。

（3）抢救病人和送病人入院时，最好有领队、全陪或病人家属、亲友在场；病人住院若需手术，应征得病人家属或领队、驻华使领馆的书面同意；导游员还要注意保存有关的文件和材料，以备查证。

（4）抢救过程中，导游员应尽快与旅行社联系，报告情况，听取指示。必要时可请旅行社派人到医院处理有关事宜。安顿好病人后，地陪可带领游客继续旅行，尽量不影响团队行程。

（5）病人住院期间，旅行社和导游员应常去看望，帮助其解决生活上的困难；如果病人不能随团离境，导游员应协助办理签证分离手续。

（6）病人医疗及住院所需费用自理。未享受的行程，根据双方旅行社的协议，该退还的费用应该退还给游客。

4．游客患病死亡的处理

旅游者因病死亡，导游员应沉着应变，在旅行社的领导下做一些力所能及的工作。内容有：

（1）请全陪或领队及早通知死者家属（如是外国旅游者，应同时报告外事部门并请外事部门向死者所在国驻华使领馆通报）。

（2）按死者家属或使领馆意见（最好是书面意见）处理死者遗体。

（3）办好有关证件，如《死亡证明》《抢救经过报告》《遗体火化证明》及骨灰出境的相关证明等。

（4）协助死者亲属清点遗物；若死者家属不在现场，地陪应与领队、全陪一道清点死者遗物并——登记造册，包扎完整后交给死者亲属或由领队、全陪带转给亲属。遗物清单要由在场的各方导游人员签字，一式多份，各保存一份。

（5）协助办理理赔事务。

### （七）交通事故、治安事故和火灾事故的预防和处理

1．交通事故

交通事故往往造成群死群伤的严重后果，不仅使游客的生命财产安全受到损害，也会给旅行社带来巨大的经济负担，造成部分中小旅行社的亏损甚至破产；同时，旅游地的形象和声誉也会受到影响，导致退团、游客减少、旅行社难组团等现象的增加。因此，出门在外，导游员和司机都应该时刻牢记交通安全法规，把安全放在最重要的位置，避免发生交通事故，尤其是恶性交通事故。

交通事故中最常见的是汽车事故，为此，旅行社要选择车况良好的旅游车；行车途中，导游员要时刻牢记行车安全，不与司机聊天，制止司机超速行驶、疲劳驾驶和酒后驾驶的行为。

一旦发生旅游交通事故，导游员必须做到：

（1）立即组织抢救并迅速报告。交通事故往往会出现人员伤亡，导游员应沉着冷静，果断处置，迅速让旅游者脱离险境，对伤者进行止血、包扎等初步处理，对重伤者争取尽快送往就近医院抢救。与此同时，导游员应迅速上报公安交管部门，并请旅行社派人调查处理。如是重大交通事故，伤亡人员太多，导游员更要想方设法迅速向公安交管部门（交通事故报警电话是122）和当地政府报告，请求援助。

（2）保护好现场，以便公安交管部门调查处理。

（3）安抚好游客。交通事故发生后，导游员应做好游客的安抚工作，稳定游客的情绪，力争继续按活动计划参观游览。

（4）交通事故处理后，导游员要写出书面报告，将事故的原因、经过、责任、处理过程及游客的反映等问题如实汇报，不得推卸责任。

2．治安事故

治安事故指游客因遭受偷盗、抢劫、诈骗、流氓、凶杀等侵害，生命和财产安全受到威胁的事故。导游人员在服务中要保持警惕，采取有效措施，防止治安事故的发生。例如，提醒游客不要让陌生人进入房间；不要与私人兑换外币；贵重财物应寄存到饭店保险柜等。导游员平时要眼观六路，耳听八方，认真观察周围环境，发现有不正常现象时，立即采取措施，防患于未然。

如果发生了治安事故，导游员应该做到：

（1）挺身而出，保护游客的人身和财产安全，尽快将游客转移到安全的地点；如果游客受伤，应立即组织抢救。

（2）迅速报警，请求公安机关调查处理。

（3）向旅行社报告。如果发生较为严重的治安事故，出现游客伤亡或重大财产损失时，导游员应及时向旅行社报告，请求领导指示或派人前来处理。

（4）稳定游客情绪，努力使旅游活动顺利进行下去。

（5）事后写出书面报告，并协助旅行社处理好善后工作。

3．火灾事故

在旅游活动中发生火灾事故，多数是在饭店。导游员应提醒游客不得携带易燃易爆物进入饭店客房，要求游客不卧床抽烟，不在地毯上乱扔烟头等。

为了保证发生火灾时游客能得到及时的疏散，导游员还应向游客介绍饭店楼层的安全通道，牢记火警电话119，熟悉本团队游客所住的房间。

一旦发生火灾事故，导游员必须做到：

（1）立即报警。

（2）通知游客，迅速沿安全通道转移到安全的地方。由于火灾发生后电梯通道会产生烟囱效应，加上电梯随时可能断电停止运行，因此千万不要选择乘电梯疏散游客。

（3）如果被大火和浓烟包围，导游员要引导大家自救，即用湿毛巾捂住口鼻，身子尽量贴近地面，沿墙根爬出去；若大火封闭房门，可用湿布条塞紧门缝，不断往门上浇水降温，等待救援；在窗口摇动色彩鲜艳的衣物，呼唤救援人员。

（4）协助处理善后事宜。例如，游客受伤，应送医院救治；有人死亡，应按游客死亡的相关程序处理；同时安定游客情绪，解决好游客的生活困难，争取团队能按计划继续参观游览。

（5）向旅行社通报，请求指示；事后写出书面报告。

**（八）旅游者越轨行为的处理**

旅游者的越轨行为，有的是因为不了解中国法律所致，有的属主观故意。导游员在判定旅游者越轨行为时，应该对此有所区别，在弄清情况后，根据实际动机和客观结果，酌情加以处理。

1．对攻击、污蔑性言论的处理

国内外游客均可能因为社会制度、政治信仰及个人生活际遇的不同，对中国的国情和现行的方针政策产生不同的看法，甚至还可能产生过激的言论。导游人员作为国家和地区形象的代表，应该自觉宣传我国国情，通过客观事实，让游客了解中国，了解党的方针政策，消除误解。

我们坚决反对导游人员迎合少数游客的偏见，对党和国家政策或领导人说三道四，破坏党和国家领导人的威信。

导游人员对过激言论的反驳，应坚持"有理、有利、有节"的处理原则。

"有理"是指要以事实为依据，言之有理，言之可信，千万不可空洞说教。要知道，游客花钱是来旅游的，不是来接受再教育的。我们可以把自己的观点，通过精彩的导游解说词阐述出来，有理有据，比空洞说教更易让客人接受。

"有利"是要有利于团队团结，有利于导游带队工作的顺利开展。对于非原则性问题，或对于那些一时难以争辩出结论的问题，导游人员可以只表明观点，求同存异。

"有节"是指导游员对个别游客站在敌对立场，蓄意捏造事实，对我国现行政治进行攻击时，应理直气壮，旗帜鲜明地予以驳斥。但这种反击应有所节制，适可而止，不要过于纠缠，尤其作为导游，仍要一如既往地为游客提供优质的服务。

2．对违法行为的处理

对于中外游客故意的违法行为，导游人员应该理直气壮地进行干预；情节严重者，如吸毒、贩毒、走私文物等，应迅速报告有关部门处理。一些外国游客可能因为社会制度和传统习惯的差异，对中国法律缺乏了解，做出了违法行为，导游人员应讲清道理，指出错误，并报请有关部门酌情处理。

3．对散发宗教宣传品的处理

我国法律禁止外国旅游者未经我国宗教团体邀请或允许，擅自在我国讲道、主持宗教活动和散发宗教宣传品。因此，无论游客有意还是无意，只要违背我国相关规定，导游人员就应该出面制止。对于不听劝告并有明显破坏意图的活动者，或者散发邪教宣传品者，导游员应报告公安部门处理。

4．对违规行为的处理

（1）对异性越轨行为的处理。外国旅游者由于文化和习俗差异，有意或无意地对中国异性做出不轨行为，导游员应立即制止，并告之中国人的道德观念和两性关系准则，尽量避免造成严重后果。对不听劝阻者，导游应采取断然措施制止事态的发展，必要时可报告有关部门严肃处理。

（2）对酗酒闹事者的处理。旅游者酗酒闹事，导游员应尽力劝阻；若对他人造成了伤害或财产损失，应责令赔偿；情节严重者，应报告公安部门追究其法律责任。

### 技能训练

**一、应对客户投诉的语言训练**

训练方法：情境模拟法，角色扮演法。

（1）小组讨论，设计一个客户投诉的情境。

（2）每组派代表表演。可由一名同学扮演接待人员，两名同学扮演客人。

（3）学生轮流表演，并互换角色。

训练要求：

（1）能够做到先安抚客人，坚持"先处理心情，后处理事情"的原则。

（2）使用礼貌用语恰当、规范。

（3）能够基本解决投诉问题。

## 二、填写投诉处理记录表

根据上题的投诉情境，完成投诉处理记录表的填写。

### 完成任务

（一）小组练习

将班上学生分成小组，各小组选一位组长带领组员，设计一个投诉情境，并完成投诉处理工作。

（二）小组评价

（1）投诉处理分哪几个步骤。

（2）投诉处理的预防。

（3）突发事件的处理。

（三）综合评价

综合评价包括小组之间的互评和老师对各小组工作的系统评价。主要评价项目如表4-2-2所示。

表4-2-2　能力评价表

| 内　　　　容 | | | 评　　价 | |
|---|---|---|---|---|
| 学 习 目 标 | | 评 价 项 目 | 小组评价 | 教师评价 |
| 知识 | 应 知 应 会 | （1）投诉处理的步骤 | Yes/No | Yes/No |
| | | （2）投诉产生的原因 | Yes/No | Yes/No |
| 专业能力 | （1）投诉的预防能力<br>（2）游客投诉心理分析能力<br>（3）旅游中突发事件的处理能力 | （1）投诉的预防 | Yes/No | Yes/No |
| | | （2）投诉心理分析 | Yes/No | Yes/No |
| | | （3）突发事件的处理 | Yes/No | Yes/No |
| 通用能力 | 沟通能力 | | Yes/No | Yes/No |
| | 团队协作能力 | | Yes/No | Yes/No |
| | 组织能力 | | Yes/No | Yes/No |
| | 解决问题能力 | | Yes/No | Yes/No |
| | 自我管理能力 | | Yes/No | Yes/No |
| | 创新能力 | | Yes/No | Yes/No |
| 态度 | 敬业爱岗 | | Yes/No | Yes/No |
| | 态度认真 | | | |
| 个人努力方向与建议 | | | | |

## 思考与练习

（1）模拟练习投诉的处理。

（2）请分析投诉产生的原因及如何做好预防。

（3）试述游客投诉心理的分析。

（4）详述旅游中各种突发事件的处理。

## 任务三　客户的维护

　　客户资源是一个门市最终实现交易并获得现金流入的唯一入口，是实现门市利润的唯一来源。门市如果没有客户资源，其产品就不能实现交换，那么门市的一切活动都将是无效活动。因此，门市要特别注意客户的维护。

## 任务描述

### 三条手机短信 凸显意外关切

　　杭州某旅行社是全国百强旅行社，其门市收客量连续多年排名浙江省第一。要问为什么，原因非常简单，不断创新，永远跑在别人前面，做人家没做的事。2015 年春节开始，门市经理出了个奇招，要求每个门市服务人员向前来报名参加的旅游者发三条手机短信。实施以来，旅游者反响非常不错。三条手机的短信内容是：

　　第一条（出发前一天）：亲爱的游客您好！欢迎参加 ×××× 旅行社组织的旅程！您明日旅游目的地——长沙的天气为多云有小雨，气温 8 ～ 11℃，北风 1 ～ 2 级！请记得携带雨具和保暖衣物！预祝您旅途愉快！ ×××× 旅行社。

　　第二条（出发当天）：亲爱的游客您好！ ×××× 旅行社祝您旅途愉快！您有问题可致电 ××××××××，我们就在您身边，我们用心为您服务！ ×××× 旅行社。

　　第三条（游程结束，返回后当天或次日）：－ 亲爱的游客您好！感谢您参加 ×××× 旅行社的游程！可致电 ××××××××，真诚欢迎您给我们提出宝贵的意见，并热忱期待您再次光临！ ×××× 旅行社。

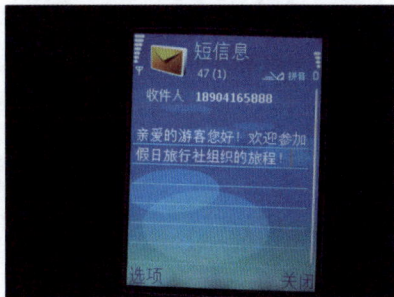

手机短信

## 任务分析

　　上述案例中，第一条短信是欢迎、提醒并祝愿旅游者；第二条短信给旅游者安心、保证；第三条短信感谢并反馈和收集信息。三条短信既实用又温馨，从提供旅游常识信息到客户回访，让顾客感觉到门市真真切切的关心。这些极其细小的事情，使得旅行社产品在不知不觉中升值，旅游者与门市的关系更加融洽，有助于培养忠诚客户，也做到了客户维护。

客户的维护通常要遵照以下三个步骤：

建立客户档案→巩固客户关系→客户的评估

### 一、建立客户档案

建立客户档案是门市管理客户的一种重要方法，可以使旅行社随时了解客户和合作部门的历史与现状。各门市的客户档案各不相同，但基本内容大致如表4-3-1所示。客户档案中应对客户的个人资料进行尽可能详细的记载，而且门市应充分运用这些资料发展与客户的友好关系。另外，客户与门市的合作情况也应记录并附于客户档案中，内容如表4-3-2所示。由于同门市发生业务关系的客户有很多，如交通部门、景区景点、宾馆饭店等是为门市提供产品基本要素的供应商，广告公司、新闻媒体是门市开展市场销售重要的传媒合作机构，政府机关、企事业单位、社区和个人则是重要的客源市场。不同的客户对门市经营起到不同的作用，因此，门市还应对客户档案登记表进行分类，如可以按照供应商、分销商、传媒、消费者来分别建立客户档案数据库，使门市客户管理更具科学化。对于那些对门市经营构成重大影响的客户，要专门建立 VIP 客户档案，其档案要尽可能详细并及时地补充和更新，以便在合作时更具针对性和时效性。

表4-3-1　客户情况登记表

| 客户名称 | | | | 注册国别 | |
|---|---|---|---|---|---|
| 法人代表 | | 营业执照编号 | | 业务联系人 | |
| 营业地址 | | | 电话 | | |
| 电子信箱 | | | 传真 | | |
| 与我们建立业务关系的途径与时间 | | | | | |
| 我社联系部门与联系人 | | | | | |
| 客户详细情况 | | | | | |
| 备注 | | | | | |

填表人：　　　　　　　填表时间：　　　年　月　日

表 4-3-2　门市与客户合作情况登记表

| 中间商名称 | |
|---|---|
| 合作年度 | |
| 合作情况 | |
| 备注 | |

## 二、巩固客户关系

　　旅行社通过微信、短信发送、电话交流、上门拜访等形式，可以加强与客户的联系并有效巩固客户关系，如图 4-3-1、图 4-3-2 所示。在联络客户时要注意联系的时机，一般应选择在客户生日、重大节假日和每月的固定时间。另外，通过邮寄印刷品可以保持客户关系，组织联谊会或招待会可以加强客户联系，采取折扣策略可以强化客户关系。同时，有针对性的优惠和奖励客户可以调动客户的推销及时性，并强化客户关系。门市常用的优惠和奖励形式包括：减收或免收订金、组织奖励旅游、组织客户考察旅行、实行领队优惠等。

图 4-3-1　发送短信

图 4-3-2　电话交流

## 三、客户的评估

　　门市应根据自身发展情况和客户发展情况，及时对客户进行客观分析评价，进而对客户做出调整。旅行社应根据旅游市场的变化及时评估和调整与之合作的客户；当合作的客户发生变化时，门市应对其进行评估，进而做出继续保持或终止关系、重新选择的决定；由于门市需要扩大销售、开辟新的市场，门市产品的种类或档次发生变化，门市的客源结构发生变化等影响与客户合作时，应及时评估并调整客户。对客户的评估必须做到统一标准，如将评估内容设计成表格，采取项目打分法进行作业。评估过程中要选择专业人员进行操作，并讲究操作上的规范性和客观性，以提高评估结果的准确度。

## 相关知识与技能

### 一、客户关系管理的概念

　　客户关系管理（Customer Relationship Management，CRM）这一概念最早是由全球最

著名的 IT 分析公司 Gartner Group 于 1996 年提出，现在已经得到越来越多人的认同，并在理论与实践中取得了长足的发展。但到目前为止，对于客户关系管理还没有一个明确而权威的定义，不同的研究机构和学者从不同的角度对客户关系管理进行了不同的描述。下面列举出一些较具代表性的定义：

Gartner GrouP 认为："CRM 是一个涉及企业全局的商业战略，企业围绕着客户细分、增加客户的满意度、加强企业与客户的联系展开，从而实现企业可观的利润、收入和使客户满意。CRM 为企业提供全方位的管理视角，赋予企业更完善的客户交流能力，最大化客户的收益率。"

IBM 认为："CRM 包括企业识别、挑选、获取、发展和保持客户的整个商业过程。分为三方面：关系管理、流程管理和接入管理。"

学者 R.S.Swift 认为："CRM 是企业藉由与顾客充分互动，来了解及影响顾客的行为，以提升顾客的赢取率（Customer Aequisition）、顾客的留住率（Customer Retention）、顾客的忠诚度（Customer Loyalty）及顾客获利率（Customer Protitability）的一种经营模式。"

A.Tiwana 博士认为："CRM 是企业从各种不同的角度来了解及区别顾客，以发展出适合顾客个别需要的产品服务（P／S）的一种企业程序与资讯科技的组合模式。其目的是用以管理与老顾客的关系，使他们达到最高的忠诚度、留住率与利润贡献度，并有效地吸引好的新顾客。"

从上面的定义可以看出，研究机构和学者在描述 CRM 时各有侧重。研究机构强调 CRM 是一项"涉及企业全局的商业战略"，重视管理层面；研究 CRM 的学者则强调 CRM 目的是为了"顾客的赢取率和顾客的忠诚度"，重视操作层面。

事实上，CRM 不仅仅是一个软件产品，更重要的是一种"以客户为导向"的管理理念，是关系营销、服务营销、组织管理、竞争战略理论的集成和发展。

综合以上观点，根据旅行社门市的实际工作流程，我们认为客户关系管理是一个涉及门市全局的商业战略，门市围绕着客户细分、提高客户的满意度、加强门市与客户的联系等内容展开，分为流程管理、服务管理和关系管理三方面，以客户为导向，实现门市和旅行社的可观收入和利润。CRM 能为旅行社和门市提供全方位的管理视角，赋予门市更完善的客户交流能力和最大化的客户收益。

## 二、客户关系管理的内涵

对于旅行社和门市来说，CRM 战略是旅行社为提高核心竞争力，树立"以客户为中心"达到竞争制胜、快速成长的目的的发展战略，并在此基础上开展包括判断、选择、争取、发展和保持客户所实施的全部商业过程；是门市以客户关系为重点，提高客户满意度和忠诚度，通过再造旅行社组织体系和优化业务流程，提高运营效率和利润收益的工作实践；也是门市不断改进与客户关系相关的全部业务流程所创造并使用的信息技术、软硬件和优化的管理方法、解决方案的总和。其核心思想是将门市的顾客作为最重要的旅行社资源，通过完善的客户服务和深入的客户分析来满足顾客的需要，保证实现顾客的价值和旅行社价值的最大化。

任何管理理念的推广，最为重要的就是要深入到管理层的管理观念中，成为其企业文化的价值主张并在其日常管理工作中体现出来。因此，门市在应用该理念时应做到：

### （一）在观念上——推崇 CRM 价值主张

在实际工作中，很多门市对旅游者是上帝的认识都停留在口头上，也就更谈不上对客户关系管理有深刻理解并应用于门市的具体经验管理中了。在门市客户关系管理中，从门市主管到员工都必须推崇的思想是：旅游者是门市最重要的资产，门市生产的目的在于创造价值。

### （二）在管理中——运用 CRM 价值链分析

CRM 是一个复杂的系统，它的应用不仅是观念上的，更是一系列对客户管理的过程以及辅助过程的集合，在管理上具有运用的可行性。有鉴于此，我们采用 Michael Porter 的价值链思想，分析 CRM 系统在旅行社管理层次上的应用。CRM 价值链将旅行社的 CRM 系统分解为战略相关的各种活动，是分析旅游者、了解旅游者、发展与旅游者相关的关系网络、传递旅游者价值、管理旅游者关系以及辅助作用的各种活动的集合，其核心就是客户价值观念。通过收集旅游者的相关数据，识别出具有不同终生价值的旅游者或旅游者群，然后再了解、跟踪旅游者，为其提供个性化服务，并通过建立销售关系网发展旅游者和旅行社双赢的价值观，从而进一步加强客户关系的管理，实现真正意义上的双赢战略。同时结合企业内部的支持活动，如 IT 技术、人力资源管理、组织设计等来实现整个系统的价值。

### （三）在销售中——制订 CRM 实施计划

对 CRM 系统的分析指出，虽然它在管理上具有强大的潜力，但要通过具体的 CRM 实施计划来实现。门市可以结合 CRM 的价值链的分析，分别制订旅游者赢得计划、旅游者保留计划，以及旅游者发展计划。

### （四）在技术上——保证 CRM 的支持条件

CRM 的必要支持条件就是基于互联网技术的数据库。IT 和数据库基础是进行数据挖掘和分析的必要信息平台，数据库是 CRM 的心脏。由于互联网技术的不断成熟和应用，已经彻底改变了门市的产品结构和存在方式。利用网络收集旅游者信息、为旅游者提供在线服务，同时通过数据的收集，建立旅游者的相关特征数据库，实现旅行社内部的数据共享，这样在不同的门市为旅游者提供服务时都能保证信息的针对性和准确性，从而实现了门市服务价值的延伸。同时，计算机和互联网络不仅使客户关系管理在技术上具有可行性，而且其低廉的信息收集和管理成本使其在经济上也具有可行性。

## 三、客户关系管理的作用

客户关系管理现已成为许多企业的基本商务战略，它与企业资源规划（ERP）、供应链管理（SCM）一起，统称为企业提高竞争力的三大法宝。而 CRM 又是 ERP、SCM、电子商务等系统与外部客户打交道的平台，它在企业系统与客户之间树立一道智能的过滤网，同时又提供一个统一高效的平台。因此，我们说 CRM 是众多企业系统中提高核心竞争力的法宝。CRM 在企业里所起的作用主要体现在以下几方面：

### （一）改善服务

CRM 向客户提供主动的客户关怀，根据销售和服务历史提供个性化的服务，在资料库的支持下向客户提供更专业化的服务、严密的客户纠纷跟踪，这些都成为企业改善服务的有力保证。

## （二）提高效率

由于 CRM 建立了客户与企业打交道的统一平台，客户与企业一接触就可以完成多项业务，因此办事效率大大提高。另一方面，Front Office 自动化程度的提高，使得很多重复性的工作（如批量发传真、邮件）都由计算机系统完成，工作的效率和质量都是人工无法比拟的。

## （三）降低成本

CRM 的运用使得团队销售的效率和准确率大大提高，服务质量的提高也使得服务时间和工作量大大降低，这些都无形中降低了企业的运作成本。

## （四）扩大销售

销售成功率增加和客户满意度提高，使得销售范围的扩大成为必然。

### 四、客户关系管理的功能

#### （一）获取顾客的功能

（1）借助客户关系管理，企业可以识别并吸引最有利可图的顾客。

（2）运用顾客的数据资料设计和开发上述顾客喜欢的产品和服务。

（3）提供个性化服务，即针对某一顾客群提供专门服务。

#### （二）开发顾客的功能

借助客户关系管理，企业可站在顾客的立场上，思考和研究顾客需要什么产品，偏爱何种购买方式及喜欢何时购买，并据此运用分销、促销等营销策略来改进服务，降低成本，赢得顾客。在开发顾客时，需注意：

（1）在顾客需要的时间、地点提供顾客需要的产品和服务，以便最大限度地满足顾客的需求。

（2）了解顾客价值及其行为特征，以此为基础优化安排营销方案，有效配置服务资源。

（3）借助多种营销手段和服务渠道，最大限度地获得利润和改进服务。

（4）通过宣传和销售产品，向顾客及相关公众实施大规模渗透，以不断提高企业的市场占有率。

#### （三）保持顾客的功能

在不断获取和开发新顾客的同时，客户关系管理还能起到保持顾客的功能。保持顾客要做到：

（1）要致力于建立和维持顾客忠诚度。

（2）要借助顾客数据资料进行有针对性的促销和交叉销售活动。

（3）要努力扩大每位顾客参与的产品和服务范围，从而建立顾客与企业之间更牢固的联系。

### 五、旅游者数据库的建立

旅游者数据库，是指旅行社门市为了更好地管理客户，按照数据结构来分析、选择、组织、存储和管理与旅游者出游相关信息的数据集合。一个有效的、动态的旅游者数据库系统能够让旅行社门市更深切地理解并随时掌握随时间变化而变化的旅游者的期望、态度和行为，从

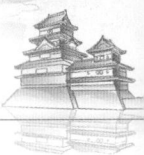

而可以更好地为旅游者提供服务和支持，增加旅游者的价值。同时，通过旅游者数据库来开发旅游者信息，可以深刻地理解和获得真实的顾客知识，这有助于挖掘旅游者差别，开展旅游定制营销，让旅游者获得独一无二的旅游经历。因此，门市人员通过日常收集的旅游者资料，逐渐建立起一个庞大的旅游者数据库，是门市顾客关系管理的第一步。信息的积累主要包括以下三个步骤：

### （一）信息收集

（1）本门市旅游者的基本资料。

（2）旅游者选择本门市的原因及期望。

（3）不同类型旅游者的消费特征及消费需求。

（4）旅游者对本门市及其他旅行社和门市的看法、评价。

（5）旅游者对门市产品的意见和建议。

（6）其他门市和代理商的收客业绩。

### （二）信息整理、分析

（1）整理各类旅游者的基本资料，建立门市顾客档案。

（2）对旅游消费者市场进行整理和分类。

（3）整理和分析旅游者选择本门市的原因及旅游期望。

（4）整理和分析各类旅游者的需求特征和需求心理。

（5）整理和分析各类旅游者对本门市及其他旅行社的评价、意见，分析本门市的优势和劣势，并做到"他山之石，为我所用"。

（6）整理和归纳各类旅游者对旅游产品的意见和建议，分析研究后决定是否采纳。

（7）整理其他门市和代理商的收客业绩，明确竞争对手并及时调整，保证销售渠道的畅通。

### （三）信息发送

（1）利用顾客档案，向不同类型的旅游者发送其需要的旅游信息。

（2）向各代理商发送新的旅游产品和旅游信息。

总之，只有当门市全面深入地了解旅游者，才能知道应该做什么，才能知道如何为旅游者创造更大的期望价值，最终才能积极有效地提供旅游产品和传达旅游信息。

## 六、旅游者价值评估

旅游者的种类是多种多样的，有些喜欢单独出游，有些则喜欢同家人或朋友一起出游；有些喜欢近距离旅游，而有些喜欢去较远的地方；有些偏爱出国旅游，有些则偏爱国内旅游；有些旅游者频繁地变更旅行社，而有些旅游者只要认准一个牌子，则不轻易变更。有些旅游者出游较为频繁，每年都要旅游多次，被习惯称呼为"肥顾客"；有些则极少出游，被习惯称呼为"瘦顾客"；介于中间的顾客则最多，是一般顾客。当然，"肥顾客"、一般顾客、"瘦顾客"对门市的价值是不一样的。因此，必须对顾客进行区别，既不能怠慢了"肥顾客"，也不能轻视众多的一般顾客。

所谓顾客终身价值，是指一个顾客在他作为顾客的生命周期中所产生的价值，其关系表现为：

$$顾客终身价值 = 每年利润 \times 顾客的生命周期$$

假如一个顾客每年能够给门市带来 500 元的利润，而他的顾客生命周期是 6 年，那么他的顾客终身价值就是 3 000 元。而事实上，一个对旅行社选择有偏好的旅游者，他的口碑作用是巨大的，他会带动更广泛的旅游群体参与旅游活动。所以，从实际情况看，这个顾客的终身价值远远大于 3 000 元。由此可见，失去一个顾客损失是巨大的。明确了旅游者的价值，下一步工作就是全力以赴地留住顾客。

### 七、节日祝贺

#### （一）操作方法

节日和客人生日是门市加强同客人联系的最佳时机，门市应根据《门市旅游者登记表》，适时地向客人寄发节日贺卡和生日卡片，也可以发短信或电子邮件等，表达门市对客人真挚的祝贺。这些祝贺会使客人在惊喜之余感到门市与自己的个人关系很亲密，拉近门市与客人之间的距离。

#### （二）操作方式

邮寄问候性卡片、发送电子邮件或采用手机、电话问候等。

#### （三）祝贺对象

通过门市报名参加旅游活动的顾客。

#### （四）祝贺时间

贺卡、短信、微信等选择在特定日前一天或当天白天让顾客收到。这些特定的日期有：顾客生日、元旦、春节、三八妇女节、五一劳动节、十一国庆节、父亲节、母亲节、儿童节、中秋节、结婚纪念日和旅行社的特别日子等。考虑到春节、三八妇女节、五一劳动节、十一国庆节等是出游高峰期，以及旅游产品交易与旅游消费的滞后性，门市在这些节庆可以提前半个月或者三四个星期有针对性地向一些顾客发送贺卡、电子邮件、短信及促销性明信片等，做到有效地宣传和提醒。

#### （五）执行要点

（1）不同节庆贺卡规格要一致，但样式和内容要更新，而且每年也要有一定变化。

（2）贺卡一定要由门市经理或者旅行社总经理亲笔签名，不可采用打印或印章方式的签名。

（3）电子邮件格式要规范、语言表达流畅、内容简洁明了，还应附上旅行社名称、标志及门市电话号码等。

（4）手机短信要主题突出、内容健康、个性新颖，还应附上旅行社名称和门市电话号码等。

（5）电话祝贺主要是针对一些重要顾客，问候时主题突出、内容简洁和有针对性。

### 八、日常旅游信息的提供

#### （一）操作方法

充分利用电子信箱、手机短信业务、本旅行社报刊、活页广告等，将旅行社产品信息及时告知给门市顾客。

## （二）提供对象

通过门市报名参加旅游活动的顾客。

## （三）时间安排

定期与不定期相结合，定期最好选择在新产品推出的第一时间。

## （四）执行要点

（1）提供信息的内容除包括旅游产品基本信息外，还应包含与旅游者或信息接受群体相关的知识性、娱乐性、时尚性等其他方面内容。

（2）信息载体是纸质类的，还要注意印刷、排版的质量和美观，最好做到图文并茂。

（3）要注意成本的控制。

（4）日常信息的提供要有计划性和连续性，做到不断总结和创新。

# 九、忠诚顾客的培养

## （一）创造良好的服务口碑

营销界熟知的金锁链法则中，顾客口耳相传的口碑销售力量高于销售人员解说销售力量的 15 倍。口碑之所以会产生力量，最重要的原因在于其无私、无利润。很少有旅游者会在口碑相传的过程中，跑到旅行社门市向老板索要介绍费。

好的口碑是不需要金钱投入的开拓市场的利器。但门市服务人员也需要注意：正面的消息会被传播，负面的消息也会被传播，而且负面消息的传播速度更快、更远。

建立良好的门市服务口碑，主动是最重要的原则。门市服务人员只有主动地与旅游者联系，才能够与他们保持良好的互动。下面的一句话会给我们启发：如果你的顾客不对你微笑，那么你一定要不停地对顾客微笑，直到有一天顾客微笑为止。

建立良好的门市服务口碑，还有一个值得注意的问题是，要正确认识眼前利益和将来利益之间的关系。只做眼前生意的人，往往也会把日后的生意给断了。所以，进入门市的都是客人，不论他是旅游咨询者，还是来歇脚的。

## （二）提供超值服务

管理学家奥雷罗·彼德·杰尔林说："超值服务就是指超越常规的服务，也就是做到这个国家和这个企业规定的服务之外，自觉地使这种服务无限延伸，超越顾客的要求。这种超值服务，会使顾客深切感受到企业无微不至的关怀，从而使顾客和企业之间建立起友好、融洽的关系。这是对传统服务观念和服务行为的挑战。"

对门市而言，超值服务不仅仅是指旅行社设计出适销对路的旅游产品，门市提供优良的服务，更重要的是门市要创造符合顾客价值评判，超出顾客期望值的服务，要主动以爱心、诚心、耐心给予顾客更多的人性化关怀，和顾客建立起友好的关系，增强顾客对门市的信赖感，达到实际上不为其他竞争对手所动的程度。

也有人认为，超值服务受益的是顾客，自己并没有什么收获。那么，请听一位古希腊的诗人曾经说过的话："付出你的爱吧，让它生根、成长，这样你才能收获果实啊！"超值服务不仅使顾客感受到门市的贴心服务，同时也会使门市每位服务人员心情愉快，因为每当顾客

笑容满面地离去时，都为门市每一位服务人员提供了更完美服务的强心剂，是对自我价值最大的肯定与鼓励，这是比金子还宝贵的力量，比钻石还珍稀的财富。

### （三）小单生意大回报

长线产品或团队订单可以带给门市比较高的利润，因此，一些门市服务人员往往对长线产品或团队旅游咨询者比较热衷，服务上也比较认真。然而，短线旅游，甚至单项委托，尽管一次利润单薄，但却给门市人员超值服务提供了一个机会，也为以后把长线旅游产品卖给他们创造了机会。所以，不论是怎样的旅游者，门市服务人员一定要记得，这都是你生命中的贵人。

### （四）细微之处见真功

成功的门市在于能够通过一些贴心的小事赢得顾客的感动，从而建立起相互之间的友情。比如，夏天的一杯凉水，冬天的一杯热茶，顾客闲坐时候的一张报纸、一本杂志，虽是细微的东西，却是维系顾客的良好手段。顾客最终即使不购买旅游产品，也会把门市服务人员当作朋友。

#### 1. 超越卖主与买主之间的关系

门市服务人员需要明白：没有任何一个旅游咨询者喜欢与以金钱衡量一切的人做生意。门市是为"人民"服务的，不是为"人民币"服务的；只为"人民币"服务的门市服务人员，是不可能把金钱从顾客的口袋转移到自己的口袋里的。

优秀的门市服务人员甚至能在顾客资料——旅游者信息表中，记录下来旅游咨询者孩子的名字，或者喜欢的宠物名字，这会赢得旅游咨询者的感动，使旅游咨询者有被关心的感觉，有希望和你做朋友的愿望。

当门市服务人员与旅游咨询者成为好朋友时，就拥有了朋友之间的理解、体谅和宽容，而这些对于门市销售的影响很大。

#### 2. 细节体现专业

门市服务人员要留意旅游咨询者的所有小细节，如旅游咨询者的生日或结婚纪念日，并提醒导游人员在旅游过程中有针对性地给予关怀，这样一来，旅游者就会心存感激并开始信任，甚至依赖门市服务人员。

## 技能训练

（1）练习旅游者数据库的建立，能够做到信息的收集、整理、分析及发送。

（2）节日及日常旅游信息的提供：

① 选择一个节日，小组讨论，练习邮寄问候性卡片、发送电子邮件或采用手机、电话问候等。

② 小组讨论，选择一个旅游产品，练习提供旅游产品基本信息及与旅游者或信息接受群体相关的知识性、娱乐性、时尚性等其他方面内容。

## 完成任务

### （一）小组练习

将班上学生分成小组，各小组选一位组长带领组员，完成客户维护工作。

（二）小组评价

（1）如何做好客户维护。

（2）如何建立客户档案。

（三）综合评价

综合评价包括小组之间的互评和老师对各小组工作的系统评价。主要评价项目如表4-3-3所示。

表4-3-3　能力评价表

| 内　　容 | | 评　价 | |
|---|---|---|---|
| 学 习 目 标 | 评 价 项 目 | 小组评价 | 教师评价 |
| 知识<br>应知应会 | （1）客户维护的步骤 | Yes/No | Yes/No |
| | （2）客户关系管理的含义、作用、功能 | Yes/No | Yes/No |
| 专业能力<br>（1）旅游者数据库建立的能力<br>（2）旅游者价值评估的能力<br>（3）售后服务方式执行的能力<br>（4）忠诚顾客的培养能力 | （1）数据库的建立 | Yes/No | Yes/No |
| | （2）旅游者价值评估 | Yes/No | Yes/No |
| | （3）售后服务方式的执行 | Yes/No | Yes/No |
| | （4）忠诚顾客的培养 | Yes/No | Yes/No |
| 通用能力 | 沟通能力 | Yes/No | Yes/No |
| | 团队协作能力 | Yes/No | Yes/No |
| | 组织能力 | Yes/No | Yes/No |
| | 解决问题能力 | Yes/No | Yes/No |
| | 自我管理能力 | Yes/No | Yes/No |
| | 创新能力 | Yes/No | Yes/No |
| 态度 | 敬业爱岗 | Yes/No | Yes/No |
| | 态度认真 | | |
| 个人努力方向与建议 | | | |

思考与练习

（1）模拟练习客户的维护。

（2）简述客户关系管理的含义、作用、功能。

（3）旅行社门市应如何建立旅游者的数据库？

（4）旅游者的价值评估的方法是什么？

（5）几种不同的售后服务方式的执行要点是怎样的？

（6）如何培养忠诚客户？

# 笔记栏

# 单元五 门市创业

有人说，"人因为有理想、梦想而变得伟大，而真正伟大就是不断努力实现理想、梦想。"

门市创业这一单元是在前面课程的基础上对自我的一个挑战，一个质的跨越。作为一名中职生，他们不再拘泥于企业的员工，他们要开创自己的事业，实现自己的理想、梦想。门市创业这一单元将为您铺设这样一条成功创业之路。

**学习目标**
- 掌握门市的选址原则
- 学会门市的登记注册方法
- 掌握门市的装潢要点
- 掌握旅游产品的设计方法

## 任务一  门市的选址

门市的选址是否合理直接关系着经济利润水平。"天时不如地利"，充分强调了地理位置的重要性。好的营业场所可以使经营兴旺起来，选址不当也可以使经营萧条下去，甚至倒闭。

### 任务描述

张某是旅游服务与管理专业的毕业生，在旅行社工作几年来，由于业务能力强，成绩突出，旅行社负责人想任命他为门市部经理，首先交给他的任务就是为这个新门市选址。

### 任务分析

门市的位置对招徕游客和增加经济效益起着举足轻重的作用，而门市的选址工作繁杂，要考虑多方面的因素。首先应考虑客人喜欢、顺路的位置，再考虑其他因素。门市选址通常要考虑如下要素：①消费群体；②交通便利；③周边环境；④竞争对手；⑤客流高峰；⑥营业面积；⑦使用期限；⑧水、电、气；⑨房屋租、买价格等。然后进行初步筛选，形成方案，再进行对比分析。

旅游门市选址过程一般包括以下步骤：

**选址调查→初选方案→方案比较**

### 一、选址调查

要想了解店址真实客观的情况，必须进行选址调查。不仅要对客流量进行测算，分析固定人口和流动人口的结构，了解看似庞大的客流到底有多少是自己的潜在顾客。还要对竞争对手的情况进行长时间的监测，从宏观角度分析商圈的供需平衡情况，判断是否有进入的可能。通过调查得到关于顾客及商圈、店址、竞争对手的数据，这些是选址的基础。

### 二、初选方案

首先要考虑的是接近目标市场，一般以选择在客源相对集中的机场、车站、码头、饭店、社区、闹市街区等处为宜；其次要考虑位置恰当、方便顾客，一般以选择交通干线的临街店面房为宜（见图 5-1-1）；再次可考虑选择旅行社门市相对集中的区域，这样既有利于同行交流经验，取长补短，又有助于变竞争压力为动力，拓展经营，也符和顾客"货比三家" 的 购买心理。

图 5-1-1　临街门市

### 三、方案比较

根据调查，门市位置的选择初选了三个方案，三个方案的比较如表 5-1-1 所示。

表 5-1-1　方案比较

| 门 市 位 置 | 调 查 情 况 | 评 估 |
|---|---|---|
| 客源集中地 | 以工薪层为目标市场，可选择在居民区 | Yes/No |
| | 以中高档客源为目标市场，可选择在写字楼旁 | Yes/No |
| | 以大、中学师生为目标市场，可选择在大学城 | Yes/No |
| 临街店面房 | 交叉路口的街角，主干道的门市房 | Yes/No |
| 门市集中地 | 变压力为动力，规模效益增加客源 | Yes/No |

## 相关知识与技能

### 一、门市选址原则

#### （一）门市选址必须符合以下"四大"原则

（1）旅行社或门市的经营战略。
（2）旅行社或门市的市场定位。
（3）旅行社或门市业务经营的要求。
（4）旅行社或门市的经济性原则。

#### （二）门市选址还必须考虑以下"三小"原则

（1）便利原则。便利原则就是指门市选址要根据旅行社市场定位需要，为本旅行社目标顾客咨询、预订、购买提供最大的便利。从这个原则出发，门市选址要注意以下几方面：

① 有"聚集效应"。方便顾客随机购物、进入的人群聚集场所，如商业街、影剧院、娱乐、公园名胜等（见图 5-1-2），这些地方人气很旺，能使顾客享受到多种服务的便利，是门市开业的最佳地点。但是这类地段往往寸土寸金，地价高，费用高，竞争性强。尽管商业效益好，

但一般只适合非常有实力的大社门市或者有鲜明个性的门市发展，并非适合所有旅行社开店经营。

② 交通方便。公交车、地铁站附近，人群流动性强，是过往人流的集中地段。如果是交通枢纽，则该地段的商业价值更高。

③ 符合客流规律和流向的人群集散地段。这类地段适应顾客的生活习惯，自然形成"市场"，所以进入门市的顾客人数多，客流量大。

④ 人口密度大，商务场所集中的地区。由于这

图 5-1-2　商业街门市

类地段人口密度大，并且距离较近，对顾客来说，省时、省力，比较方便。门市如果选择在这类地段，会对顾客有较大的吸引力，比较容易培养忠诚的顾客群。

（2）最大效益原则。衡量门市选址优劣的最重要标准是门市经营能否取得好的经济效益。因此，门市选址一定要有利于经营，才能保证取得最佳经济效益。

（3）发展原则。其实门市选址的最终目的还是为了争取经营成功。因此，在选址时，还必须考虑以下两点：① 有利于特色经营。这就要求门市选址必须综合考虑目标市场的消费心理、消费者行为，以及行业特点等因素。② 提高市场占有率。门市在选址时不仅要分析当前的市场形势，而且要从长远的角度去考虑是否有利于扩大规模，是否有利于提高市场占有率和市场覆盖率。

## 二、门市选址建议

世界范围内对旅游学科的研究尚未完全系统化，关于旅行社门市选址方面的理论研究也待深入。

（1）美国空中交通协会（ATC）就旅行社选址研究后，得出了如下结论：

① 旅行社不能设于家中，必须设在公众出入方便的商业区，并保证正常的营业时间。

② 旅行社不能与其他业务部门合用办公室，而且必须有独立的出口。

③ 如果没有直接通往街道的通道，旅行社不宜设在饭店内。

（2）美国旅游学者帕梅拉·弗里蒙特（Pamela Fremont）根据自己的实践经验，就旅行社的选址问题提出了如下见解：

① 旅行社应该设在繁华的商业区，以便吸引过往行人。

② 旅行社营业处应该设有足够的停车场地，便于公众停留。

③ 尽量避免选择旅行社林立的地区，以减少竞争压力。

④ 旅行社应该选择中等收入家庭集中的地区，且附近有较大规模的企业，以便吸引人们参加旅游。

⑤ 旅行社营业场所以低楼层为好，以方便顾客。

当然，国外学者对旅行社选址问题的探讨，是以其特定的国情作为基础，其研究所得出的结论未必一定适合我国的旅行社企业，但是至少对我们选址时具有一定的参考价值。

（3）南开大学旅游学系杜江教授认为，旅行社门市选址应该从以下几个方面考虑：

① 目标市场。旅行社在选择门市地点时，应首先考虑其产品的目标市场，并根据其产品的目标市场来设立门市。例如，以工薪阶层为主要目标市场的旅行社，可以把门市设在人口稠密的居民区、住宅区；而以中、高档消费群体为主要目标市场的旅行社，则可以选择将门市设在高校、大型企业和高档写字楼旁。

② 方便顾客。即把门市设立在交通方便的地方。

③ 位置醒目。比如交叉路口的街角（见图5-1-3），由于公路四通八达，能见度高，是设立门市的好地点，但是，有些地区其道路中间隔了一条很长的中央分向带或栏杆，限制行人、车辆穿越，则会影响设立门市的价值。

④ 旅行社门市相对集中。可以借鉴同行经验，变压力为动力，促使门市在改进产品质量、降低经营成本、提高服务水平等方面多下功夫，以吸引更多的旅游者。同时，由于规模效益，旅行社相对集中的地区本来就会吸引旅游者前来咨询和购买其旅游产品。例如，上海市的西藏路是一个旅行社门市相对集中的地方（见图5-1-4），上海市民准备外出旅游时，往往首先会想到那里。

图 5-1-3 街角门市

图 5-1-4 上海西藏路

综合上述机构和学者的研究成果，结合我国旅行社的经营现状和未来发展趋势，我们认为，旅行社门市选址应该考虑以下几方面因素：

（1）经营目标。

（2）目标市场。

（3）人流量大小。

（4）交通状况。

（5）竞争者状况。

（6）成本相对合理。

（7）驻留时间。

（8）客流规律。

### 三、门市部的占地面积

门市部的占地面积应与其营业性质和范围相一致。据联合国援华旅行社经营管理专家路易·沙维兹先生的看法，新设立的旅行社营业场所的规模最好在 500~700 平方英尺（约 45~65 m²）之间。这个占地面积不仅能够满足门市在初创期间的业务需要，也业为日后的发展留下一定的余地，如图 5-1-5 所示。

图 5-1-5　门市面积

### 技能训练

门市选址考察训练：

以门市的选址更加"靠近客人"，便于经营为原则，小组合作选择有代表性的门市进行评价，以提高本人的选址考察技能。建议选定一个指定的门市各小组分别评价，便于对比，再各自任选一个进行训练，如表 5-1-2 所示。

表 5-1-2　选址评价表

| 内容／项目 | 选址特点描述 | 选址特点评价 | 其他组评价 | 老师评价 |
| --- | --- | --- | --- | --- |
| 消费群体 | | | Yes/No | Yes/No |
| 交通便利 | | | Yes/No | Yes/No |
| 周边环境 | | | Yes/No | Yes/No |
| 竞争对手 | | | Yes/No | Yes/No |
| 客流高峰 | | | Yes/No | Yes/No |
| 客人喜欢、顺路 | | | Yes/No | Yes/No |
| 其他 | | | Yes/No | Yes/No |
| 个人体会与建议 | | | | |

## 完成任务

（一）小组练习

将班上学生分成小组，各小组选一位组长带领组员，完成门市的选址工作。

（二）小组评价

（1）如何做好选址调查。

（2）怎样确定初步方案。

（三）综合评价

综合评价包括小组之间的互评和老师对各小组工作的系统评价。主要评价项目如表5-1-3所示。

表5-1-3　能力评价表

| 内　　　容 | | 评价项目 | 评　　价 | |
|---|---|---|---|---|
| 学习目标 | | 评价项目 | 小组评价 | 教师评价 |
| 知识 | 应知应会 | （1）如何做好选址调查 | Yes/No | Yes/No |
| | | （2）怎样确定初步方案 | Yes/No | Yes/No |
| 专业能力 | （1）门市选址能力<br>（2）方案比较能力 | （1）门市的选址 | Yes/No | Yes/No |
| | | （2）选址方案比较 | Yes/No | Yes/No |
| 通用能力 | 沟通能力 | | Yes/No | Yes/No |
| | 团队协作能力 | | Yes/No | Yes/No |
| | 组织能力 | | Yes/No | Yes/No |
| | 解决问题能力 | | Yes/No | Yes/No |
| | 自我管理能力 | | Yes/No | Yes/No |
| | 创新能力 | | Yes/No | Yes/No |
| 态度 | 敬业爱岗 | | Yes/No | Yes/No |
| | 态度认真 | | | |
| 个人努力方向与建议 | | | | |

## 思考与练习

（1）选址的原则是什么？

（2）旅行社门市选址应考虑哪几个因素？

（3）结合所在的城市商业、交通、居住等特点，分析你所熟悉的旅行社门市的地理位置是否理想。为什么？

（4）利用业余时间考察几个门市，评价其选址特点。

## 任务二  门市的装潢

旅行社门市的装潢应力求给旅游者一种亲切、温馨的感觉，能留住顾客，甚至能唤起他们的旅游渴望。同时还应具有鲜明品牌视觉感，既能体现旅行社行业特色，又能体现本社的产品特色。

门 市 背 景 墙

### 任务描述

张某完成选址工作后，开始考虑门市的设计与装潢。

### 任务分析

一个门市要想给旅游者以亲切、温馨的感觉，让顾客愿意走进门市，而且走后还会留下深刻印象，就要充分考虑它的设计与装潢。合理的门市装潢要能塑造一种氛围、一系列场景，能让旅游者融入其中，放松和释放自我。

门市装潢通常按下面四个步骤进行：

门市设计构思→室内装修→门市物品陈列→门市宣传张贴

### 一、门市设计构思

门市作为旅行社 CIS（企业形象识别系统）系统中重要组成部分——VI（视觉识别系统），

直接体现着旅行社的产品特色和经营理念，具有很强的直观性。

为了更好地吸引潜在旅游者，门市设计构思要考虑以下几个要素：第一，体现旅行社的企业文化；第二，具有鲜明的特色；第三，能为服务人员与旅游咨询者的沟通提供便利；第四，能够唤起潜在旅游者的旅游动机。

## 二、室内装修

### （一）采光

门市部的业务人员每天需要进行大量的文字工作并花费大量时间从事咨询和市场研究，容易产生视觉疲劳，造成工作效率下降和差错率上升。安装比较明亮的吸顶灯，可以改善采光条件，有助于消除视觉疲劳，提高工作效率和降低差错率，如图 5-2-1 所示。

图 5-2-1　门市采光

### （二）声音

当业务繁忙时，整个接待与咨询服务区域会充满各种噪声，容易使旅游者和工作人员感到烦躁，心情压抑。为了消除噪声，可以采取铺地毯、摆放木制家具和安装布幔等措施。另外，适当的音乐既能够使旅游者感到惬意，又能够适当调节工作人员的情绪，使其从紧张乏味的工作中得到松弛。所以，门市可以在等候区域播放怡人的轻音乐。

### （三）色调

门市部的面积一般不大，应避免使用浓重的颜色，因为浓重的色调会使人产生一种压抑感，并使房间看上去比实际面积要小。选择颜色的原则应是"淡妆胜于浓抹"，以乳白色、米黄色等中性色调为宜，尽量保持简洁明快的基调，使房间看上去比实际要大。另外，这些颜色容易选择家具，因为它们能够同任何颜色的家具和灯具相匹配，如图 5-2-2 所示。

图 5-2-2　门市色调

### （四）墙壁

门市部的室内墙壁可以选用油画、大幅地图、布幔、彩色挂毯、异域风光图片装饰，既可以起到美化室内环境的作用，又可以充当旅游者同工作人员谈话的话题。有时候，通过对这些装饰物的评价可以在不知不觉中缩短双方的距离，加速相互之间的感情交流，有利于产品的促销。另外，这些墙壁上的装饰物还能够起到吸收部分噪声的作用，如图 5-2-3 所示。

图 5-2-3　门市墙壁装饰

### （五）地面

门市部的进口处应该用瓷砖装饰地面，既容易清扫，又比较耐磨损。门市部的室内地面应铺设地毯。厚厚的地毯不仅给人以华贵的感觉，更重要的是能够吸收由于繁忙的业务产生的大量噪声，使房间变得静谧、和谐，如图 5-2-4 所示。

图 5-2-4　门市地面

### （六）家具

门市在选配家具时应注意使其与房间的整体色调相匹配。一般来说，木制家具的色调比较好，但是价格比较贵。不少旅行社采用金属制作的家具，效果也不错，如图 5-2-5 所示。

图 5-2-5　门市家具

### （七）其他装饰物

除了上述室内装饰物外，门市部内还可以配置一些绿色植物、花草，以烘托房间气氛，如图 5-2-6 所示。

图 5-2-6　门市花草装饰

## 三、门市物品陈列

合理地陈列物品，可以起到展示产品、刺激销售、方便选择、节约空间、美化环境、增进信任等作用。根据统计，门市如果能够正确运用物品的配置和陈列技巧，销售额可以在原有的基础上提高 10 %。物品陈列可以按价格高低陈列；按路线长短陈列；按所处洲际、国家、区域陈列；按长短线路陈列；按产品形态陈列等。也可以根据市场需求进一步细分，如雪域高原游、海滨度假游、大众探险游、险滩漂流游等。另外，陈列物品要充分考虑高度及距离客人位置的远近，要尽量放在旅游咨询

图 5-2-7　门市物品陈列

者方便拿到的位置。陈列架上的旅游产品要充足，要放满丰富的宣传资料。这样可以给旅游咨询者以产品种类齐全、多样化的好印象，也可以大大提高门市空间的利用率，如图 5-2-7 所示。

### 四、门市宣传张贴

门市张贴的图片是一种无声的广告，鲜明的主题、亮丽的色彩、精美的画面、极具吸引力的文字等，都会引起过往客人的注意，甚至激发潜在旅游者的旅游动机。这种视觉冲击往往影响着部分客人是否进入门市咨询旅游产品信息，如图5-2-8所示。因此，门市服务人员要明确图片宣传的重要意义。在宣传张贴时要注意以下几点：

（1）满足本行业、本旅行社对张贴图片的基本要求。
（2）符合所在地潜在旅游者的审美偏好。
（3）主题鲜明、突出、有吸引力，符合旅游产品特征。
（4）符合市场营销学的原理。
（5）符合旅游广告学原理。
（6）能够迅速抓到潜在旅游者的需求点。
（7）常换常新，结合季节及时更新。
（8）与门市装潢设计风格相协调。

图5-2-8　门市宣传张贴

## 相关知识与技能

### 一、门市部的内部布局

#### （一）入口及等候区

（1）入口。入口是旅游者走进旅行社后所见到的第一个区域，既应该能够立即对旅游者产生强烈的吸引力，让人看上去感到十分舒服，又应该具有较强的实用性，保证前来进行旅游咨询或办理旅游手续的人能够顺利地进出。

（2）等候区。等候区是为那些因营业场所内的旅游者人数较多，营业人员一时无法接待的旅游者提供等候和休息的地方，如图5-2-9所示。通常，应在这个区域摆放下列设备：①一套供旅游者在等候营业人员接待时坐的沙发或几把椅子；②一张小圆桌或茶几，上面摆放最近两期的旅游期刊、登载旅游信息或文章的当地报纸、旅游指南等可供旅游者在等候时阅

读的刊物；③一个小期刊架，上面摆放最近一期有关最受旅游者欢迎的旅游目的地介绍材料；
④一只废纸篓和一个烟灰缸。

图 5-2-9　门市等候区

### （二）待与咨询服务区

（1）门市部人员的座位。门市部人员的座位不能过于拥挤,否则无法保证较高的工作效率。
旅行社应该为每一位门市部人员提供一小块供其使用的工作区域，如有可能，应在各个工作
人员的工作区域之间设置隔断板或隔断玻璃，以保证他们在工作时不会受到来自其他工作人
员的干扰，如图 5-2-10 所示。

图 5-2-10　门市部人员工作区域

（2）办公桌椅。门市部人员的办公桌可以沿房间的墙壁摆放，使他们面对门口，随时能
够看到走进来的旅游者。办公桌的对面应摆放一至两把椅子，供旅游者咨询时使用。

（3）期刊架。本区域内应整齐地摆放一些期刊架，上面摆放最近发行的旅游杂志、报纸、
旅游目的地介绍、旅游宣传小册子等，如图 5-2-11 所示。

### （三）后勤工作区

后勤工作区一般由三部分构成：部门经理办公室（见图 5-2-12）、库房和卫生间，后勤
工作区一般不对外开放，除了特殊情况外，不应让旅游者进入这个区域。

图 5-2-11　期刊架

图 5-2-12　经理办公室

## 二、门市装修色彩的应用

门市装修中一个重要的环节就是色彩的应用，参考以下色彩运用的提示对把握门市的装修起着很大的作用。

### （一）色彩与形象的关系（见表 5-2-1）

表 5-2-1　色彩与形象的关系

| 色　　彩 | 形　　象 |
|---|---|
| 白色、金色、银色等 | 华美、高贵的感觉 |
| 灰色、蓝色、绿色等 | 朴素、雅致的感觉 |
| 蓝色、白色等 | 平静的感觉 |
| 灰色、绿灰等 | 寂寞的感觉 |
| 黄、橙、水色等 | 活跃、快乐、希望的感觉 |
| 红、橙、黄色等 | 突出感，即感觉很接近人 |
| 青、紫色等 | 后退感，即感觉很远离人 |

### （二）色彩组合的效果（见表 5-2-2）

表 5-2-2　色彩组合的效果

| 色　彩　组　合 | 效　　果 |
|---|---|
| 蓝、暗红、褐、绿色等加上灰色 | 表达传统的主题 |
| 红橙和蓝绿色的搭配组合 | 具有亲近、随和、活泼、主动的效果 |
| 任何颜色加上少许的灰色或白色 | 表达柔和之美 |
| 黄色和紫色的搭配组合 | 含有活力和行动的意味 |
| 深森林绿和金色的搭配组合 | 表现富裕 |

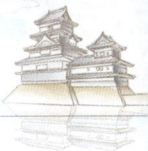

续表

| 色 彩 组 合 | 效 果 |
|---|---|
| 红橙、黄橙色等加上宝蓝色 | 会唤起人持久、稳定与力量的感觉 |
| 任何色彩搭配淡紫色 | 最能诠释怀旧思古之情 |
| 红紫色和黄绿色的搭配组合 | 能表达出精力充沛的气息 |
| 红和金色加上海军蓝 | 表达出坚定、有力量的感觉 |
| 略带黄色的粉红色 | 会令人感觉柔和、典雅 |
| 淡而浅的蓝绿和红橙色的搭配组合 | 可散发出祥和、宁静的气息 |
| 绿松石绿和其他蓝绿色的明色搭配 | 可增加宁静的感觉 |
| 黄橙和琥珀色的搭配组合 | 极具亲和力 |
| 橘色和绿色加上亮度的紫色 | 刺激与新奇 |
| 纯蓝和红色的搭配组合 | 象征权威，表现出皇家的气派 |
| 橙色和其邻近色彩的搭配组合 | 能够创造出平等、有序气氛 |
| 黄色加上白色所形成的粉黄色 | 给人带来温馨的感觉 |

### （三）突出色与后退色

有些色彩有突出感，仿佛很接近人，如红色、橙色、黄色；有些色彩有后退感，仿佛离人很远，如青色、紫色。

## 三、门市陈列物品的种类

### （一）图片、图册资料

图片、图册资料（见图 5-2-13）是旅行社门市最常见的陈列物品，它们包括一些极具特色、知名和近期热门的旅游景区、景点，以及重要旅游者等的照片、图片等。在必要情况下，有的门市还把部分非常重要的图片放大，作为背景墙。

### （二）影像资料

影像资料包括（见图 5-2-14）旅游景区、景点提供的 VCR 等。相对于图片、图册资料，

图 5-2-13　图册资料

影像资料可以同时对潜在旅游者的听觉器官和视觉器官发挥作用，使客人通过两种器官的感应接受信息，从而获得更大的感受体验。通过影像资料，门市可以更全面突出旅游产品的基本情况和特色，使旅游产品的形象更加直观、生动和具有感染力。影像资料还包括纪实活动影像，即把本旅行社组织的旅游团队在旅游当中的活动录制下来，经过编辑制作后在门市展示。这样，潜在旅游者既可以看到游客观光的实际情况，又可以极大提高对相关旅游线路产品的信赖程度。但这类影像资料拍摄和制作成本较高，只适合重点产品的促销。

### （三）景观实物

旅行社想把旅游景观原原本本地搬到门市当然是不可能的，但是可以把最能代表景观特

点的物品搬到门市进行实物展示。例如，西安的兵马俑（见图5-2-15）、山东潍坊的风筝、北京香山的红叶、荷兰的木鞋及蒙古包（见图5-2-16）等。

图 5-2-14　影像资料

图 5-2-15　仿西安兵马俑

图 5-2-16　蒙古包

### （四）模拟景观

英国一家旅行社为了推广夏威夷海滨旅游，特地在旅行社门市中布置了沙滩、椰树等海滨景观，促销效果出乎意料得好。模拟景观较之景观实物，更能够给客人留下完整、统一的印象。如果结合景观实物，促销效果将更好。

## 技能训练

现在有一个55 m²的门市房，让你把它设计装修成一个简洁明快、高雅大方的旅行社门市，要求考虑到装修颜色、室内布局、物品陈列等要素。

## 完成任务

（一）小组练习

将班上学生分成小组，各小组选一位组长带领组员，完成门市的装潢工作。

（二）小组评价

（1）门市装潢的步骤是什么。

（2）门市的内部布局。

（三）综合评价

综合评价包括小组之间的互评和老师对各小组工作的系统评价。主要评价项目如表5-2-3

所示。

表 5-2-3　能力评价表

| 内　　　容 | | 评 价 项 目 | 评　价 | |
|---|---|---|---|---|
| 学习目标 | | | 小组评价 | 教师评价 |
| 知识 | 应知应会 | （1）门市装潢的步骤 | Yes/No | Yes/No |
| | | （2）装潢方案设计原则 | Yes/No | Yes/No |
| 专业能力 | （1）门市内部布局能力 | （1）门市的内部布局 | Yes/No | Yes/No |
| | （2）门市装修能力 | （2）门市的装修 | Yes/No | Yes/No |
| | （3）物品陈列能力 | （3）物品陈列 | Yes/No | Yes/No |
| | （4）宣传张贴能力 | （4）门市宣传 | Yes/No | Yes/No |
| 通用能力 | 沟通能力 | | Yes/No | Yes/No |
| | 团队协作能力 | | Yes/No | Yes/No |
| | 组织能力 | | Yes/No | Yes/No |
| | 解决问题能力 | | Yes/No | Yes/No |
| | 自我管理能力 | | Yes/No | Yes/No |
| | 创新能力 | | Yes/No | Yes/No |
| 态度 | 敬业爱岗 | | Yes/No | Yes/No |
| | 态度认真 | | | |
| 个人努力方向与建议 | | | | |

**思考与练习**

（1）设计一个门市的整体装潢。

（2）门市内部应如何布局？

（3）门市物品陈列的种类及方法是什么？

（4）如何做好门市宣传张贴工作。

## 任务三　登记注册

登记注册是企业进入市场的正常制度，是确认企业的法人资格或营业资格，行使国家管理经济职能的一项行政监督管理制度。它是在企业进行登记申请，由工商行政机构进行审核批准后进行的；它是对企业法人资格依法确认的具体反映，是企业合法经营的依据，它具有法律效力。企业在核定的登记注册事项的范围内，从事生产经营，依法享有民事权利，承担民事义务，受到法律保护。

**任务描述**

张某负责的门市前期筹备非常顺利，接着就要办理门市注册登记的事情，通过和有关人员咨询，张某已经大致掌握了办理程序。

**任务分析**

旅行社门市设立应先征得拟设地的县级以上旅游行政管理部门的同意，领取《旅行社门市部登记证》，并在办理完工商登记注册手续之日起的 30 个工作日内，报原审批的旅游行政管理部门、主管部的旅游行政管理部门和门市部所在地的旅游行政管理部门备案。

办理门市注册登记，一般要分提出申请、征得拟设地同意、工商登记注册、备案四个步骤。具体办理过程如下：

提出申请→征得拟设地同意→工商登记注册→备案

## 一、提出申请

旅行社申请设立门市部应向旅游行政主管部门提交下列文件：

(1) 设立门市部备案登记表。
(2) 门市部经营场所有效使用证明。
(3)《旅行社业务经营许可证》副本和旅行社营业执照副本，如图 5-3-1 所示。
(4) 门市部工作人员的有效身份证明、用人单位的劳动合同、社保局出具的社会保险证明。
(5) 旅行社制定的门市部管理规章制度。
(6) 其他需要提交的文件。

图 5-3-1 《旅行社业务经营许可证》

## 二、征得拟设地同意

在提出申请之后，旅游行政主管部门会按照下列要求对旅行社设立门市部提出意见：

(1) 旅行社设立门市部应有固定的营业场所，营业场所面积不少于 15 m²，营业场所一般应设在城市主要街道的一楼临街铺面，星级酒店大堂，大型商场一楼，主要景区门口，机场、车站、码头的显要位置。

(2) 门市部从业人员不得少于 3 人，并与旅行社签订劳动合同，由旅行社发给劳动报酬、办理社会保险。

(3) 旅行社门市部应至少配备一部直线电话、一部传真机和一台与社本部联网的计算机。

(4) 国际旅行社上一年度接待旅游者达一万人次的可以设立一个门市部，每增加一万人次可增设一个门市部；国内旅行社上一年度接待旅游者达五千人次的可以设立一个门市部，每增加五千人次可增设一个门市部。

拟设地旅游行政主管部门应在 30 个工作日内做出是否同意的决定，并书面通知申请人。同意设立的，颁发《旅行社门市部登记证》；不同意设立的，应及时回复。

### 三、工商登记注册

向工商局登记注册处提交相关材料，并询问发证时间，联系电话。到达发证时间，电话询问是否能够取证以提高办事效率。

### 四、备案

在取得门市部营业执照之日起的 30 个工作日内，应报原审批地旅游行政管理部门和门市部所在地的地（市）、县旅游行政管理部门备案，如图 5-3-2 所示。

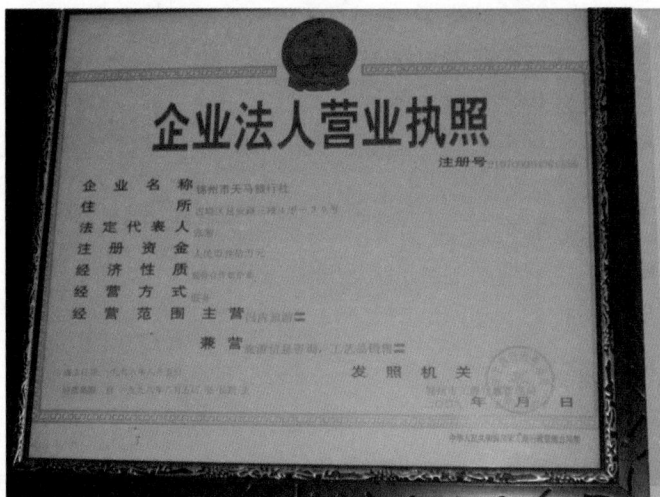

图 5-3-2 营业执照

### 相关知识与技能

#### 一、门市的概念

《旅行社管理条例实施细则》第三十三条指出，门市部是指旅行社在注册地的州、市、县行政区域内设立的不具备独立法人资格，为旅行社招徕游客并提供旅游咨询、宣传服务的网点。

旅行社设立的门市部其名称应采用规范的表述。门市部名称由旅行社名称加设立地址，再冠以"门市部"组成，依次组成为："设立社全称＋地址＋门市部"。

旅行社设立的门市部其业务范围在设立社业务经营范围内核定为招徕游客并提供咨询、宣传等服务。其中，国内旅行社设立的门市部核定的业务范围为"国内旅游招徕、宣传、咨询业务"。国际旅行社设立的门市部核定的业务范围为"国内、入境旅游招徕、宣传、咨询业务"。其中，有出境游经营权的国际旅行社设立的门市部在其核定业务范围时增加"出国旅游、港澳游招徕、宣传、咨询业务"，有边境旅游经营权的国际旅行社设立的门市部在核定业务范围时增加"边境旅游招徕、宣传、咨询业务"。

### 二、门市部业务规范

门市部必须按照下列规定开展业务：

(1) 门市部收客时必须由旅行社统一与旅游者签订加盖旅行社印章的旅游合同，并出具相关票据。

(2) 门市部应当与设立社实现计算机联网，通过设立社网络平台实现统一计调、统一团队操作。

(3) 门市部应当建立完整的业务档案，并交由设立社统一存档。

(4) 旅游产品由设立社统一策划、制定和发布。

(5) 门市部应当将旅行社制作，载明游客须签订旅游合同、索要发票等有关注意事项的《告游客书》，和门市部登记证一起悬挂于醒目位置。

门市部不得有下列行为：

(1) 不得独立开展经营活动和私自发布旅行社业务广告。

(2) 不得超出核定的业务范围开展业务。

(3) 不得以门市部名义与旅游者签订旅游合同；不得与设立社以外的旅游经营者签订合同。不得私自聘用、委派导游运行旅游团队。

(4) 不得设立独立的财务机构。

(5) 不得以门市部的名义招聘员工。

(6) 不得设立分支机构。

### 三、门市部的管理

旅行社门市部为非独立法人单位，旅行社对其所属门市部负有管理职责，并承担该门市部的经济及法律责任。禁止旅行社通过设立门市部名义，以承包、交纳管理费等方式，变相转让旅行社业务经营权。

旅行社设立的门市部属租赁他人物业的，应由设立社与出租方签订租赁协议，并支付租金。设立社应当加强对门市部的管理，并制定门市部管理的制度。旅行社对所属门市部的经营管理制度应当体现统一管理、统一财务、统一招徕、统一接待的要求。

门市部应当将门市部名称、工商营业执照悬挂在醒目位置，便于旅游者、检查人员等识别和查验。旅行社应当对所属门市部实行统一标牌，统一形象；应当为门市部工作人员办理统一的工作胸牌；门市部工作人员必须佩戴胸牌上岗。

县级以上旅游行政主管部门应当根据属地管理原则加强对门市部的监督管理。门市部应

当依法接受所在地旅游行政主管部门的行业管理和各项检查。

## 四、税务登记

税务登记，也叫纳税登记。它是税务机关对纳税人的开业、变动、歇业，以及生产经营范围变化实行法定登记的一项管理制度。

凡经国家工商行政管理部门批准，从事生产、经营的公司等纳税人，都必须自领营业执照之日起 30 日内，向税务机关申报办理税务登记。

从事生产经营的公司等纳税人应在规定时间内，向税务机关提出申请办理税务登记的书面报告，如实填写税务登记表。

## 五、税务登记表的内容

税务登记表的主要内容包括：

（1）企业或单位名称，法定代表人或业主姓名及其居民身份证、护照或其他合法入境证件号码。

（2）纳税人住所和经营地点。

（3）经济性质或经济类型、核算方式、机构情况隶属关系，其中核算方式一般有独立核算、联营和分支机构三种。

（4）生产经营范围与额度、开户银行及账号。

（5）生产经营期限、从业人数、营业执照号及执照有效期限和发照日期。

（6）财务负责人、办税人员。

（7）记账本位币、结算方式、会计年度及境外机构的名称、地址、业务范围及其他有关事项。

（8）总机构名称、地址、法定代表人、主要业务范围、财务负责人。

（9）其他有关事项。

## 六、填报税务登记表应携带的证件或材料

门市经营者作为纳税人在填报税务登记表时，应携带下列有关证件或资料：

（1）营业执照。

（2）有关合同、章程、协议书、项目建议书。

（3）银行账号证明。

（4）居民身份证、护照或其他合法入境证件。

（5）税务机关要求提供的其他有关证件和材料。

## 七、门市经营者办理税务登记的程序

先由经营者主动向所在地税务机关提出申请登记报告，并出示工商行政管理部门核发的工商营业执照和有关证件，领取统一印刷的税务登记表，如实填写有关内容。税务登记表一式三份，一份由公司等法人留存，两份报所在地税务机关。然后，税务机关对公司等纳税人的申请登记报告、税务登记表、工商营业执照及有关证件审核后予以登记，并发给税务登记证。税务登记证是经营者向国家履行纳税义务的法律证明，经营者应妥善保管，并挂在经营场所

明显易见处，亮证经营。税务登记证（见图 5-3-3）只限企业经营者自用，不得涂改、转借或转让，如果发生意外毁损或丢失，应及时向原核发税务机关报告，申请补发新证，经税务机关核实情况后，给予补发。

**图 5-3-3　税务登记证**

## 技能训练

考察办理相关手续的部门，咨询办理手续需要的相关材料和办理程序。

## 完成任务

（一）小组练习

将班上学生分成小组，各小组选一位组长带领组员，完成门市登记注册工作。

（二）小组评价

1．门市登记注册的步骤。

2．门市税务登记程序。

（三）综合评价

综合评价包括小组之间的互评和老师对各小组工作的系统评价。主要评价项目如表 5-3-1

表 5-3-1　能力评价表

| 内　　　　容 | | 评　　价 | | |
|---|---|---|---|---|
| 学习目标 | | 评价项目 | 小组评价 | 教师评价 |
| 知识 | 应知应会 | （1）门市登记注册的步骤 | Yes/No | Yes/No |
| | | （2）门市业务规范 | Yes/No | Yes/No |
| 专业能力 | （1）门市管理的能力<br>（2）办理税务登记能力 | （1）门市管理 | Yes/No | Yes/No |
| | | （2）门市税务登记 | Yes/No | Yes/No |
| 通用能力 | 沟通能力 | | Yes/No | Yes/No |
| | 团队协作能力 | | Yes/No | Yes/No |
| | 组织能力 | | Yes/No | Yes/No |
| | 解决问题能力 | | Yes/No | Yes/No |
| | 自我管理能力 | | Yes/No | Yes/No |
| | 创新能力 | | Yes/No | Yes/No |
| 态度 | 敬业爱岗 | | Yes/No | Yes/No |
| | 态度认真 | | | |
| 个人努力方向与建议 | | | | |

## 思考与练习

（1）模拟练习门市登记注册程序。
（2）简述门市概念、业务规范及管理。
（3）税务登记表的内容都包括什么？
（4）填报税务登记表应携带的证件或材料有哪些？
（5）试述门市税务登记的程序。

## 任务四 旅游产品的设计

旅游产品是一个完整、科学的组合概念，它是由吃、住、行、游、购、娱各种要素构成的"组合产品"，完美的旅行社产品是通过最完美的组合而形成的。旅游线路是旅游产品的主要形式，其销售额是旅行社利润的主要来源。因此，具有新意、个性化、鲜明特色的旅游线路的设计，将会提高旅行社产品的品位，赢得消费者的喜爱，从而使旅行社获取更大的市场份额。

### 任务描述

张某的门市在完成选址、装潢及登记注册之后，就开始着手设计旅游产品。通过调查，张某了解到现在最受欢迎和最有活力的旅游类型有：观光游、经典游、主题游、深度游、休闲游、周边游、自驾游等。张某想抓住这个商业契机，设计一款"台湾游"旅游产品，初步定为"台湾环岛经典8日游"。

### 任务分析

作为一个门市的经理，对市场的需求必须保持良好的洞察力。在设计旅游产品时，要关注并研究消费者的需求变化，有针对性地设计旅游线路，慎重选择构成旅游线路的各个旅游点，科学安排行程，在讲究经济原则的前提下，还要突出产品特点。

旅游线路是旅游产品的核心部分，所以本任务主要讲旅游线路的设计。通常设计旅游线路包括以下五个步骤：

确定线路名称→安排主要行程项→明确产品说明项→旅游产品的定价→旅游产品的成型

### 一、确定线路名称

线路名称是线路的性质、大致内容和设计思路等内容的高度概括，因此确定线路名称应考虑各方面的因素，并力求体现简约、主题突出、时代感强，富有吸引力等原则。

## 二、安排主要行程项

### （一）日次

日次是客人计算能否赶上行期的主要依据，要在日次上细致标明月、日、星期，以便于客人心算。

### （二）抵离城市

在当日的行程中，抵离城市需单独分格列出。此行程一共要去几个城市，在主要城市停留多久，在这项单独列出的"抵离城市"栏中要做到一目了然。

### （三）乘用交通工具

乘用的交通工具首先要标明其类型。不同的乘用工具需要不同的表达方式来进行详细叙述，以便于客人对旅途的疲劳度有事先的考虑，备好衣物、药品。

1. 飞机

乘用飞机时，要标明飞机的机型、航班号、起飞时间、抵达时间、飞行时长。若有时差，还应将时差换算列出。

2. 汽车

乘用汽车要将乘车所用时间列出，特殊旅程对路况的简单描述也是需要的。

3. 火车

乘用火车时，要标明火车车次、开车时间、抵达时间、路程时长。若是卧铺车，还需说明软硬卧、房间格局等。

### （四）当日主要行程

当日的主要行程需分上午、下午、晚上几个时段分别标出，以便让客人感到一目了然、心中有数。对当日行程中的最精彩之处，要不吝笔墨，重彩实写。尤其是客人不太了解的活动，也应细致介绍。晚上活动要注明几点钟结束回到酒店，便于客人掌握时间。

### （五）用餐状况

不应图省事只标注晚餐，对用餐的状况要分早餐、午餐、晚餐分别列出。用餐状况还包括中餐、西餐、当地风味餐的特别说明。对风味餐或特殊晚宴，要细致描绘。

### （六）下榻酒店

下榻酒店的具体名称、具体地点、联络电话、星级状况等，都需要在主要行程中得到体现。如果能将酒店的网址列出，定会受到网民游客的欢迎。除非选择国际知名的集团酒店，如"希尔顿""喜来登""HOLIDAY INN""香格里拉"等，都应对酒店进行一句话的简单描述。

## 三、明确产品说明项

### （一）收费说明

费用标注应当明白清楚、见诸纸上，如儿童收费、老人收费等，不能图省事，给人以随

意性太强的感觉。

费用的包含项与不包含项都应一一列明，因为产品的主要行程项及产品说明项均会与合同一道作为有效的法律文件存在，因而其中的用词及表达应力求准确无误，尽量避免语焉不详、语义含混的表述。例如："台湾环岛经典8日游"中费用说明是这样的：

费用包含：

台湾签发入台证、团队经济舱机票（不得退票、改签、签转）、全程4花酒店、一日三餐（酒店内早餐）、行程中所列餐食、全程所列景点门票、空调旅游巴士、全程导游及领队服务、旅游社责任保险以及全程机场税。

费用不包含：

赴台通行证办理费、台湾省内个人消费、司机导游小费（50元/人·天，共计400元）、人身意外伤害险、饭店单房差（400元/每间晚）。

（二）报名注意事项说明

主要包括报名截止期（按有护照、无护照分别列出）、成团人数，要特别说明只有达到基本人数才能成团，使客人能够心中有数。

**（三）签证所需材料**

告诉客人签证所需的各类材料，如护照的要求（有效期、空白页），签证需要的照片，存款证明等。

**（四）对其他事项的承诺和声明**

如旅行社责任险的保险承诺，针对特殊团队例如老年团队的境外意外伤害保险等。旅行社针对产品的声明，也可以在此类中列出。例如，对不可抗力造成的损失说明、对退团收取费用的说明等。

## 四、旅游产品的定价

旅行社产品的定价方法主要有三种：成本导向定价法、需求导向定价法和竞争导向定价法。

成本导向定价法，是指在产品成本的基础上加上一定的利润来制定产品价格的方法。其基本公式为：旅游产品价格＝产品成本 x（I ＋产品利润率）。

例如，"台湾环岛经典8日游"旅游产品：

单位产品成本价格：5000元。

单位产品期望利润率：10%。

单位产品市场销售价格：5500元。

成本导向定价法是一种最简单易行的定价方法，也是旅行社行业比较常用的一种定价方法。但这种方法不尽合理，因为这种方法依据的是卖方的主观意图，强调的是成本的补偿，而忽略了市场需求和竞争对手的价格。因此，较为科学的做法是将这种定价方法作为一种基础定价方法来确定产品的初始价格，然后根据其他定价方法对初始价格进行调整。

## 五、旅游产品的成型

一条完整的对外销售的旅游线路应包括以下八方面的内容：线路名称、起止时间、交通形式、日程安排、用餐标准、住宿标准、最终报价、备注说明。以"台湾环岛经典8日游（北京出发）"为例，宣传资料如下：

| 台湾环岛经典8日 ¥5500元起 | | |
|---|---|---|
| 出发地：北京市 北京城区 | 行程天数：8天 | 线路类型：国内线路 |
| 发团日期：5月15，29日 | 报名日期：发团前20天 | 线路主题：品质精致 |
| 途经景区：台北"故宫博物院" 阿里山 莲花潭 台北龙山寺 101大楼 国父纪念馆 | | |

台北101大厦

国父纪念馆

### 行 程 推 荐

#### 第1天 >> 北京飞台北

请于11：30在首都机场3号航站2号门集合，乘AE7204航班14：30起飞，大约18：30抵达台北桃园机场，抵达后办理出关手续，入住酒店。

#### 第2天 >> 台北"故宫博物院"、日月潭

上午：早餐后乘车前往"故宫博物院"，下午：乘车前往参观融合中西方建筑文化特色的中台禅寺，前往台湾八景之一日月潭风景区、搭乘游艇游览日湖与月湖感受迷人的湖光山色。参观曾祭祀三藏法师——唐僧灵骨的玄光寺。

#### 第3天 >> 文武庙、阿里山

上午：参观游览祭祀孔子、关羽而得名的文武庙；下午：前往台湾八景之首的阿里山风景区，参观园区中的景点阿里山三代神木、姐妹潭。参观品尝阿里山茶自由购买阿里山茶叶。晚餐后，返回酒店休息。

#### 第4天 >> 第一府城、高雄、莲池潭

上午：早餐后专车前往郑成功在台湾建立的第一府城——台南赤崁楼、大天后宫。前往台湾南部工业城市——高雄市；下午：午餐后，沿途游览左营著名的莲池潭风景区春秋阁、龙虎塔，游览高雄西子湾、打狗领事馆，领事馆建在西子湾的小山岗上，可远眺高雄港，然后前往钻石博物馆参观，晚餐后乘船游览爱河，游览六合夜市（自费品尝台湾小吃）

#### 第5天 >> 佛光山、垦丁公园热带风景区

上午：酒店早餐后前往佛教观光圣地——佛光山参观，下午：乘车前往垦丁公园热带风景区，之后游览猫鼻头、鹅銮鼻灯塔，帆船石、龙蟠大草原，观赏多样性的自然

景观。然后，便抵著名温泉之乡——台东知本。

### 第 6 天 >> 花莲、太鲁阁公园

上午：乘车沿花东海岸公路前往花莲，沿途欣赏太平洋沿岸风光，途经水往上流、三仙台风景区及北回归线标等景点，途中参观珊瑚专卖店；下午：太鲁阁公园欣赏鬼斧神工的自然峡谷景观，前往七星潭欣赏美丽的东部海岸风光。

### 第 7 天 >> 野柳风景区、第一高楼

上午：早餐后参观花莲工艺品中心，自由选购太鲁阁特产大理石工艺品，乘车前往基隆海港野柳风景区，欣赏女王头等怪石群奇观；下午：乘车参观信义商圈，其周边有数十家百货公司(安排一小时逛街)。参观世界第一高楼，台北101摩天大楼观景台。

### 第 8 天 >> 台北飞北京

上午：早餐后，整理行装前往桃园机场搭乘 AE7203 豪华客机，09:30 起飞大约 13：30 返回温暖的家，结束令人难忘的宝岛之旅！

**费用包含：**

台湾签发入台证、团队经济舱机票（不得退票、改签、签转）、全程四星酒店、一日三餐（酒店内早餐）、行程中所列餐食、全程所列景点门票、空调旅游巴士、全程导游及领队服务、旅游社责任保险，以及全程机场税。

**费用不包含：**

赴台通行证办理费、台湾省内个人消费、司机导游小费（50元/人·天，共计400元）、人身意外伤害险、饭店单房差（400元/每间晚）。

**线路特色：**

环岛超值游走遍台湾省所有知名城市，知名景点一网打尽，一次玩个够。特别安排游览台湾最南的垦丁，最北的野柳，登101大厦，入住知本温泉酒店，可享受泡汤的惬意。专业持导游领队全程微笑服务。特别鸣谢：BR长荣航空/CI中华航空/HU海南航空公司/CA国际航空公司。

**参加须知：**

赴台注意事项、证件办理资料表、办理流程及申请表、在职证明模板。为了确保游客在人身安全，建议购买人身意外伤害保险（30元）。每周一为集体办理往来台湾通行证时间，资料务必准备齐全。

## 💡 相关知识与技能

### 一、旅游线路的类型

根据不同标准，可将旅游线路作如下划分：

### （一）以旅游距离为标准划分

按旅游距离分类，旅游线路可分为短程旅游线、中程旅游线、远程旅游线。短程旅游线的游览距离较短，一般局限在市内、市郊或相邻区域；中程旅游线的游览距离较远，活动范

围一般在一个省级旅游区以内；远程旅游线的游览距离长，旅游者的活动范围广，一般是跨省甚至跨国旅游，包括国内远距离旅游线路、边境旅游线路和海外旅游线路。

### （二）以旅游时间为标准划分

按旅游时间分类，旅游线路可分为一日游旅游线路、两日游旅游线路、三日游旅游线路和多日游旅游线路。一般一日游、两日游为短程旅游，而中长距离旅游多在三日以上。

### （三）以线路性质为标准划分

按线路性质分类，旅游线路可分为观光旅游线、休闲旅游线和专项旅游线。观光旅游线属于最常规也是最为旅游者所普遍采纳的旅游线路，在我国旅游市场一直占据重要地位，客源相对稳定；休闲旅游线是以休闲度假为主题的旅游线路，是近年来兴起的旅游产品，引导着未来旅游业发展的方向；专项旅游线是专门为一些具有特殊旅游目的的旅游者设计的线路，其线路景点具有统一的内容，如宗教旅游线、三国文化旅游线、古丝绸之路旅游线等。需要强调的是，这三种旅游线路的划分是相对的，现实中更多的是互相交叉、互相包容的关系，即观光旅游线包含专题的内容，休闲线附带观光的成分，这样的线路才会有更强的市场竞争力。

## 二、旅游线路设计原则

旅游线路是旅行社产品的主体，包括景点、交通、饭店、餐饮、购物、娱乐等众多因素。设计旅游线路应遵循以下原则：

### （一）市场需求原则

旅行社的产品设计要以市场需求为导向，研究和预测顾客需求的趋势，分析旅游者的出游动机，在市场调研的基础上有针对性地设计出有特色的旅游线路，从而提高企业的生命力和竞争力。比如，著名的旅游王国西班牙，在近几年全国性的调查中发现，不少人已从传统的海滩度假转向各种乡村文化和风情民俗活动，于是不失时宜地推出了各种主题的休闲项目，如乡村综合性休闲、环保休闲等，休闲旅游和休闲经济的发展生机勃勃。图5-4-1所示为东北乡村风景。

图5-4-1　东北乡村

### （二）突出特色原则

与众不同、独具特色的旅游线路比通常的大众路线更具有吸引力和竞争力。
旅游线路要突出旅游资源、当地文化的特色，形成独一无二的旅游产品。这样的旅游产

品会给游客留下深刻的印象，也会成为最受游客欢迎的产品。例如，革命圣地延安，许多老一辈无产阶级革命家曾在那里奋战 13 年，留下了许多珍贵的历史遗迹和革命旧址。当地旅行社就利用这一独特的资源和文化开发了"红色之旅"。于是，枣园、杨家岭、宝塔山等地挤满了来自全国各地的游客，旅游潮高涨，"红色旅游"红透了延安，如图5-4-2、图5-4-3、图5-4-4所示。

图 5-4-2  井冈山

图 5-4-3  辽沈战役纪念馆

图 5-4-4  毛泽东故居

### （三）优化组合原则

设计旅游线路应将交通线路、旅游景点、民俗文化进行科学、合理的优化组合，并且对游览节奏、景点安排、交通距离进行科学安排，使游客感到整个旅程丰富多彩、高潮迭起。例如，香格里拉的旅游线路之所以备受欢迎，主要是因为在这条旅游路线游览的时候，人们不仅能观看到"美如天堂"的香格里拉，而且还能走进白族独有的"六合同春"的走马转角楼，能品尝到彝族人的"托托肉""转转酒"，能欣赏到被誉为"天籁之音"的纳西古乐。

### （四）不断创新原则

从产品的生命周期理论分析，每一个产品都有其开发、引入、成长、成熟和衰退的阶段，旅游企业要不断设计和开发出新的产品，避免因某一产品的衰退而使企业陷于危机。并且，旅游线路没有专利，一旦某一个线路受到游客的欢迎，其他的旅行社也会一哄而上，开发出同样的产品。因此，旅行社要有危机意识，不断致力于创新产品的研究开发。比如，吉林的冰雪旅游线路，在原来的观看雾凇、品位民风的基础上，近几年又与长白山景区联手，共同推出了冰雪香格里拉的线路。游客可赴长白山自然保护区，观林海雾凇，看东北虎林，参观长白瀑布、欣赏雪中温泉，创新的产品得到游客的一致好评，如图5-4-5、图5-4-6、图5-4-7所示。

图 5-4-5  雾凇

图 5-4-6  东北虎林

图 5-4-7  长白瀑布

### （五）突出个性原则

随着旅游者消费趋势的多样化和个性化，各种各样的专项旅游应运而生。旅行社不仅要推出大众化的旅游线路，还要为不同类型的旅游者"量身定做"，有针对性地开发出他们所需要的旅游线路。例如，韩国之旅也许是许多旅行社的常规路线，但某家旅行社却利用当时正在热播的韩国电视连续剧《情定大饭店》的影响，为新婚夫妇和热恋中的情侣推出了"首尔之恋"的旅游路线，旅途定为三个主题：初恋的回忆、蓝色之恋、情定大饭店。旅游线路所涉及的都是游客熟悉的韩国电视剧中的景点，如《蓝色生死恋》中的恩熙和俊熙约会的海边—花津蒲湖；《冬日恋歌》中的惟珍和俊尚纯美的初恋地方南怡岛；《情定大饭店》中的男女主角重逢并相爱的酒店华克山庄等。情侣们不仅能观赏到如秋天童话般的韩国风景，还将身着晚礼服出席浪漫的华克山庄的定情酒会。

### （六）获取效益原则

旅行社经营的最终目的是追求利润最大化，因此旅游线路的设计是以低成本及合理的收益为前提的。旅行社在设计旅游线路产品时，要加强成本控制，从合作部门获取优惠价格，争取获得最大的利润。例如，旅行社在推出"黄金海岸之旅"的时候，将某一晚的住宿安排在渔民家里而不是星级饭店，这样不仅能降低成本而且还会满足客人走进渔家的好奇心。

## 三、旅游线路设计的注意事项

### （一）合理安排旅游顺序

旅游顺序的安排要合理、顺畅，避免旅程的曲折，避免走回头路，并且要按照由一般吸引力的景点过渡到强吸引力的景点的顺序。例如，"中国六大古都之旅"的线路安排，沿着杭州—南京—开封—洛阳—西安—北京的顺序展开，要比逆向而行要好。这样渐入佳境，使游客的热情和兴致一直处于不断高涨的状态。北京悠久的历史、灿烂的文化和雄伟壮观的故宫、长城，会使整个行程达到高潮。

### （二）合理安排旅游日程

在旅游日程的安排上要劳逸结合，科学合理。例如北京三日游，游客要求去王府井大街购物，通常安排在第二天的下午，而不安排在第三天下午乘飞机之前。因为购物时游客容易走散，很难在规定的时间内集中起来，一旦发生意外，就会导致误机。

### （三）合理安排旅游景点

一条旅游线路的各个旅游景点应各有特色，内容丰富，这样一路走来，游客都会感到新奇兴奋，不会因为景点的重复而游兴索然。前几年，游客抱怨在我国一些地方旅游，就是"白天看庙，晚上睡觉"。这实际上就反映出某些旅游线路设计上的重复性和单调性。

### （四）合理安排交通工具

旅途中要按照方便、快捷、舒适和安全的标准选择交通工具，避免将大量的费用和时间花费在旅途上。例如，杭州—上海—南京—扬州—苏州之间，乘汽车比乘火车要方便快捷；比如，桂林和西安之间，乘坐晚上的飞机，就会腾出大量的白天时间观光等。

## 四、旅游产品设计的市场定位

### （一）以主题划分

一般包括都市游、蜜月游、魅力游、尚品游、丝绸之路（见图 5-4-8）、江南行、温泉游、园林游、生态游、红色旅游、文化遗产、海岛等。表 5-4-1 显示的是国外旅游的新倾向。

图 5-4-8　丝绸之路

表 5-4-1　国外旅游倾向

| 系 列 类 别 | 描　述 | 囊 括 线 路 |
|---|---|---|
| DISCOVER 之旅 | 探索发现古代文明 | 埃及、土耳其、柬埔寨、印尼、印度、尼泊尔、缅甸、老挝 |
| SUNSHINE 之旅 | 海边休闲度假 | 新马泰、印尼巴厘岛 |
| GEOGRAPHY 之旅 | 观赏大自然奇观 | 南非、澳洲大堡礁、新西兰、瑞士雪山 |

### （二）以游客类型划分

产品对象目标是谁，有什么样的特点，以及针对目标对象推广计划，都应是在做产品时不能忽略的问题。表 5-4-2 所示的调查分析，就是对几类不同产品对象的素描画像。

表 5-4-2　不同类型游客分析

| 产 品 对 象 | 对 象 描 述 | 特 点 分 析 | 推 广 佳 期 |
|---|---|---|---|
| 银发族 | 中国渐已步入老年国家，有近 1.2 亿的老人。按照联合国规定的指标，60 岁以上的人口如果占到总人口的 10%，则可认定是老龄化国家。目前我国已步入老龄化国家之列。 | 求稳求安，与人一致。电视里介绍的老年团，会是他们的参照系，他们要求参加的团就是要与之相同 | 避开旺季，以淡补旺，以质求量。重阳节秋高气爽，是出游最佳时机 |
| 新婚族 | 每年北京 8 万多对 | 求新求变，与人不同。如果参加的团与电视里播放的完全一致就引不起他们的兴趣 | 多集中在秋季，十一、中秋前后人数最多 |
| 旅游玩家 | 以 20 岁至 35 岁为主，无生活重负 | 年轻好玩，新奇特线路的主要吸引对象。 | 一年四季只要有兴奋点都可以出行。 |
| 家庭团 | 代表着城市中生活较富裕人群 | 以一个基本家庭为单位参加旅游 | 春节、五一、十一，放假较长的节日都适合此类团的出行 |

### （三）以游客心理划分

把对客人的了解融入产品的设计工作中，其中最重要的一件事就是揣摩客人的心理，以游客的心境进行入位思考。例如，要对荷兰的旅游线路进行设计，就应该从了解分析一个普通游客所能知道的荷兰的事情有哪些（见图 5-4-9、图 5-4-10），从而确定在线路产品中选取的内容，如表 5-4-3 所示。

图 5-4-9　荷兰风车

图 5-4-10　荷兰郁金香

表 5-4-3　荷兰旅游线路分析

| 项　目 | 说　明 |
| --- | --- |
| 游客对荷兰的了解 | 产品设计启发 |
| 荷兰的国花是郁金香 | 的行程设计中应有参观鲜花市场的内容 |
| 荷兰有国际法院 | 国际法院理所应当包含在日程中 |
| 宇航员能看到荷兰的拦海大坝 | 拦海大坝一定要去 |
| 在荷兰许多人把自行车当作交通工具 | 能否安排游客在游览时骑一段自行车 |
| 荷兰最伟大的画家是梵高 | 梵高的展览馆要安排参观 |

### 五、旅游产品的定价技巧

顾客不喜欢高价格产品的低质量服务，但更不喜欢低价格产品的低质量服务。因此，试图仅仅依靠低价来赢得市场的做法，是十分幼稚的。即使是低价，也应该作为技巧使用，而唯有低价、不计其余的做法是不可取的。

#### （一）春节合家欢团价格的制定

因为春节期间的旅游团有近 90% 是亲友同行，因而在编排此类团时要调动一切因素为突出"合家欢"的主题服务。价格作为产品的其中一个因素，亦应考虑在内。尽量把冷冰冰的价格融入感情的色彩，使之活起来，突出体现亲情感，激发人们年节合家庆团圆的感受。合家欢团定价的最主要之处，就是不能与常规线路相同。要区别于以单个人的报价形式，以"合家团聚三人价"及"合家团聚两人价"的形式报出。

#### （二）双人价格优先

有市场卖点的新线路、有浪漫情调的新产品，报价的形式都应与普通的报价形式有所区别。考虑到这类线路大都是朋友、同学搭伴出行，旅行社也十分乐得客人双双对对来报名，因而，将双人价格放在单人的价格之前，是一种有效的报价技巧，暗含旅行社的一种引导。

国外旅行社的报价当中，也经常可以看到类似的例子，如表 5-4-4 所示。

表 5-4-4　国外旅行社报价

| Price per Person/USD | |
|---|---|
| Twin/Double occupancy | $1843.00 |
| Single supplement | $81.00 |
| Triple reduction | On request |

新婚旅游产品的价格，则干脆不用犹豫，只以双人价格报出。为新人的旅游预算省却了单人价格相加的计算过程。

### （三）以人数增加价格递减的形式报价

另外的一种价格标注方式，用的是随着参加人数的增加，价格逐项减少的形式。这在一些旅行社的线路产品的报价中也经常采用，主要拟吸引几个朋友结伴出游或几个家庭共同参加，如表 5-4-5 所示。

表 5-4-5　价格递减的报价

| TOUR FARE | VERSION1　12,000 YEN |
|---|---|
| | VERSION2　8,400 YEN |
| | VERSION3　6,800 YEN |

### （四）折扣报价和阶段报价

在报价中将列出旅行社俱乐部会员的价格，可以吸引更多的客人加入成为会员。在儿童节、三八节、教师节、老人节等社会上需要特别关爱、特别尊重的人群的节日，实行专项的折扣报价。这样的做法不仅可能取得产品价格上的优势，对企业形象的打造也会有辅助作用。

发挥价格的杠杆作用，把阶段性报价作为销售武器，可以平抑淡旺市场、吸引更多客人参加。例如，在春节的报价单中，大字打出春节后的大幅度优惠的出行价格，对部分客人就会产生心理影响，而对春节的爆棚起到很好的调节作用。

### （五）以"8"为价格尾数的报价劣势

以"8"为价格尾数的报价方式，在满足一些暴发户心态的游客心理方面起到过一些作用。但在精明的消费者成长起来后，这样的价格标定，明显为消费者不屑。游客普遍认为，以"8""88"为报价尾数的团，有虚抬价格的疑点。

### （六）避免客人对价格产生歧义

价格的标定需要明白无误、一目了然。除了避免对价格的多少需要注意外，对分类人群的报价名称，也需要语义准确，避免产生歧义。例如，一家旅行社在产品的售价中采用了"成人价格"的说法，既是多余又有可能引起"包含参加成人活动的价格"的歧义，实不可取。

### 技能训练

练习设计一款自己家乡旅游资源的旅游产品。

要求：

（1）从市场调查与预测入手，确定线路的主题与特色。

（2）根据景点吸引力的大小确定景点。

（3）对相关的基础设施（交通、通信、供电、卫生、医疗等）和专用设施（住宿、游览、购物、娱乐、饮食服务设施）进行选择和配置，并以一定的交通方式把各景点合理串联，组成旅游线路。

（4）旅游产品定价合理。

## 完成任务

（一）小组练习

将班上学生分成小组，各小组选一位组长带领组员，完成一款旅游产品的设计工作。

（二）小组评价

（1）旅游线路的设计应包括哪些步骤

（2）如何根据市场定位设计旅游产品

（三）综合评价

综合评价包括小组之间的互评和老师对各小组工作的系统评价。主要评价项目如表5-4-6所示。

表5-4-6  能力评价表

| 内　　　　容 | | | 评　　价 | |
|---|---|---|---|---|
| 学习目标 | | 评价项目 | 小组评价 | 教师评价 |
| 知识 | 应知应会 | （1）旅游产品的要素 | Yes/No | Yes/No |
| | | （2）旅游线路包含的内容 | Yes/No | Yes/No |
| 专业能力 | （1）旅游线路的设计能力<br>（2）旅游产品的市场定位能力<br>（3）旅游产品的定价能力 | （1）旅游线路的设计 | Yes/No | Yes/No |
| | | （2）旅游产品的市场定位 | Yes/No | Yes/No |
| | | （3）旅游产品的定价 | Yes/No | Yes/No |
| 通用能力 | 沟通能力 | | Yes/No | Yes/No |
| | 团队协作能力 | | Yes/No | Yes/No |
| | 组织能力 | | Yes/No | Yes/No |
| | 解决问题能力 | | Yes/No | Yes/No |
| | 自我管理能力 | | Yes/No | Yes/No |
| | 创新能力 | | Yes/No | Yes/No |
| 态度 | 敬业爱岗 | | Yes/No | Yes/No |
| | 态度认真 | | | |
| 个人努力方向与建议 | | | | |

## 思考与练习

（1）旅游产品由哪几部分构成？

（2）模拟练习旅游线路的设计。

（3）简述旅游产品的市场定位。

（4）简述旅游产品定价的技巧。

（5）接旅行社领导通知，2016年3月18日有香港永安旅游公司组织的20人团队抵达本市，请结合本地旅游资源的特点，设计一条五日游的旅游线路。设计内容要求包含以下要素：线路名称、日程安排、服务项目、最终报价、注意事项。

# 笔记栏

# 参考文献

[1] 徐云松，左红丽 . 门市操作实务 [M]. 北京：旅游教育出版社 ,2006.

[2] 茂兰，孙平 . 旅行社经营管理 [M]. 济南：山东大学出版社 ,2005.

[3] 周晓梅 . 旅行社经营管理 [M]. 重庆：重庆大学出版社 ,2008.

[4] 谢攀峰 . 导游与旅行社业务 [M]. 北京：科学出版社 ,2007.

[5] 张建融 . 导游服务实务 [M]. 杭州：浙江大学出版社 ,2005.

[6] 方增福 . 旅行社管理 [M]. 北京：科学出版社 ,2005.

[7] 熊经浴 . 现代实用社交礼仪 [M]. 北京：金盾出版社 ,2004.

[8] 刘晓新，毕爱萍 . 人际交往心理学 [M]. 北京：首都师范大学出版社 ,2005.

[9] 王健民 . 旅行社产品理论与操作实务 [M]. 北京：中国旅游出版社 ,2004.

[10] 王立职 . 咖啡调制与服务 [M]. 北京：中国铁道出版社 ,2008.

[11] 舒伯阳，刘名俭 . 旅游实用礼貌礼仪 [M]. 天津：南开大学出版社 ,2000.

[12] 国家旅游局人事劳动教育司 . 旅行社业务 [M]. 北京：旅游教育出版社 ,2000.

[13] 国家旅游局人事劳动教育司 . 旅行社经营管理 [M]. 北京：旅游教育出版社 ,2002.

[14] 国家旅游局人事劳动教育司 . 旅行社经营管理 [M]. 北京：旅游教育出版社 ,2004.

[15] 潘肖珏 . 公关语言艺术 [M]. 上海：同济大学出版社 ,2003.

[16] 赵驹，王小玲 . 公关策划 [M]. 北京：北京大学出版社 ,2006.

[17] 陈刚 . 导游业务 [M]. 北京：高等教育出版社 ,2002.

[18] 秦明 . 旅游心理学 [M]. 北京：北京大学出版社 ,2005.

[19] 李灿佳 . 旅游心理学 [M]. 北京：高等教育出版社 ,2005.

[20] 张树夫 . 旅游心理学 [M]. 北京：高等教育出版社 ,2003.

[21] 胡林 . 旅游心理学 [M]. 广州：华南理工大学出版社 ,2005.